na estrada com
São Francisco
de Assis

Linda Bird Francke

na estrada com
São Francisco
de Assis

Tradução de
MARCELO MENDES

Revisão técnica de
MARCOS DE CASTRO

EDITORA RECORD
RIO DE JANEIRO • SÃO PAULO

2008

CIP-Brasil. Catalogação-na-fonte
Sindicato Nacional dos Editores de Livros, RJ.

F893n
Francke, Linda Bird
  Na estrada com São Francisco de Assis / Linda Bird Francke; tradução de Marcelo Mendes. – Rio de Janeiro: Record, 2008.

  Tradução de: On the road with Francis of Assisi
  ISBN 978-85-01-07526-0

  1. Francisco de Assis, Santo, 1182-1226. 2. Francisco, de Assis, Santo, 1182-1226 – Viagens – Itália. 3. Itália – Descrições e viagens – Guias. I. Título.

07-2966
                        CDD – 914.5
                        CDU – 913(45)

Título original em inglês:
ON THE ROAD WITH FRANCIS OF ASSISI

Copyright © 2005 Linda Bird Francke
Copyright dos mapas © 2005 David Lindroth

Publicado mediante acordo com a Random House, um selo da Random House Publishing Group, uma divisão da Random House, Inc.

Todos os direitos reservados. Proibida a reprodução, armazenamento ou transmissão de partes deste livro, através de quaisquer meios, sem prévia autorização por escrito. Proibida a venda desta edição em Portugal e resto da Europa.

Direitos exclusivos de publicação em língua portuguesa para o Brasil adquiridos pela
EDITORA RECORD LTDA.
Rua Argentina 171 – Rio de Janeiro, RJ – 20921-380 – Tel.: 2585-2000
que se reserva a propriedade literária desta tradução

Impresso no Brasil

ISBN 978-85-01-07526-0

PEDIDOS PELO REEMBOLSO POSTAL
Caixa Postal 23.052
Rio de Janeiro, RJ – 20922-970

EDITORA AFILIADA

A Oona

E a todos os lugares que ainda visitaremos juntas

SUMÁRIO

Introdução   9

Mapas   11

1. Mozart entre Giottos   13

2. Perdidos em Perugia   29

3. A carta desaparecida em Espoleto   37

4. A velha Roma   49

5. Confronto em Assis   61

6. O "cárcere" de Clara   77

7. Marcha da paz em Santa Maria degli Angeli   87

8. Francisco recebe suas ordens apostólicas   95

9. A primeira excursão pelas Marcas   105

10. O papa tem um sonho   119

11. Busca desesperada por Francisco e os pássaros   129

12. Clara foge para Francisco   143

13. Boa comida, e os primeiros eremitérios da Toscana   157

14. Andorinhas escandalosas em Alviano   171

15. Novamente nas Marcas — o verde dos campos e o azul do Adriático   179

16. À procura de Francisco através do Nilo   199

17. Atravessando a lagoa de Veneza   217

18. Pobre Francisco   227

19. Seguindo Francisco pela bota da Itália   229

20. O belo vale de Rieti   237

21. Tocado por um anjo em Alverne   245

22. O penoso retorno a Assis   257

23. Agonia no vale de Rieti   265

24. O canto das cotovias   275

Agradecimentos   289

Notas de viagem   291

Notas bibliográficas   293

Bibliografia   307

Índice   309

INTRODUÇÃO

Ocorreu-me escrever um livro sobre São Francisco e Santa Clara quando, cerca de doze anos atrás, meu marido e eu fomos ver de perto os afrescos de Giotto. Foram as basílicas de São Francisco e de Santa Clara, em extremidades opostas de Assis, que me fascinaram, bem como a história de que Francisco havia morrido nos braços de Clara, tal como me contou uma irmã franciscana. Mais tarde descobri tratar-se de uma inverdade histórica, mas não importa. Eu já estava cativada.

Em razão de outros projetos literários, só pude voltar a pensar em Francisco e Clara em 2002. No entanto, uma busca no site da Amazon revelou a existência de tantos livros sobre os santos de Assis que fiquei desencorajada. Minha agente, Lynn Nesbit, sugeriu o formato "diário de viagem", o qual, embora uma ótima idéia, essencialmente elimina Clara, que se recolheu a um convento aos dezoito anos — e de lá nunca mais saiu.

Francisco, por outro lado, perambulou pela Itália durante vinte anos, pregando a paz e a contrição por toda parte e recolhendo-se ao isolamento de eremitérios remotos, muitos dos quais, para meu espanto, ainda existem e podem ser visitados. Seguimos praticamente todos os passos dele, valendo-nos das biografias medievais como guias e recontando a história franciscana por intermédio dos lugares que visitamos.

Muitos desses livros foram escritos por contemporâneos e frades companheiros de Francisco, o mais próximo dos quais foi Tomás de Celano, que terminou sua biografia em 1229, apenas três anos depois da morte do biografado, e acrescentou trechos em 1246. Também usamos como referência outras biografias do século XIII, incluindo *A lenda dos três companheiros*, *A vida de São Francisco de Assis,* de São Boaventura, e o épico do século XIV *As florezinhas de São Francisco.*

Nossa viagem na companhia de Francisco foi extraordinária, levando-nos a lagos e florestas, igrejas e eremitérios, aos quais jamais teríamos ido não fosse por ele. Isso sem falar nas obras de arte sem igual, nas paisagens espetaculares, na comida deliciosa.

Nossa aventura começa em Assis, assim como a de Francisco. Espero que você venha conosco.

LINDA BIRD FRANCKE
Sagaponack, N.Y.
Março de 2005

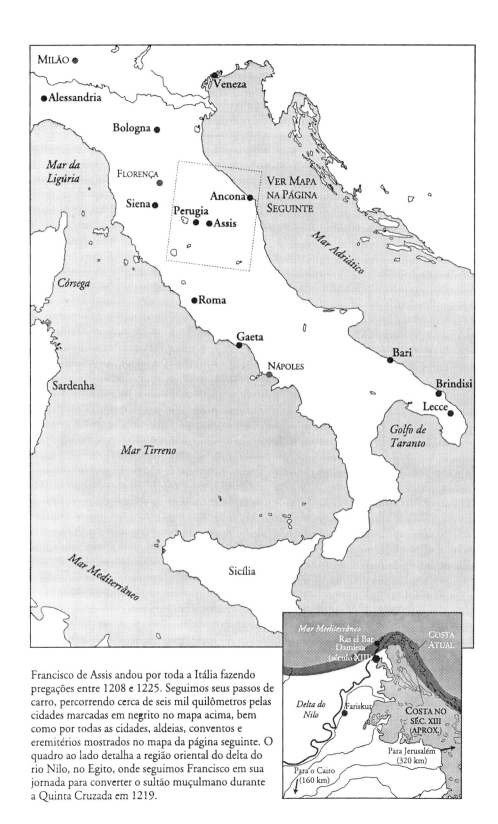

Francisco de Assis andou por toda a Itália fazendo pregações entre 1208 e 1225. Seguimos seus passos de carro, percorrendo cerca de seis mil quilômetros pelas cidades marcadas em negrito no mapa acima, bem como por todas as cidades, aldeias, conventos e eremitérios mostrados no mapa da página seguinte. O quadro ao lado detalha a região oriental do delta do rio Nilo, no Egito, onde seguimos Francisco em sua jornada para converter o sultão muçulmano durante a Quinta Cruzada em 1219.

O coração do país de Francisco engloba a região de Úmbria, as Marcas, a fronteira oriental da Toscana e Lazio.
O quadro ao lado detalha os arredores imediatos de Assis, sua cidade natal e local de origem do movimento franciscano.

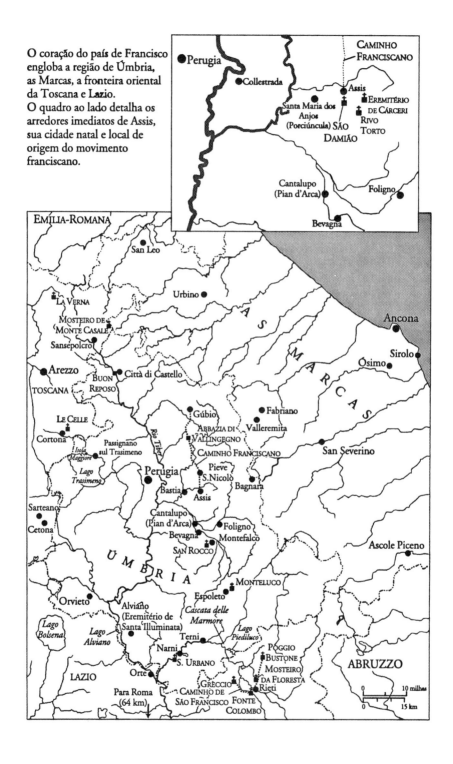

1 Mozart entre Giottos

ASSIS, *onde nascem Francisco e Clara, e onde*
Francisco passa sua displicente juventude

Vista das estradas que serpenteiam pelo vale de Espoleto, Assis assemelha-se a um reino encantado. A cidadezinha medieval equilibra-se nas encostas do monte Subásio, em um ponto nem tão alto que possa parecer inacessível, nem tão baixo que possa parecer uma qualquer. A colossal Basílica de São Francisco, do século XIII, ergue-se na extremidade ocidental dos muros da cidade e pode ser vista a quilômetros de distância — de um bege leitoso e reluzente durante o dia, dramaticamente iluminada durante a noite. A Basílica de Santa Clara, também do século XIII, fica um pouco mais abaixo, no outro extremo de Assis — uma edificação menor, porém não menos imponente, com fachada de listras rosadas e brancas, compostas pelas pedras do Subásio.

O acesso a Assis é um suplício. A estrada sobe e coleia até bem perto dos muros e depois se afasta. Sobe ainda mais, dobra-se numa ampla curva e chega a dar-nos a impressão de que Assis já ficou bem para trás, de que afinal a cidadezinha não passava de uma ilusão. Depois de um tempo, por fim, deparamo-nos com a brutal realidade dos estacionamentos, um depois do outro, apinhados de carros e ônibus oriundos dos mais diversos países.

Meu marido Harvey e eu somos apenas duas das cerca de cinco milhões de pessoas que visitam Assis anualmente. A maioria compõe-se de religiosos e peregrinos do mundo inteiro que vêm fazer suas orações na cidade natal desta dupla de santos amados e resistentes ao tempo: Francisco, padroeiro da Itália e fundador de três ordens franciscanas ainda em atividade; e Clara, a companheira espiritual de Francisco e primeira integrante canonizada de sua Ordem das Pobres Damas. Tal combinação faz de Assis o segundo destino italiano mais procurado pelos peregrinos, perdendo apenas para Roma.

Mas não só de peregrinação vive Assis, também muito procurada pelos turistas que vêm apreciar os afrescos proto-renascentistas da Basílica de São Francisco, realizados pelos principais artistas da época: os pintores Simone Martini e Pietro Lorenzetti; da cidade de Sena; o florentino Cimabue, autor de um perfeito e sofrido retrato de São Francisco, uma das mais conhecidas e fiéis representações do santo; e, claro, o incomparável Giotto, florentino do início do século XIV.

Os vinte e oito afrescos de Giotto que retratam a vida e a lenda de São Francisco na capela superior da basílica talvez sejam o mais famoso conjunto de afrescos narrativos de todo o mundo. A conhecida história se desenrola ao longo das paredes: Francisco, nu, enfrentando o próprio pai; Francisco pregando para os pássaros; Francisco expulsando o demônio de Arezzo; Clara despedindo-se de Francisco morto. Numa noite memorável, meu marido e eu fomos à basílica assistir a uma apresentação gratuita do Réquiem de Mozart, regido por um franciscano; a certa altura, inacreditavelmente, vejo-me empoleirada no alto de uma caixa de programas, bem embaixo do afresco de Giotto em que Francisco recebe os estigmas.

A Basílica de Santa Clara era sede de obras igualmente preciosas, mas não é mais. No século XVII, um severo bispo alemão mandou apagar os afrescos a fim de proteger as freiras enclausuradas de qualquer espécie de contato com o fluxo de turistas.[1] As paredes internas da basílica ainda ostentam fragmentos desses afrescos, os quais, nas palavras de um historiador franciscano, são tudo o que resta "de uma decoração outrora tão abundante quanto a da Basílica de São Francisco".[2]

Afrescos à parte, a presença de Francisco e Clara se faz sentir de maneira ampla e prazerosa em toda a cidadezinha montesina de ruas calçadas de pedra. Ambos os santos nasceram aqui — Francisco, em 1181; e Clara, em 1193. E ambos aqui estão enterrados, em suas respectivas basílicas.

Ao visitar as criptas, demoro-me sentada em um banco, ouvindo o incessante tropel dos turistas e peregrinos sobre os pavimentos de pedra. Poucos daqueles que respeitosamente circundam os sarcófagos de Francisco conhecem os eventos dramáticos que envolveram os despojos do santo depois de sua morte em 1226. O corpo foi inicialmente levado para a igreja de San Giorgio, a paróquia de Francisco, e, segundo alguns, foi exposto de pé, com olhos arregalados e chagas à vista de todos.

Seja qual for o grau de verdade dessa história, o fato é que, quatro anos depois de sua morte e dois anos depois da canonização, Francisco foi transferido sob pesada escolta para sua semi-acabada basílica, na até então conhecida em Assis como Colina do Inferno, local de execução de criminosos prontamente rebatizado de Colina do Paraíso.

Tão grande era o medo de que o corpo de Francisco fosse roubado — em razão de seu incalculável valor como fonte de relíquias — pelos saqueadores da vizinha e rival Perugia, ou pelos ladrões comuns, que o esquife foi escondido nas profundezas de um túnel no subsolo da basílica, de acesso bloqueado. Permaneceria ali pelos próximos seiscentos anos até ser descoberto em 1818.

Poucos dos que se agrupam em torno à urna de cristal de Clara — admirando com certa aflição a realista efígie de hábito marrom e capuz preto, rosto, mãos e pés escurecidos — sabem que o corpo da santa, assim como o de Francisco, permanecera na igreja de San Giorgio desde o ano da morte dela, em 1253, dezessete anos após a morte de Francisco, até ser transferido em 1260, cinco anos depois da canonização, para a nova basílica de listras rosadas e brancas construída sobre os alicerces de San Giorgio. O corpo de Clara também permaneceria escondido até 1850, quando foi descoberto, e só alguns anos mais tarde seria transferido para a cripta.

Sempre tive fascínio pelos artefatos e relíquias que as pessoas deixam para trás depois de mortas, como o exército de guerreiros de terracota encomendado pelo imperador chinês Quin Xi Huang, ou o relicário que tive a oportunidade de ver numa igreja guatemalteca, que abriga um pedacinho dos calos de Pedro Hermano, frade franciscano seiscentista que de tão devoto só andava de joelhos. As relíquias deixadas pela dupla de santos de Assis são igualmente curiosas — e compreensivelmente parcas, em razão dos votos de pobreza por eles assumidos. Ainda que pouco numerosas, são marcas da vida de ambos.

Numa visita anterior a Assis, eu havia apenas superficialmente examinado as relíquias de Francisco, exibidas na capela inferior de sua basílica, sem qualquer informação sobre o significado delas. Nesta visita, contudo, já mergulhada na lenda franciscana, achei-as fascinantes.

Há uma carta que Francisco escreveu de próprio punho, uma das duas únicas existentes, dando sua bênção a frei Leão, um de seus primeiros e mais fiéis seguidores. Emocionado com o presente, Leão carregaria junto ao peito o pergaminho, cada vez mais frágil, até morrer quarenta anos mais tarde.

A campanha de Francisco para converter os "sarracenos" muçulmanos na Terra Santa é representada por um chifre de prata e marfim, dado a ele em 1219 pelo sultão do Egito. Em fevereiro de 2003, no que se revelaria um gesto vão, dignitários da Ordem Franciscana solenemente apresentaram esse ícone de paz a Tariq Aziz, vice-primeiro-ministro do Iraque e cristão caldeu, por ocasião de sua famosa visita a Assis durante a contagem regressiva para a guerra do Iraque.

Outra preciosa relíquia é a devidamente emoldurada Regra da Vida Franciscana, de 29 de novembro de 1223, que Francisco ditou a Leão num eremitério no vale de Rieti e que ainda hoje governa a Ordem Franciscana. Também em exibição encontram-se alguns lençóis de linho e uma túnica, que por si sós parecem insignificantes, mas que na verdade representam um dos aspectos mais curiosos da vida de Francisco.

Os lençóis foram dados a Francisco em seu leito de morte por uma jovem viúva, Jacopa di Settesoli, que freqüentemente o hospedava em Roma e a quem Francisco pedira para ver uma última vez antes de morrer. (A chegada espontânea dela a Assis, antes de receber qualquer recado, é considerada um milagre.) Jacopa di Settesoli é descrita por todos os biógrafos mais antigos de Francisco como "extremamente devota", de tal modo que chegara a receber do próprio Francisco o título honorário de "Irmão" Jacopa. Prova de seu importante papel na vida do santo, Jacopa encontra-se enterrada ao lado dele na basílica, junto com quatro de seus primeiros seguidores: Leão, Angelo, Masseo e o primo de Clara, Rufino.

E também há as roupas: um remendado hábito de tecido grosseiro e cinzento, um surrado par de sandálias de couro, um pedaço de couro que supostamente Francisco usava para cobrir uma das chagas nos flancos. Tudo isso me parece um pouco fantasioso demais. Seria mesmo possível que esses artefatos tenham sido usados por ele oitocentos anos atrás? Talvez eu esteja sendo racional demais, em vez de me deixar levar pela lenda.

Todavia, sinto-me igualmente cética ao visitar as relíquias na capela da Basílica de Santa Clara. Mais um hábito remendado pertencente a São Francisco, além de uma túnica e uma capa que parecem grandes demais para o homem que, segundo Celano, era de "estatura mediana, quase baixo".[3] Ali também se encontra uma túnica comprida, branca, que pertencia a Clara, mas as proporções grotescamente exageradas jamais poderiam ter sido as da santa. Clara é descrita por Celano — que a conheceu pessoalmente e escreveu sua biografia[4] — como uma "jovem adorável", ainda na flor da idade, e é pouco provável que ela tivesse tido a oportunidade de ganhar peso nos anos subseqüentes. Clara jejuava três dias por semana, até ser demovida por Francisco, e comia pouco mais do que cascas de pão. Quanto às mechas louras e encaracoladas expostas num relicário de vidro...

As relíquias religiosas são bem mais convincentes; entre elas encontram-se o breviário de São Francisco e a *grata di S. Chiara*, uma tela de ferro filigranada com uma abertura central através da qual Clara e suas "irmãs" enclausuradas discretamente recebiam a comunhão de um padre. No pavimento superior, na capela do Santíssimo Sacramento, encontram-se as relíquias mais importantes: o evangeliário de Francisco com uma dedicatória de Leão e o crucifixo bizantino — de quase dois metros de comprimento, pintado em cores muito vivas — que, segundo a lenda, falou a

Francisco na pequena igreja de San Damiano em 1205, dando início à sua missão de vida.

Deixo as relíquias sentindo-me um tanto culpada por eventuais impurezas do pensamento. Desenvolvi uma profunda admiração por Francisco e Clara no curso de minhas pesquisas e, olhando para aqueles artefatos, senti-me como uma espécie de *voyeur*, sorrateiramente bisbilhotando o armário alheio.

Não faço uma idéia muito nítida do aspecto físico de Clara, mas de Francisco, sim. Celano, a quem seremos eternamente gratos, nos dá um retrato detalhado de Francisco na biografia que escreveu. Além da baixa estatura — 1,61m, sete centímetros abaixo da estatura média do italiano medieval, segundo análises posteriores da ossada —, Francisco possuía uma "fisionomia jovial"; uma cabeça "redonda"; um rosto "um tanto comprido"; uma testa "curta e lisa"; olhos e cabelos "escuros"; barba igualmente escura, "porém não muito cheia". As sobrancelhas eram "retas"; o nariz, "simétrico, fino e reto"; as orelhas, "aprumadas, porém pequenas"; as têmporas, "lisas"; os lábios, "pequenos e finos"; os dentes, "cerrados, bem-alinhados e brancos".

Celano ainda revela que esse homem aparentemente belo tinha pescoço "esguio", ombros "retos", braços "curtos", mãos "finas", dedos "compridos", unhas "grandes", pernas "finas" e pés "pequenos". "A pele era muito delicada; as carnes, parcas", conclui Celano.[5]

Ao prosseguirmos na visita a outros vestígios deixados por Francisco e Clara, presentes aqui e acolá em toda Assis, damo-nos conta de quão extraordinário é andarmos nas mesmas ruas que eles pisaram e vermos pelo menos algumas das mesmas estruturas medievais que eles viram. O Templo de Minerva, por exemplo, datado do século I e localizado na Piazza del Comune, é claramente identificável num dos afrescos de Giotto na basílica de Francisco. Hoje uma igreja franciscana secular, o templo pagão era à época usado como prisão.

Não é de espantar que várias pessoas que visitam Assis — e não apenas os peregrinos religiosos — sintam uma profunda presença espiritual nestas ruas. Um amigo meu passou um mês aqui depois de se submeter a um tratamento contra o câncer e voltou para casa com renovada serenidade. Outro amigo, um diplomata muçulmano, contou-me que havia vivenciado uma espécie de despertar espiritual em Assis, quase tão intenso quanto o que sentira durante uma peregrinação a Meca.

Todavia Assis também tem um lado inegavelmente comercial. Por mais incômoda que seja a realidade dos fatos, Francisco — e, num grau menor, Clara também — é uma profícua fonte de renda para Assis. A única, na verdade. Além dos diversos restaurantes e hotéis que sobrevivem do turismo local, lojas onipresentes vendem réplicas de todos os tamanhos da cruz da San Damiano, medalhinhas com a efígie de Francisco, bem como a tradicional cruz que é o tau rego talhado em madeira de oliveira, espécie de assinatura dele, que muitos visitantes penduram em cordões de couro em torno do pescoço.

Lojas de artigos em cerâmica vendem cinzeiros e placas com cenas da vida de São Francisco, e pelo menos uma padaria vende o "Pane de San Francesco", um pão local perfumado com o famoso licor *limoncello* italiano. Outra loja vende até garrafas de vinho da Úmbria com rótulos que exibem reproduções de Simone Martini: São Francisco nas garrafas de vinho tinto, Santa Clara nas de vinho branco.

O Francisco que viemos a conhecer como santo decerto teria reprovado o comércio realizado em seu nome. Mas é possível que o jovem Francisco, menos conhecido que o santo, o tivesse sancionado sem maiores dramas de consciência, e até mesmo lucrado com ele.

Francisco é fruto de uma emergente classe mercantil, nascido de mãe supostamente francesa e de um bem-sucedido comerciante de tecidos em Assis, Pietro di Bernardone. Pietro amealhara uma considerável fortuna importando cortes de seda, veludo e damasco da França, confeccionando trajes sofisticados em sua oficina de costura e vendendo-os tanto à nobreza quanto à rica burguesia de Assis. O consumismo já era traço marcante dos últimos anos do século XII e resultava num acúmulo de roupas e acessórios de luxo que denotavam *status* social, em detrimento da simplicidade e da praticidade. Pietro fomentava sua fortuna ainda mais com o investimento em terras nas cercanias de Assis, acumulando tantas fazendas, pomares, prados e bosques que talvez fosse um dos maiores proprietários da cidadezinha.

Não sabemos onde exatamente os Bernardone moravam em Assis. Alguns historiadores afirmam que eles habitavam uma casa conhecida como T.O.R. Casa Paterna, próxima à Piazza del Comune. Outros acreditam que eles moravam no Vicolo Sup. San Antonio, também próximo à Piazza del Comune. A hipótese deste último endereço é corroborada pela presença de um oratório — modesto e lindo, com afrescos desbotados, desde o século XIII conhecido como Oratorio di San Francesco Piccolino — que, num simbolismo religioso nada sutil, exibe uma inscrição em latim segundo a qual Francisco nascera ali, num estábulo.[6]

Todavia o endereço geralmente atribuído à família Bernardone, o que aparece nos mapas de turismo, fica sob a Igreja Nova, do século XVII, a sul da Piazza del Comune. Tomados de curiosidade, percorremos a pequena distância entre o oratório e a casa apenas para nos depararmos com um conjunto de ruínas semi-escavadas bem desinteressante. Há certo interesse arqueológico na parte subterrânea da antiga rua de pedras que dava acesso à casa, bem como nos supostos despojos da oficina de Pietro de Bernardone, onde Francisco trabalhava vendendo as roupas confeccionadas pelo pai. Mas ali não sentimos qualquer resquício da presença do santo.

Mais interessante é a possível existência de uma *porta del morto* na fachada externa da casa, com abóbadas de tijolo e pedra. Uma das características mais interessantes da Assis medieval era justamente essa portinhola elevada cuja função supostamente era permitir a retirada dos mortos, mas que talvez tivesse uma utilidade mais imediata. A maioria das casas em Assis tinha duas entradas: uma ao nível da rua, que se abria para um estábulo ou para qualquer que fosse o ramo de negócios dos moradores, e outra, mais alta, que dava acesso aos cômodos e podia ser alcançada por uma escadinha de madeira, retirada à noite como medida de segurança. Muitas das casas que sobreviveram ao tempo em Assis ainda contam com portinholas semelhantes, embora elas tenham sido vedadas com pedras ou vidro.

O único vestígio de Francisco que encontramos na casa em que supostamente ele viveu durante os seus primeiros vinte anos — na companhia de pelo menos um irmão, Angelo, mais moço — é o cárcere de barras de ferro em exibição no pavimento térreo da Igreja Nova. Era naquele "porão escuro", segundo A *Lenda dos três companheiros*,[7] que Pietro trancafiava o filho rebelde durante dias, na esperança de dissuadi-lo de suas inclinações religiosas. Mas estou passando o carro adiante dos bois.

Pietro encontrava-se numa de suas prolongadas viagens de negócios à França quando Francisco nasceu. A mãe de Francisco, Pica (supostamente uma dama da nobreza francesa), levou o filho para ser batizado ou na Santa Maria Maggiore, a primeira catedral de Assis, ou na "nova" catedral dedicada a São Rufino, o santo padroeiro de Assis, à época em construção.

Prefiro achar que o batismo se deu na charmosa Santa Maria Maggiore, do século XI, adjacente ao Palácio do Bispo na arborizada e igualmente charmosa Piazza del Vescovado. A despretensiosa fachada românica da catedral, com sua única rosácea, e os afrescos desbotados no interior da nave de abóbada cilíndrica coadunam-se muito mais com a simplicidade de Francisco do que a cavernosa San Rufino, a atual catedral de Assis, que levaria mais um século para ser concluída.

Restaurado no século XVI, o interior gótico da Catedral de San Rufino é frio demais em comparação com o aconchego da Santa Maria Maggiore. No entanto, mesmo que o batismo de Francisco não tenha ocorrido ali, a San Rufino desempenharia um importante papel na lenda de Francisco e Clara. Um magnífico par de leões de pedra guarda as portas da catedral, e, durante sua conversão, Francisco teria subido em um deles para pregar aos incrédulos aglomerados diante da catedral. O púlpito improvisado decerto podia ser visto da casa em que Clara foi criada, e é bem possível que a adolescente Clara tenha visto Francisco pela primeira vez através de uma janela, deixando-se comover pela mensagem de amor e paz do futuro santo — ao contrário daqueles que inicialmente zombaram dele, julgando-o um tresloucado filho de Assis.

É certo que Francisco freqüentaria a San Rufino nos anos posteriores. Pregaria repetidas vezes na catedral, entrando, como fazemos até hoje, por uma das três portas da extraordinária fachada do século XII. Talvez tenha pisado justamente naquelas pedras irregulares do chão original que hoje podemos ver sob uma vitrine.

Mas o que faz a balança pender para o lado da San Rufino como local do batismo de Francisco encontra-se logo depois da entrada, à direita: a pia batismal em que Clara também seria batizada doze anos mais tarde. Pica havia batizado o filho como João (Giovanni), em homenagem a João Batista, mas o nome teria vida curta. Pietro, naturalmente, não queria ver o filho associado a um santo do deserto e, tão logo voltou da França, tratou de dar-lhe um nome mais apropriado a um comerciante: Francesco, ou Francisco, que quer dizer "o Francês".

Francisco, segundo afirmam todos os relatos, era um jovem mimado e sem regras, sem dúvida uma figura em Assis. Membro de uma família de *nouveaux-riches*, sempre carregava uma bolsa recheada de dinheiro, que esbanjava em comida e bebida na companhia de amigos, bem como em roupas luxuosas para si próprio. Segundo *A lenda dos três companheiros*, "ele usava sempre os tecidos mais ricos e, por vezes, movido pela vaidade, dava uma guinada na direção do excêntrico e insistia em que os cortes mais sofisticados fossem combinados com os mais singelos num único traje".[8]

Desnecessário dizer que não resta nenhum vestígio da "juventude transviada" de Francisco na Assis atual senão as próprias ruas, pelas quais ele perambulava com os amigos noite adentro, cantando, farreando e seguramente buscando aplacar as vontades da carne. Não era apenas mais um da turma: era o líder. "Era admirado por todos e procurava superar os demais na pompa da vanglória, nas piadas, nos feitos bizarros, nas conversas frívolas e inúteis, nas cantorias, na maneira elegante de se vestir", escreve Tomás de Celano.[9] É corroborado pelo próprio Francisco, que, no testamento que escreveu no Palácio do Bispo, em Assis, pouco antes de morrer, descreve os primeiros vinte e cinco anos de sua vida como um período de pecado.[10]

Francisco foi rudimentarmente alfabetizado em latim na igreja de San Giorgio, sobre a qual foi construída a Basílica de Santa Clara, a poucas ruas de distância da casa dos Bernardone. Pouco resta da igreja antiga a não ser,

MOZART ENTRE GIOTTOS 23

talvez, a parede posterior da Capela do Santíssimo Sacramento, atualmente protegida por uma vitrine.

Francisco de fato não era impecável em latim: erros podem ser encontrados nas duas únicas cartas que ele escreveu de próprio punho e que sobreviveriam ao tempo. Naturalmente, por esse motivo, recebia com leniência os erros cometidos pelos frades mais letrados do que ele, a quem costumava ditar suas missivas. "Igualmente digno de admiração", escreve Celano, "é que, ao ditar cartas de felicitação ou reprimenda, jamais permitia que uma única letra ou sílaba fosse adulterada, ainda que implicasse redundância ou erro."[11]

Todavia, era perfeitamente fluente em francês, língua universal do comércio à época. Também cantava em francês, e bem. Todos os biógrafos antigos tecem loas à sua voz: "forte, doce, límpida e sonora", diz Celano.[12] Francisco tinha à sua disposição um vastíssimo repertório de canções, tanto licenciosas quanto de cavalaria. Era coetâneo dos trovadores franceses que percorriam toda a Itália divertindo a nobreza encastelada (os *majores*), bem como o populacho (os *minores*) durante os torneios e festivais religiosos que anualmente chegavam a 150 em Assis. Os trovadores cantavam as histórias dos cavaleiros e de seus feitos heróicos, transmitindo as lendas de Carlos Magno e Roland; da corte do rei Artur; de seu mais destemido cavaleiro, Lancelote; bem como do amor proibido de Lancelote por Guinevere, mulher do rei Artur. Toda uma classe de menestréis italianos emergiu para verter as canções francesas em um tosco franco-italiano, permitindo a qualquer um, Francisco inclusive, aprender aquele sem-fim de histórias de heroísmo, sacrifício e amor cortesão.

Chegando à Piazza del Comune, facilmente podemos imaginar os trovadores e menestréis apresentando-se ali, para o gáudio das platéias medievais, que não dispunham de nenhuma outra fonte de entretenimento. Nessa praça movimentada, porém de espírito pacífico, mal conseguimos imaginar a violência e o derramamento de sangue característicos da Assis do século XII.

Francisco cresceu numa época de sublevação cívica e confrontos sanguinários entre famílias e cidades rivais, camponeses e nobres, e sobretudo Igreja e Estado. O Estado não era a Itália dos nossos dias, mas o Sacro Império Romano-Germânico, que mantinha sob rédeas curtas quase toda a região,

inclusive a próspera e cada vez mais insurgente Assis. Assis havia sido captu-
rada pelo imperador Frederico Barba-Roxa em 1160, vinte anos antes do nascimento de Francisco, e desde então o povo vinha sendo castigado pelo jugo
do poder imperial. Os habitantes ansiavam pela independência e em 1174
haviam se rebelado contra o Império, sem sucesso. A libertação seria apenas
uma questão de tempo até que o povo fizesse uma nova tentativa.

Da Piazza del Comune também podemos avistar, mais acima no horizonte, a reedificação da fortaleza militar Rocca Maggiore, originalmente
construída no século XII, de onde a guarnição germânica, apoiada pela
nobreza local, mantinha um olho em Assis e outro na cidade papal de
Perugia, arqui-rival de Assis, situada a cerca de vinte quilômetros na direção
oeste. A reação das classes intermediárias continuava a fermentar, não só
contra as tropas imperiais estacionadas na fortaleza, mas também contra os
senhores feudais, que taxavam comerciantes como Pietro Bernardone e cer-
ceavam os direitos políticos da burguesia.

Francisco tinha dezessete anos quando, em 1198, eclodiu novo levante,
e, embora não haja registro de sua participação no ataque à guarnição
germânica, poucos são os biógrafos que colocam em dúvida um envolvi-
mento ativo por parte de Francisco e seus amigos. Trata-se de um terrível
episódio na história de Assis. Os germânicos foram chacinados, e a fortaleza, jogada ao chão, pedra por pedra. Em seguida, a burguesia de Assis voltou sua fúria contra a nobreza. Alguns dos proprietários de terra se aliaram
à recém-formada e independente comuna de Assis, outros não.

Nos dois anos de conflito que se seguiram, muitos nobres foram massa-
crados e tiveram suas propriedades saqueadas. Os mais prudentes fugiram para
a vizinha Perugia; como os Offreduccio com sua filhinha de seis anos, Clara,
que escaparam pouco antes de ver sua casa, próxima à Catedral de San Rufino,
destruída. Quanto ao esperto Bernardone, comprou quanto pôde das terras
abandonadas pela nobreza, presumivelmente a preços irrisórios.

Depois de nos revigorarmos com uma xícara de *cappuccino* numa
ensolarada *trattoria* ao ar livre, deixamos a praça e começamos nossa escalada rumo a La Rocca. Do alto da fortaleza, restaurada no século XIV, cons-

tatamos quão vantajoso fora para as forças imperiais esse promontório, de onde se vêem claramente todas as casas e igrejas de Assis. Também se vêem a estrada para Perugia — o santuário provisório da nobreza — e, pouco mais ao longe, a cidadezinha propriamente dita. Vê-se ainda a porta, encimada por merlões e ameias, que atravessa os muros rapidamente construídos pelos vitoriosos de Assis após a tomada de La Rocca, com as pedras da própria fortaleza. Todos os biógrafos de Francisco sugerem que ele aprendeu a arte da construção ao ajudar a erguer esses muros, habilidade que lhe seria de grande valor depois da conversão.

Voltando à praça, deparamo-nos com as levas de turistas e peregrinos que circulam em torno da fonte em frente à Basílica de Santa Clara. Estamos numa ensolarada tarde de meados de outubro, e o perfume das amêndoas torradas acrescenta um sabor pungente ao ar cristalino. Numa das extremidades da praça, uma banca fervilha com os clientes à procura de jornais do mundo inteiro; na extremidade oposta, uma *van* pintada em cores vivas grita o tema dos toureiros de *Carmen*. Atraídas pela música, as crianças se aglomeram em torno da *van* para admirar alguns brinquedos no chão: um galo com cauda de pavão; uma velha Barbie trajando uma bandeira italiana e minissaia; uma réplica da loba de úberes cheios que amamentou Rômulo e Remo.

É uma tarde linda. O sol dá cor às casas de pedra e estuque — com suas invejáveis varandinhas e jardins suspensos — de cálidos matizes bronzeados ou ocre. "Uma cidade de *tweed* bege", escrevo em minhas anotações. Em contrapartida, a vista para além dos muros, ao longo do vale de Espoleto, é uma mistura de cores: o verde denso das culturas de outono, a cor de canela das terras aradas e, como pano de fundo, o rosa e o roxo das colinas na extremidade do vale. A um pulo de distância, do outro lado das colunas de mármore da praça, um pomar de velhas oliveiras começa sua descida íngreme e dentada rumo ao leito do vale; borboletas brancas adejam entre os frutos ainda por amadurecer.

É bastante possível que oitocentos anos atrás Francisco tenha estado aqui, neste mesmíssimo lugar, admirando o mesmíssimo vale. Assis era bem menor naquele tempo, e a igreja de San Giorgio ficava fora dos muros, mas a altitude decerto era a mesma. Francisco teria visto um número bem maior de árvores: o leito do vale cobria-se de bosques de carvalho e pântanos, há muito drenados. Mas num dia límpido como este, talvez ele pudesse avistar Perugia — sem a menor desconfiança, garoto que era, do que estava por vir.

Três anos depois de Assis levantar armas contra o feudalismo e o Império — seus habitantes correndo o risco de excomunhão pelo papa Inocêncio III por não terem submetido a cidade à proteção papal —, Perugia declararia guerra a Assis. Os nobres desterrados clamavam não só por vingança mas também por uma indenização pelas perdas que a comuna de Assis se recusava a pagar. Enfurecidos, os nobres acabariam por convencer os cidadãos de Perugia, antiga rival de Assis, a dar uma boa lição nos vizinhos rebeldes. A essa altura Francisco estava com vinte e um anos e, com os amigos, preparava-se para a gloriosa vitória que infligiriam a Perugia, açulados pelos ideais de heroísmo e bravura tão assiduamente decantados pelos trovadores e menestréis.

Que espetáculo deve ter sido quando, em novembro de 1202, os carrilhões de Assis convocaram os comuneiros à luta, e eles se juntaram diante da igreja de San Rufino para ir de encontro às forças inimigas. Um dos biógrafos modernos de Francisco, Julien Green, imagina a cena. A praça da catedral decerto regurgitava com os representantes de cada parte da cidade, estandartes em punho, que liderariam a coluna. Atrás deles viria a infantaria, armada com espadas, lanças e bestas; em seguida, homens a cavalo em torno de uma carroça puxada por bois brancos, transportando a bandeira de Assis e carregando um altar móvel, com crucifixo, velas e padres entoando orações.[13]

Francisco, embora não fosse aristocrata, juntou-se às fileiras da nobreza somente porque era rico o bastante para comprar um cavalo. Por certo usava magníficos trajes de guerra, corroborando os comentários de seus primeiros biógrafos de que geralmente se vestia melhor do que "convinha" à sua posição social. Embalado pelas fanfarras, esperava em breve ver realizadas suas fantasias de glória e heroísmo bélico. Em vão.

Em quinze minutos chegamos de carro ao antigo vilarejo de Collestrada, na fronteira entre as duas cidades antagonistas, trajeto que os homens de

Assis levaram quatro horas para percorrer. O campo de batalha em que os exércitos mediram forças hoje é ocupado por um *shopping*, sem qualquer vestígio da carnificina que ali se deu. Exauridos pela viagem, os guerreiros de Assis não tinham como fazer face às sanguissedentas forças de Perugia, que não precisaram fazer mais do que descer até o Tibre e atravessá-lo na altura de Ponte San Giovanni. Os comuneiros de Assis foram rapidamente subjugados. Perseguidos pelo exército de nobres desterrados, buscaram refúgio nos bosques do vale, mas foram, quase todos, chacinados.

Ironicamente, Francisco salvou-se por obra de sua própria arrogância. Os peruginos pouparam os nobres aliados à comuna e os fizeram reféns, visando embolsar um bom resgate. Francisco, confundido com um nobre em razão dos trajes que vestia, dos modos sofisticados e sobretudo do cavalo que montava, foi igualmente poupado. Isso significaria dinheiro no bolso dos peruginos e um ano de inferno para Francisco.

Partimos da cidadezinha industrial de Ponte San Giovanni e seguimos para Perugia, onde ele passaria os doze meses seguintes trancafiado numa masmorra num porão, sem luz, sem instalações sanitárias, sem alimentação adequada e sem água, sem mudas de roupa para o frio do inverno e para o calor do verão.

Francisco quase perderia a vida.

2 Perdidos em Perugia

A CIDADE MONTANHOSA *em que Francisco é preso.* ASSIS, *para onde ele volta, muito doente, e retoma seus hábitos frívolos*

Perugia esparrama-se pelas montanhas da Úmbria; é uma cidade de telhados vermelhos e população atual de 150.000 habitantes, seis vezes maior do que a população de Assis. Para mim é inconcebível que a miúda Assis medieval sequer cogitasse enfrentar a vizinha mais forte, supondo-se, claro, que a relação demográfica entre uma e outra fosse a mesma. Ainda hoje Perugia é de dificílimo acesso e alcançá-la não foi exatamente divertido para nós — como certamente não o foi para Francisco. Não há dúvidas de que ele foi arrastado montanha acima e exibido pelas ruas da cidade na companhia dos outros cativos, esquivando-se da zombaria e das pedras jogadas pelos peruginos. Quanto a nós, é verdade que não fomos recebidos assim, mas depois de enfrentarmos uma interminável sucessão de curvas fechadíssimas não encontramos lugar para estacionar o carro.

Chegamos a Perugia numa hora vespertina de *rush*; o primeiro estacionamento em que entramos, logo depois dos muros da cidade, está cheio, e o perigoso pendor dos italianos para a velocidade nos demove da idéia de voltar à estrada à procura de outro estacionamento. Em vez disso, cedemos à lei do menor esforço e seguimos um comboio de carros locais na direção da cidade propriamente dita, no alto. Nossa alegria por encontrar uma vaga logo dá lugar a uma penosa marcha pelas ruas periféricas, ora subindo ora descendo, ora para a direita ora para a esquerda, até chegarmos à cidade histórica e seu centro medieval, inicialmente pouco receptivo.

A grande maioria dos italianos que encontramos em nossa busca geográfica por São Francisco é extremamente solícita, informando-nos por onde ir e alguns até mesmo levando-nos em seus próprios carros aos recantos mais escondidos. Num gesto de extraordinária gentileza, os jovens proprietários de um sofisticado restaurantezinho de massas, próximo à casa que alugamos, convidam-nos a ir lá onde nos servem um jantar de cinco pratos e nos mostram uma gravação do musical *Francesco*, ao qual já assistiram quatro vezes em Assis.

Exceção à regra é a senhora que nos recebe no Palazzo dei Priori, imponente edificação medieval que faz as vezes de prefeitura em Perugia. Nosso objetivo é descobrir a localização da masmorra em que Francisco foi trancafiado, se é que ela ainda existe. Mas não tivemos sucesso. "Não sei onde fica", diz a mulher, sacudindo os ombros. "Talvez fique até embaixo deste prédio." Quando pedimos uma indicação sobre alguém que dispusesse de informações sobre a prisão de Francisco na Perugia medieval, ela simplesmente balança a cabeça e diz: "Não há nada sobre São Francisco em Perugia. Procure em Assis." "Mas e a igreja de San Francesco al Prato?", insisto, apontando para a igreja do século XIII assinalada no mapa que ela própria me trouxera. "Está fechada", responde a mulher.

Sorte melhor temos numa segunda visita a Perugia, dessa vez assessorados por uma guia profissional chamada Inger. A senhora indiferente que nos atendera antes estava certa quanto ao fechamento da igreja de San Francesco. A edificação havia sofrido problemas hidráulicos, informa-nos Inger, e agora estava sendo restaurada para abrigar uma sala de concertos. Imagino que o jovem trovador Francisco ficaria feliz com a novidade, muito embora no futuro ele viesse a repudiar qualquer tipo de música de caráter puramente profano.

Quanto à masmorra em que Francisco padecera durante um ano inteiro, Inger sabe apenas onde fica. Enfrentando o vento forte que varre o planalto onde se assenta Perugia, atravessamos a Piazza Matteotti até a borda de uma encosta muito íngreme onde um prédio de cinco andares havia sido construído. Inger aponta para o primeiro andar e, resistindo a uma crise de vertigem, debruço-me para observar o local onde, segundo nossa guia, Francisco foi trancafiado.

Fico imaginando, caso Inger esteja certa, como deve ter sido terrível aquela experiência, algo próximo a ser enterrado vivo. A umidade, a escuridão, a falta de ar. Acredita-se que os prisioneiros eram acorrentados às paredes da masmorra, que mais tarde seria usada para o armazenamento de sal. Fico aliviada quando damos meia-volta e as imagens assombrosas começam a se dissipar.

Perugia, compreensivelmente, não era um dos destinos favoritos de Francisco, muito embora ele tenha voltado ali diversas vezes para pregar. Vários de seus milagres foram realizados na própria cidade ou em torno dela — um mudo que recobrou a fala, um inválido que recuperou a boa condição física. Ainda assim, Francisco insistia em chamá-la de Babilônia, e tinha bons motivos para tanto. A beligerante Perugia não só atacava e pilhava regularmente as cidades vizinhas como também era um poço de intrigas internas. Era famosa por seus venenos letais, assassinatos e mutilações, bem como pela ritualística guerra de pedras em que equipes rivais trocavam pedradas até que houvesse um número de mortos suficiente para dar o jogo por encerrado.

Tal selvageria torna-se inimaginável à medida que deixamos Inger e caminhamos a esmo pela linda praça principal de Perugia, a Piazza 4 Novembre, admirando os palacetes coloridos de laranja pelo sol do entardecer. Em vez de se degolarem mutuamente, os peruginos que encontramos pela frente preparam-se para o festival Eurochocolate — realizado anualmente, com duração de uma semana —, que atrai chocólatras do mundo inteiro e serve de vitrine para a produção local de chocolates.

Os pedestres que perambulam pelas ruas parecem bastante cordatos uns com os outros, bem diferentes de seus aguerridos antepassados medievais. Num triste episódio da biografia de Francisco, registrado nos anais como a "Maldição de Perugia", a animosidade entre os peruginos chegou ao ponto de interromper o sono do futuro santo, ainda que ele se encontrasse a mais de vinte quilômetros de distância. A visão de uma carnificina iminente — resultado de uma virtual guerra civil entre cavaleiros e cidadãos, nobres e camponeses — chegou a Francisco na forma de um sonho, e ele prontamente partiu para Perugia com o intuito de pregar a paz. Sua mensagem não seria bem recebida.

Quase posso ver Francisco empoleirado na escadaria do *duomo* de Perugia, defronte à Piazza 4 Novembre, tentando se fazer ouvir em meio aos vitupérios dos insuflados guerreiros que, segundo Celano, "misturavam-se com suas palavras".[1] O religioso franzino, de hábito roto, enfrentava galhardamente os cavaleiros, rogando-lhes que não "atacassem seus semelhantes com armas, matá-los ou saqueá-los". Os cavaleiros naturalmente não deram ouvidos à advertência de Francisco de que "a ira lhes ensinará o que a bondade não ensinou", pois pouco tempo depois Perugia resvalaria na guerra civil com "fúria e matança irrestritas", tal como ele havia sonhado.

A bem da verdade, quase nada era sagrado para os peruginos medievais, nem mesmo o papa. Um incidente particularmente grotesco teve lugar em julho de 1216, quando o papa Inocêncio III subitamente morreu de uma embolia em Perugia durante sua longa jornada em busca de recrutas para a quinta cruzada. Terminadas as cerimônias fúnebres, como medida de segurança, o corpo foi trancado no interior da catedral, onde logo começou a se decompor em razão das altas temperaturas do verão. Tão logo soube da morte do papa, Francisco apressou-se a ir à cidade, apenas para descobrir não só que o corpo apodrecia na catedral mas também que ladrões haviam invadido o lugar e surrupiado todos os trajes e paramentos papais.

Meu marido e eu entramos no *duomo* com certa inquietude — dois outros papas, um dos quais fora envenenado, encontram-se enterrados lá —, mas o amplo espaço barroco parece-nos pacífico. A missa está sendo rezada numa capela lateral e ficamos por perto, ouvindo a música da liturgia. A catedral foi reconstruída depois da época de Francisco e portanto não encerra nenhum vestígio físico dele, ainda que tenha sido palco de importantes capítulos da história franciscana.

PERDIDOS EM PERUGIA

Logo depois da morte de Inocêncio III, Francisco foi impelido por mais um sonho a voltar ao *duomo* a fim de se encontrar com o novo papa, Honório III. Em Porciúncula — onde está sua minúscula capela perto de Assis —, ele sonhou que Jesus o instruíra a pedir ao novo papa um favor que salvaria a humanidade e agradaria a Deus. O papa Honório ficou perplexo e seus cardeais, profundamente contrariados, quando Francisco mencionou o extraordinário pedido: o perdão papal e a remissão de quaisquer penitências aos que viessem se confessar na pequenina capela de Porciúncula. A indulgência papal era a isca que a Igreja oferecia àqueles que partiam nas cruzadas com a missão de assassinar os pagãos, e seu valor persuasivo sofreria substancial desgaste caso a redenção fosse oferecida regionalmente. Mas Francisco insistiu e o papa finalmente aquiesceu, ainda que com certas restrições. A indulgência não seria distribuída diariamente, como Francisco havia pedido, mas apenas uma vez por ano, no dia 2 de agosto. Francisco voltou a Assis em êxtase, dizendo: "Vou mandá-los todos ao Paraíso."[2] Difícil dizer se alcançou seu objetivo ou não, mas fato é que a Indulgência de Porciúncula começou a atrair milhares de penitentes a Assis todos os dias 2 de agosto; uma crônica datada de 1582 menciona um contingente superior a cem mil pessoas.

Deixamos Perugia e voltamos à nossa confortável casa alugada no subúrbio norte de Assis, bem diferente da masmorra em que Francisco passara aquele ano miserável enquanto o pai negociava sua libertação. Todavia os biógrafos asseveram que ele manteve o entusiasmo e a jovialidade durante todo o período de encarceramento. Celano diz: "Seus companheiros de infortúnio reprovavam tamanha alegria, consideravam-na uma manifestação de loucura, de insanidade mental."[3] Francisco rebatia as injúrias atribuindo seu comportamento à convicção de que um dia seria "venerado como santo em todo o mundo", uma profecia arrogante que servia apenas para confirmar as suspeitas de "loucura e insanidade mental", talvez não de todo infundadas.

O Francisco que voltou a Assis aos vinte e dois anos de idade não foi o jovem pueril que havia cavalgado alegremente para a guerra um ano antes.

34 NA ESTRADA COM SÃO FRANCISCO DE ASSIS

Encontrava-se doente, muito doente, por certo com malária e, dizem alguns, tuberculose óssea. Ficou acamado por aproximadamente um ano, padecendo de febres debilitantes. Quando por fim voltou a andar com o auxílio de uma bengala, era um homem mudado. Permaneceria fraco pelo resto da vida e precisaria de constantes cuidados.

A experiência penosa por que passara em Perugia custara-lhe não só a saúde como também a costumeira alegria. Durante sua recuperação, escreve Celano: "Francisco saiu de casa certa vez e pôs-se a admirar a paisagem circundante com grande interesse, mas a beleza dos campos, o aspecto prazeroso dos vinhedos e o que mais era bonito de se ver não lhe provocaram a menor emoção. Espantou-se com a mudança que se produzira em seu próprio ser e desde então passou a dar como tolos os que se emocionavam com semelhantes coisas."[4]

A observação de Celano acerca da tristeza de Francisco parece verossímil, mas a última afirmação talvez seja um pecadilho da biografia revisionista, uma vez que Francisco perseverou na própria tolice. Não sabia como viver de outra forma. Quando os nobres desterrados começaram a voltar para Assis em 1205, exigindo compensação dos derrotados, Francisco voltou à cantoria, à pândega e ao desregramento na companhia dos amigos.

Porém tornou-se mais caridoso. Numa cena imortalizada por Giotto, Celano escreve que, em algum momento depois de ser "libertado dos grilhões"[5] de Perugia, Francisco encontrou na estrada um cavaleiro "pobre e praticamente nu". Admirador inveterado dos cavaleiros, sentiu-se "movido pela piedade" e deu ao desafortunado cavaleiro "os trajes preciosos que vestia". Francisco atribui esse seu gesto ao "amor que tinha pelo Cristo", segundo Celano, o que talvez seja verdade, mas por outro lado também é possível que tenha se apiedado do cavaleiro tão-somente em razão dos bons ventos que de súbito haviam começado a soprar na sua direção.

Um desconhecido nobre de Assis, possivelmente um companheiro de cárcere em Perugia, convidou Francisco a acompanhá-lo até a Apúlia (atual Puglia), na Itália meridional, com o objetivo de se juntarem às forças do papa Inocêncio III contra as tropas imperiais a serviço dos príncipes germânicos. A pugna, na verdade, girava em torno da custódia do jovem Frederico II, filho e herdeiro do finado imperador Henrique VI, cuja viúva havia confiado a educação do filho ao papa, preterindo a corte imperial. A ferrenha batalha entre Igreja e Estado pela guarda de Frederico já se estendia por quase sete anos quando Francisco tomou conhecimento da iminente missão da nobreza local. "Tão logo foi informado", escreve Celano, "Francisco, que se deixava incendiar facilmente, aprestou-se para acompanhá-lo."[6]

A empresa custaria caro. Tornar-se cavaleiro implicava aparelhar-se com uma série de coisas: arnês feito sob medida, cota de malha, jaezes para o cavalo, um escudeiro muito bem equipado. Além disso havia as armas — lança, espadas e adagas — e o sofisticado guarda-roupa, digno de um nobre, para as ocasiões fora do campo de batalha. Acredita-se que Pietro de Bernardone tenha precisado vender várias de suas propriedades para aparelhar o filho devidamente, mas decerto o fizera de bom grado, tendo em vista o prestígio social que lhe acarretaria ter um filho cavaleiro.

Não é difícil imaginarmos o êxtase de Francisco naquele inverno de 1205, à época com vinte e quatro anos, ao acompanhar o trabalho dos armeiros encarregados de lhe confeccionar os trajes de batalha. Por fim via a glória e a honra ao alcance das mãos. Chegara até a sonhar com seu futuro na qualidade de guerreiro papal, "deixando-se açular pela visão que tivera dos píncaros da glória", diz Celano.[7] No sonho, a casa de seu pai abarrotava-se com "os petrechos de guerra, isto é, selas, escudos, lanças e demais artefatos", em vez dos "rolos de tecido a serem vendidos". Todas essas armas pertenceriam a ele e a seus soldados, dissera-lhe uma voz no sonho, de interpretação tão fácil à época quanto agora. "Ao despertar, ele abraçou a manhã com o coração pleno de alegria, tomando o sonho por um prenúncio de grande sucesso; estava certo de que a viagem à Apúlia teria um belo fim."

Não teve.

3 A carta desaparecida em Espoleto

A CIDADE DOURADA *em que Francisco desiste de ser cavaleiro.*
MONTELUCO, *o eremitério que ele funda nas cercanias de Espoleto,*
só por causa da beleza da região. CARCERI, *a caverna próxima*
a Assis, onde ele roga a Deus por orientação

Espoleto desponta nas montanhas da Úmbria como um farol dourado, os campanários e as igrejas reluzindo contra o anil do céu. Cerca de vinte quilômetros ao sul de Assis, um dia de viagem a cavalo, Espoleto é atualmente conhecida pelo festival de música clássica que ali se realiza todos os verões, bem como pelos afrescos quatrocentistas de Fra Lippo Lippi na abside da catedral. Em 1205, segundo os biógrafos, foi em Espoleto que Francisco abriu mão de suas ambições de cavaleiro.

Era primavera quando ele e o escudeiro partiram de Assis, no que poderia ter sido um dia de muito calor. A nova armadura e o escudo decerto pesavam cada vez mais à medida que eles avançavam. Não sabemos se pararam em alguma cidadezinha intermediária para descansar ou se cavalgaram direto para Espoleto, onde contavam passar a noite. Seja como for, chegando a Espoleto ao anoitecer, Francisco encontrava-se doente mais uma vez: ardia em febre.

Em meio ao delírio teve um sonho que inspiraria novo rumo à sua vida. Segundo Celano, uma voz lhe perguntara de quem ele poderia obter mais préstimos, do servo ou do Senhor. "Do Senhor", respondeu Francisco. Então, continuou a voz, por que ele insistia em procurar pelo servo, e não pelo Senhor? "Senhor, o que desejais que eu faça?", perguntou Francisco. "Que voltes ao local onde nasceste, pois, por meu intermédio, encontrarás realização espiritual para teu sonho", disse a voz.[1]

Os biógrafos fazem diferentes conjecturas a respeito da tal "voz" sonhada por Francisco. Alguns, claro, acham tratar-se da voz de Deus preparando Francisco para o importante papel que lhe estava reservado. Outros sugerem que a voz era a do próprio Francisco, semidelirante, dando-se conta de que não tinha condições de prosseguir. E também há aqueles para quem a voz pertencia ao companheiro de viagem, provavelmente um lorde, consciente de que Francisco não estava à altura da missão a que se propusera e que talvez se revelasse um peso morto. Seja como for, esse sonho continua sendo um momento crítico na lenda franciscana, e a doença, pelo menos, era real. A febre e os calafrios recorrentes da malária mantiveram Francisco em Espoleto por algum tempo, e seu companheiro, presumivelmente, prosseguiu sozinho.

Seguimos os passos de Francisco até Espoleto não só em razão da importância que a cidade tem na história dele mas também porque abriga um tesouro especial: uma carta que Francisco escreveu de próprio punho a frei Leão. Eu já havia visto o único outro manuscrito sobrevivente — também uma carta para Leão[2] — na capela inferior de Assis, mas há algo de emocionante em ver esse segundo documento fora das ricas coleções de tesouros franciscanos encontráveis em Assis.

Chegamos a Espoleto ao meio-dia e, ansiosos, escalamos a longa e levemente sinuosa Via Filitteria até a Catedral de Santa Maria Assunta, onde a carta se encontra exposta na Capela do Relicário. Segundo o guia de viagem, a catedral fica fechada das 13h às 15h, mas, como pode atestar qualquer um que conheça o país, os italianos têm lá a sua própria interpretação do tempo: quando alcançamos a magnífica catedral do século XII, constatamos que ela havia fechado uma hora mais cedo e permaneceria *chiusa* até às 16h.

Mas não importa. O ócio é sempre bem-vindo na Itália e aproveitamos para nos deliciar com um maravilhoso almoço de lingüiça espoletana, alcachofras e massa caseira. Preenchemos o resto do tempo com uma caminhada em torno da graciosa *piazza* em forma de leque defronte à catedral, esquivando-nos de um futebol da meninada local e nos perguntando quem poderiam ser aqueles homens todos que perambulavam pela praça com bolsas cor de laranja penduradas ao ombro. (Descobrimos que eram obstetras reunidos para uma convenção.)

Somos os primeiros a pisar na catedral depois que um padre, baixinho e rechonchudo, chega com um antigo chaveiro de ferro, do tamanho de uma roda de bicicleta, para destrancar a porta. Logo tenho a oportunidade de constatar que o local não é exatamente um modelo de alta tecnologia. Cada recanto escuro requer um depósito de uma moeda de vinte e cinco centavos de euro numa caixinha para que a luz se acenda temporariamente sobre os diversos tesouros, entre os quais se encontra um afresco inacabado do adolescente Pinturicchio. Apertando minha moeda nervosamente entre os dedos, entro na Capela do Relicário e paro diante do nicho que abriga a carta de Francisco. Mas quando a luz se acende — para se apagar logo depois — mal posso acreditar no que vejo: o nicho está vazio.

Corro atrás do padre para me informar, e ele, falando num torrencial italiano, agitando os braços e apontando com os dedos, nos diz que a carta se encontra em algum lugar no topo da escadaria da *piazza*, no Museu Diocesano. Levamos outra meia-hora para encontrar a plaquinha amarela próxima ao arco da Via Aurelio Saffi, que nos leva à venerada igreja de Sant'Eufemia, também do século XII, e ao pátio central do museu.

Estou de tal modo determinada a encontrar a carta que mal presto atenção nos demais tesouros distribuídos entre as cinco salas do museu; logo vejo-me diante do caixilho de prata, montado em mármore vermelho, que emoldura a carta de Francisco. Ali fico sabendo que ela fora emprestada pela catedral para uma exposição itinerante pelas cidades da Úmbria, de um mês de duração.

40 NA ESTRADA COM SÃO FRANCISCO DE ASSIS

Para mim é extraordinário estar mais uma vez diante de um autógrafo franciscano, especialmente quando se encontra tão bem exposto e iluminado. A carta foi escrita em latim nos últimos anos da vida de Francisco, quando ele já sofria da vista, o que decerto explica a letra dolorosamente trêmula e as linhas tortas. Trata-se de uma doce mensagem destinada a frei Leão, que à época passava por um momento difícil.

Irmão Leão, teu irmão Francisco [deseja] saúde e paz. Dirijo-me a ti, meu filho, como se fora tua mãe. Repito aqui, brevemente, e [a título de] recomendação, todas as palavras que trocamos na estrada. E depois, caso seja necessário que tu me procures para aconselhamento, isto é que te digo: seja qual for a melhor maneira de agradares ao Senhor e de seguires nos passos e na pobreza d'Ele, faze-o com a bênção de Deus e em obediência a mim. E se achares necessário ao bem-estar de tua alma, se precisares de consolo e quiseres vir a mim, Leão, que venhas!

Os biógrafos divergem quanto ao local em que se encontrava Francisco ao escrever essa carta. Todos afirmam, contudo, que ele se encontrava num dos diversos eremitérios em que freqüentemente buscava refúgio para rezar e meditar. Um desses eremitérios, absolutamente adorável, fica na sagrada montanha de Monteluco, a apenas oito quilômetros de Espoleto.

Para compreendermos Francisco por inteiro, é fundamental deixarmos momentaneamente de lado os museus, catedrais e cidadezinhas montanhosas e dirigirmo-nos, como ele fez, aos eremitérios. Depois da conversão, Francisco dividiria seu tempo entre a pregação nas cidades e o isolamento no topo das montanhas, onde jejuava, orava e muitas vezes falava diretamente com Deus. "O mundo tornara-se insípido para Francisco, que se alimentava do néctar celestial, e as delícias que ele encontrava em Deus tornavam-no sensível demais para as preocupações grosseiras do homem", escreve Celano. "Sempre procurava um lugar ermo em que pudesse conformar não só a alma como também o corpo aos ditames de Deus."[3]

O eremitério fundado por Francisco em 1218 no topo dos oitocentos metros de Monteluco compensa largamente os riscos oferecidos pela estradinha coleante e estreita que nos leva acima das nuvens e da fumaça produzida pelas fogueiras que os agricultores acendem no vale para queimar os restolhos das colheitas de outono. Fazemos uma falsa parada no que parece ser um convento antigo mas que na verdade é uma pizzaria adjacente à igreja de San Giuliano. O restaurante ainda está fechado para o jantar, mas uma garçonete atenciosa nos traz duas xícaras de *espresso*, que bebericamos prazerosamente diante de um aparelho de televisão sintonizado no programa *Milionario*, versão italiana do programa americano *Who Wants to Be a Millionaire*.

Quando finalmente alcançamos o platô no alto da montanha, constatamos que o eremitério "escondido" fica no interior **de** um convento franciscano encastoado numa escarpa na extremidade op**osta** da montanha, com uma vista para o vale de Espoleto geralmente reservada aos que sobrevoam o lugar. Não se trata exatamente de uma ruína: o convento erguido no século XV em torno do eremitério original dá a impressão de ter sido restaurado recentemente. Uma reluzente porta de madeira talhada dá acesso a um lindo pátio de chão de pedras, adjacente a um pequeno prédio de pavimento único e telhado de lajotas.

Grandes vasos de cerâmica com folhagens e gerânios pontilham não só o pátio como também o pequeno e gracioso claustro que entrevemos do outro lado de uma porta aberta, no centro do qual encontra-se um poço supostamente milagroso. Reza a lenda que Francisco, em busca de água, fez brotar ali uma fonte de águas límpidas diretamente da rocha. O cenário mágico é complementado por um jovem frade franciscano a conversar com uma moça à porta do convento. *"Buona sera"*, eles nos dizem tão logo entramos num corredor e seguimos a indicação de uma placa em que se lê: "1218 Primitivo Convento". Jamais chegaríamos tão perto de Francisco quanto agora.

Trata-se do eremitério mais típico do espírito franciscano: consiste em **sete minúsculas celas de madeira** — com cerca de metro e meio de comprimento e largura cada — construídas por Francisco e seus companheiros na **encosta da montanha, perto de uma capela do século XII dedicada a Santa**

Catarina de Alexandria. Nem de longe elas exibem a decoração requintada de tantos outros lugares associados a Francisco em Assis, mas são tão singelas e rudimentares quanto a vida que o próprio Francisco escolheu para si. É fácil o imaginarmos ali, curvando-se ligeiramente para cruzar a portinhola de metro e vinte de altura, dormindo sobre uma tábua de madeira que ainda pode ser vista em uma das celas, admirando nada mais que o céu através da janelinha de duas folhas.

A presença de Francisco pode ser igualmente sentida no "Bosque Sagrado" situado nas imediações do convento, onde uma trilha passa sob um conjunto de gigantescos azevinhos, cujas raízes — algumas tão altas que servem de assento — se esparramam pelo chão por pelo menos dez metros. Os romanos da antiguidade santificaram a montanha justamente em razão dessas árvores, proibindo que mais de uma fosse derrubada a cada ano. Uma réplica da ordenação original, talhada em pedra no século III a.C. (e atualmente exposta no Museu Arqueológico de Espoleto), está bem ao lado da entrada do "Bosque Sagrado", ameaçando os infratores em latim vulgar com o pagamento de uma multa e o sacrifício de um boi em honra de Júpiter.

Francisco teria aprovado a iniciativa dos romanos no sentido de proteger as árvores, mas decerto teria reivindicado também a proteção do "irmão Boi". Sinto-me bem mais próxima dele neste santuário natural de beleza e paz — assim como em todos os eremitérios que visitaria mais tarde — do que nas cidades, incluindo Espoleto e Assis. Ainda que muito bem preservadas, as cidades históricas são comunidades modernas em que os habitantes assistem à televisão, transitam de carro e falam ao celular. Em meio à atemporalidade da natureza é mais fácil visualizarmos Francisco, ora rezando tranqüilamente, ora caminhando na companhia de seus irmãos sob a copa das árvores.

O som de um violão emana ao longe e nos chama de volta ao pátio do convento. Um frade chamado Angelo está a caminho da liturgia das 18h e nos convida a acompanhá-lo. Infelizmente não podemos. O sol já começa a se pôr, colorindo o céu de brilhantes mechas douradas, e precisamos tomar o sinuoso caminho de volta a Espoleto. Mas não podemos deixar de entreouvir o cântico entoado no interior do minúsculo convento — "Aleluia... Aleluia" —, talvez o mesmo que Francisco costumava entoar oito séculos atrás.

Francisco ainda não teria tal harmonia espiritual quando se sentiu suficientemente bem para voltar de Espoleto a Assis na primavera de 1205. Já não acalentava mais o sonho de tornar-se cavaleiro e, até então, não dispunha de outro sonho para substituí-lo. Naturalmente vendeu a armadura ao longo do caminho e por certo chegou em casa humilhado. Celano não registra a reação de Pietro Bernardone ao ver o filho voltar sem a glória e o prestígio social inerentes à posição de cavaleiro — e sobretudo sem a armadura que lhe custara uma pequena fortuna —, mas o mais provável é que tenha ficado furioso com o filho. Também é provável que Francisco tivesse guardado para si parte do dinheiro, pois não tardaria a voltar às ruas com os bolsos recheados e a paparicar os amigos.

Francisco era de tal modo vulnerável a adulações que talvez não tivesse como resistir à tentação de financiar as extravagâncias dos colegas, que o elegeram o "rei" das pândegas de Assis — tradicional orgia no verão, de comida, bebida e muita farra — que Francisco sempre bancava. "Foi escolhido como líder daquele círculo de amigos que, já acostumados a seu desprendimento, estavam certos de que teriam todas as despesas custeadas por ele", escreve Celano.[4] Ainda segundo Celano, foi em observância às "regras da cortesia" que Francisco ofereceu aos companheiros um derradeiro banquete, "suntuoso e com o dobro de pratos deliciosos. Comendo até vomitar, eles saíam às ruas cantando, bêbados".

Mas naquela noite de verão aconteceu a Francisco algo que daria fim às patuscadas e início à conversão. Segundo afirmam todos os biógrafos, ele subitamente se sentiu paralisado, os pés grudados no chão, e incapaz de acompanhar os amigos que seguiam em frente. Tão logo deram pela falta dele, os companheiros voltaram e interpretaram aquele estado de transe como um mal de amor. "Francisco, por acaso pensas em te casar?", eles brincaram. Recobrando a consciência, Francisco deu uma resposta que se tornaria fundamental em sua história. "Minha esposa será mais nobre e mais bela do que todas as outras que vocês conhecem", disse ele, segundo Celano. "Excederá as outras na beleza e na sabedoria."[5]

A visão que Francisco teve de seu casamento com a "Senhora Pobreza" é relembrada durante um festival que se realiza todos os anos em Assis durante a semana seguinte à primeira terça-feira de maio. Oitocentos anos atrás, essa mesma visão marcou o momento em que Francisco passou de pecador a santo.

O monte Subásio ergue-se bem acima de Assis, e sua floresta de carvalhos, pinheiros e azevinhos entremeia-se de cavernas, riachos e trilhas. Escalando os quatro quilômetros bastante íngremes de uma trilha de peregrinação que se inicia na Porta Cappuccini de Assis, ou seguindo de carro pela Via Santuario delle Carceri, chega-se ao Eremo delle Carceri, um dos mais antigos eremitérios franciscanos, que durantes anos também serviu de refúgio aos ermitões e padres perseguidos na Europa oriental.

Francisco não era perseguido por ninguém — talvez apenas por si mesmo — quando pela primeira vez buscou a serenidade desse adorável santuário. Acredita-se que o *carceri*, ou prisão, tenha sido erguido sobre a caverna que secretamente ele freqüentava na companhia de um amigo não identificado após a visão que tivera da Senhora Pobreza nas ruas de Assis.

A primeira etapa da conversão de Francisco de rebelde a penitente — "numa gruta próxima à cidade", segundo Celano[6] — revelou-se um extenso e doloroso processo. Ele passava horas a fio ajoelhado, rogando a Deus para ouvir novamente a voz que o havia instruído a voltar para Assis e esperar por sua "realização espiritual" — mas até então só houvera silêncio e um substancial sentimento de culpa. "[Francisco] arrependeu-se por ter pecado tão gravemente, por ter ferido os olhos da majestade divina", escreve Celano, "e já não encontrava nenhum deleite nas tentações do passado e do presente."

Mas Francisco ainda era "deste mundo" e não se sentia inteiramente seguro de que poderia resistir às tentações da carne. Conforme *A lenda dos três companheiros*, o demônio se aproveitou dessa insegurança e provocou-o com uma terrível imagem. Havia em Assis "uma mulher corcunda e deformada, e o demônio induziu Francisco a lembrar-se dela, ameaçando-o: caso não renegasse o caminho que havia tomado, ele, Francisco, receberia todas as deformidades que o próprio demônio se encarregaria de tirar da mulher".[7]

Essa imagem, além de outras "idéias inoportunas", assombrava Francisco na caverna, com "grandes tormentas e preocupações".[8] A batalha que se travava em seu próprio íntimo naturalmente acarretaria conseqüências. Francisco não conseguia dormir e por vezes chorava durante horas. "Assim sendo, quando saiu da caverna e reencontrou o amigo, estava de tal modo exaurido que parecia outra pessoa, bem diferente daquela que ali havia entrado", observa Celano.[9]

Não nos deparamos com nenhum demônio em nossas andanças pelo *carceri*. A certa altura, encontramos um grupo de freiras alemãs, já velhinhas, enfrentando com certa dificuldade as trilhas escorregadias que conduzem às cavernas marcadas com os nomes dos primeiros seguidores de Francisco — os frades Leão, Rufino, Silvestre e Masseo — e à gruta, com vista para um desfiladeiro e atualmente fechada, em que Francisco orava e dormia. *"Grüss Gott"*, "Deus esteja convosco", cumprimentam-nos as freirinhas. *"Grüss Gott."*

Ao longo da trilha de Leão também encontramos um grupo de estudiosos americanos, cerca de quarenta, que visitam os sítios franciscanos da Úmbria sob o patrocínio do site www.franciscanpilgrimages.com. Padre John, o líder deles, explica o significado de um curioso conjunto de esculturas de bronze em que três frades em tamanho natural olham para o céu.

Alguns dos primeiros franciscanos eram cientistas, ele explica, pioneiros no estudo da natureza. Um dos frades de bronze procura identificar a Estrela do Norte. Outro mede com a mão a distância entre as estrelas. O terceiro está deitado no chão, sorrindo, as mãos cruzadas sob a cabeça. "Este é São Francisco", diz o padre John, "apenas deleitando-se com o espetáculo das estrelas."

As lendas pululam pelos caminhos sombrios do *carceri*: o poço no pátio, que Francisco fez encher-se de água; o leito do rio que ele fez secar depois de uma tempestade porque o fragor da torrente atrapalhava suas orações; a árvore supostamente coeva de Francisco que ainda se equilibra na encosta do desfiladeiro com o auxílio de estacas e cabos. É claro que os pássaros se reuniam nessa árvore para cantar para Francisco — e naturalmente se calavam quando ele precisava de silêncio para rezar.

Pela mesma trilha voltamos ao pátio diante da minúscula capela de teto tisnado de fumaça que os frades construíram dentro de uma gruta. Ao longo do caminho passamos por uma família de suíços usando botas de *trekking* e caminhando com o auxílio de cajados. Eles acabavam de descer uma trilha muito íngreme, batizada de "Irmã Lua", vindos da clareira em que os primeiros franciscanos costumavam admirar o céu; agora abasteciam-se com barrinhas de cereal para descer a trilha igualmente íngreme de volta a Assis.

Deixamos o *carceri* com certa relutância, ao contrário de Francisco, que decerto sentira alívio ao deixar para trás a caverna em que travara os primeiros embates com a própria consciência. Ele havia feito progressos e, segundo *A lenda dos três companheiros*, "sentia o coração arder com o fogo divino",[10] mas ainda não havia recebido nenhuma instrução da "voz" de Espoleto. No entanto começaria por desejo próprio a dar novo rumo à vida. "Ele sempre ajudara os pobres, mas, desse período em diante, não só decidiu jamais deixar de dar esmolas aos que suplicavam em nome de Deus como também passou a doar quantias cada vez mais generosas e com prazer cada vez mais sincero."[11]

A preocupação de Francisco com os pobres foi recebida de maneiras diferentes pela família: a mãe, que segundo os biógrafos antigos era profundamente religiosa, recebeu com simpatia a nova caridade do filho; o pai, nem tanto. A fome grassava em Assis em razão da tempestade que arruinara as colheitas regionais, e o número de pedintes havia crescido substancialmente. Quando Pietro se ausentava, como fazia regularmente, Pica Bernardone atendia o pedido do filho e assava uma quantidade maior de pães para doar aos que batiam à sua porta. E, ao que parece, ela aprovava, ou pelo menos fingia não ver, a nova prática do filho de doar suas roupas aos pobres quando não tinha dinheiro. "Ele doava um cinto ou uma fivela e, quando nem isso tinha, ia a um lugar discreto, tirava a camisa e entregava-a em nome do amor a Deus", relata *A lenda dos três companheiros*.[12]

Percebendo a mudança no comportamento do filho, bem como o "novo ardor que se apoderava dele, cobrindo-o de arrependimento pelos graves pecados do passado",[13] Pica Bernardone talvez tenha sido a primeira pessoa a sugerir que Francisco partisse em peregrinação para Roma naquele mesmo ano fundamental de 1205. Foi uma viagem longa, cerca de duzentos quilômetros, e não sabemos ao certo se ele foi a pé ou a cavalo. Mas tanto faz; o importante é o que lhe aconteceu ao chegar lá.

4 A velha Roma

ROMA, *onde Francisco se identifica com os pedintes.* SAN DAMIANO, *onde ele finalmente recebe nova mensagem divina.* FOLIGNO, *onde ele entra em ação — com resultados dramáticos*

A Basílica de São Pedro avulta grandiosa ao fim da Via della Conciliazione, a avenida ladeada de colunas que dá acesso ao Vaticano, construída por Mussolini na década de 1930 mediante a demolição de um bairro medieval. Atravessamos a famosa e ampla Piazza San Pietro, onde milhares de cadeiras de plástico brancas aguardam os fiéis para a bênção semanal do papa. Cento e quarenta imagens de santos encimam a graciosa colunata de Bernini que abraça a praça quinhentista, e fico emocionada ao ver Francisco entre eles.

Se as dimensões da basílica têm como objetivo dar aos reles mortais uma justa medida de sua pequenez, pode-se dizer que esse objetivo é amplamente alcançado. Esculturas de mármore retratando Jesus e seus discípulos, tão altas quanto prédios de dois andares, sobrelevam a praça no topo da imponente fachada, e duas réplicas de São Pedro e São Paulo flanqueiam a escadaria que dá acesso à nave. A separação é apropriada, visto que os dois santos tiveram uma rusga logo nos primeiros anos do cristianismo e poucas vezes voltaram a se falar depois.

NA ESTRADA COM SÃO FRANCISCO DE ASSIS

Por séculos a de São Pedro foi a maior igreja de todo o reino cristão, até que, em 1990, perdeu o posto para a Catedral de Nossa Senhora da Paz em Yamoussoukro, capital administrativa da Costa do Marfim. Mas não importa. É à Basílica de São Pedro que os peregrinos católicos de todo o mundo têm se dirigido desde muito, assim como o fizera Francisco.

Francisco ficou furioso ao entrar ali em 1205. Lá estava ele, justamente no coração da Igreja Católica, e no entanto as oferendas deixadas no altar pelos demais peregrinos eram ínfimas se comparadas à majestade do santo que em princípio eles estavam louvando. A não ser pelo próprio Cristo, e possivelmente a Virgem Maria, nenhum outro cristão era tão venerado quanto Pedro. Até mesmo Jesus havia mudado o nome de seu discípulo de Simão, o Pescador, para Pedro, a Rocha, e a Igreja o considera o primeiro papa, do qual todos os demais descendem.

Além disso, Pedro, assim como Jesus, havia aceitado — até mesmo buscado — sua condição de mártir. Ele e outros cristãos tinham sido injustamente acusados e posteriormente perseguidos pelo imperador Nero por terem causado o incêndio que varrera Roma em 64 d.C. Reza a lenda que Pedro havia escapado das garras de Nero e já estava fora da cidade quando encontrou um homem na Via Appia, a quem fez a célebre pergunta: *"Quo vadis?"* Quando o homem respondeu que viera para ser crucificado uma segunda vez, Pedro deu-se conta de que estava diante do Cristo e imediatamente retomou o caminho para Roma — e para a morte certa.

Que tal homem fosse tão sovinamente homenageado em seu próprio túmulo levou Francisco a praticamente esvaziar os próprio bolsos junto ao altar. "Perplexo diante da exigüidade dos óbolos deixados no altar do príncipe dos apóstolos, ele jogou um punhado de moedas sobre o mármore, indicando assim que o santo a quem Deus honrava sobre todos os outros devia ser honrado de maneira igualmente especial pelos mortais", escreve Celano.[1]

A basílica sagrada que Francisco visitara, a "antiga" São Pedro, havia sido construída por Constantino — o primeiro imperador a se converter ao cristianismo — no início do século IV, sobre a necrópole em que o mártir Pedro se encontrava enterrado. A "nova" e atual São Pedro seria construída no mesmo local treze séculos mais tarde. Acredita-se que tanto o altar da basílica atual — emoldurado pelo dossel de trinta metros projetado por Bernini e executado com o bronze roubado do pórtico do Panteão — quanto o altar mais modesto da "antiga" São Pedro foram construídos exatamente sobre o túmulo de Pedro. É instigante pensarmos que algumas das moedas de Francisco talvez estejam entre aquelas encontradas durante uma busca subterrânea pelos despojos de Pedro; evidentemente, os peregrinos da basílica original jogavam suas moedas diretamente no túmulo, através de uma treliça no mármore tumular.

Depois de fazer sua dramática oferenda a São Pedro, Francisco deixou a basílica do mesmo modo que havia entrado: por um jardim fechado conhecido como Paraíso. Mas o lugar dificilmente fazia jus ao nome, uma vez que estava apinhado de mendigos paupérrimos a esmolar. Francisco deu-lhes o que ainda trazia nos bolsos, mas subitamente percebeu que o gesto não bastava.

Assim, parou entre os mendigos e ali encenou um dos mais célebres atos de sua conversão: "Por amor à pobreza, desfez-se de suas roupas luxuosas e vestiu os andrajos de um dos miseráveis, juntando-se alegremente aos mendigos reunidos no vestíbulo da igreja de São Pedro", escreve Celano.[2]

É provável que essa tenha sido a primeira vez que Francisco trocou de vestes com um mendigo. Todos os biógrafos apontam sua crescente generosidade para com os menos afortunados, mencionando as diversas peças de vestuário que tirara do próprio corpo para dar aos outros. Mas não há nenhum registro de que anteriormente ele tivesse doado toda a roupa em troca dos trapos de um mendigo, ainda que fosse esse o seu desejo.

Celano postula que Francisco ainda não havia chegado a esse extremo porque se preocupava com a opinião da gente de Assis acerca de seu já bizarro comportamento; preferia esperar para fazê-lo quando estivesse fora da cidade. "Por muitas vezes teria feito algo semelhante caso não tivesse se deixado refrear pela vergonha diante daqueles que o conheciam."[3]

Protegido pelo anonimato encontrado em Roma, Francisco não se deteve no despojamento das próprias roupas. Na companhia dos mendigos no adro da São Pedro, começou, ele também, a pedir esmolas — e em francês.[4] Decerto tinha meios para comprar uma bela refeição, mas optou por compartilhar migalhas com os novos amigos. "Considerando-se um deles", observa Celano, "comeu com voracidade."[5] Celano não registra a reação dos mendigos diante daquele lunático que se juntara a eles, vestira a roupa deles e agora se deliciava com pedaços de pão velho e mofado; quanto a Francisco, decerto foi ali que pela primeira vez vislumbrou o prazer e a derradeira liberdade que só o desapego é capaz de proporcionar. No entanto ainda representava um papel: ainda não era um verdadeiro *poverello*.

Francisco teria nova oportunidade de testar seus limites ao voltar a Assis, onde foi obrigado a enfrentar seu mais terrível pesadelo — assim como meu marido e eu também fomos obrigados a fazer, ainda que num contexto bem diferente. Nosso pesadelo se dá na antiga Via Flaminia, a estrada secular que une Roma à costa do Adriático, no ponto em que ela passa por Terni, cidade industrial sulina para onde convergem diversas linhas rodoviárias e ferroviárias. Nosso objetivo era parar ali e encontrar a igreja de San Cristoforo (São Cristóvão), do século XII, onde Francisco pregou nos últimos anos de vida, assim como a pedra que lhe serviu de púlpito nas imediações da residência do bispo. Mas fomos vencidos por um jogo de futebol.

O trânsito em Terni encontra-se congestionado com o enorme contingente de carros de polícia parados em filas duplas e triplas ao longo das ruas, destacados para fiscalizar a realização do jogo iminente. Nosso pesadelo começa quando, exatamente na rua em que nos encontramos, um comboio de carros de polícia — luzes piscando, sirenes uivando — tenta abrir caminho para um ônibus carregado de jogadores até o estacionamento do estádio. A coisa se complica quando outro carro de polícia, também piscando e uivando, subitamente irrompe do estacionamento e freia a poucos centímetros do nosso carro. Apesar das luzes e sirenes, não conseguimos seguir nem para frente nem para trás. Quando finalmente conseguimos nos desenredar, jurando nunca mais voltar a Terni, tento apagar as impressões negativas deixadas pela cidade lembrando-me de que ali nascera São Valentino.

Quanto ao pesadelo de Francisco, deu-se um pouco mais adiante na mesma estrada, onde ele se deparou com um leproso. De todas as doenças incuráveis da época, a lepra era a mais cruel e temida. Acreditava-se que era altamente contagiosa, de modo que todas as pessoas que apresentavam úlceras de pele ou feridas purulentas — fosse em decorrência da lepra ou de outras doenças cutâneas, como o fogo de Santo Antônio, contraído mediante a ingestão de grãos contaminados — eram submetidas a quarentenas nos leprosários, ou *lazzaretti*, antes de poderem entrar em qualquer uma das cidades muradas.

Assis contava com diversos leprosários nas suas imediações, lugares de tal modo medonhos que Francisco, assim como a maioria de seus conterrâneos, não media esforços para evitar. Tanto ele temia os leprosos que, segundo *A lenda dos três companheiros*, "acaso visse um dos leprosos ou passasse próximo à residência deles, ainda que quisesse lhes dar uma esmola por intermédio de terceiros Francisco virava o rosto e tapava o nariz".[6]

Não é de admirar, portanto, que a história do encontro de Francisco com o leproso na estrada de Assis tenha se tornado um dos marcos lendários de sua conversão. Numa das crises de agonia que sofrera na caverna, implorando a Deus que lhe dissesse o que fazer, Francisco naturalmente recebeu um enigma como resposta: "Oh, Francisco, se queres saber minha vontade, deverás odiar e desprezar tudo aquilo que até hoje teu corpo tem amado e desejado possuir", conta *A lenda dos três companheiros*.[7] "Tão logo te disponhas a tanto, tudo que antes te parecera doce e agradável tornar-se-á amargo e insuportável; da mesma forma, tudo que antes te causara asco tornar-se-á doce e será recebido com júbilo."

Assim sendo, deparar-se com aquilo que mais lhe causava asco revelou-se uma prova de fogo para Francisco. Ele sabia o que queria fazer, mas, dessa vez, lembrando-se da recomendação divina, não se evadiu do miserável encapuzado que sacudia um chocalho à sua frente. "Por maior que fosse a repulsa que tinha pela lepra", registra Celano, "Francisco, receando quebrar a palavra dada e igualar-se ao transgressor de um mandamento, apeou-se do cavalo e beijou o leproso."[8]

54   NA ESTRADA COM SÃO FRANCISCO DE ASSIS

Celano ainda confere uma dimensão mística ao episódio, afirmando que, ao montar novamente e olhar para trás, Francisco não avistou nenhum leproso ao seu redor, muito embora se encontrasse num descampado. Seja qual for o teor de verdade dessa história, o fato é que, pelo resto da vida, Francisco procuraria os leprosários e cuidaria dos internos com tamanha intimidade que, acredita-se, tenha por fim contraído a doença. "Limpava-lhes toda a sujeira e até mesmo lavava-lhes o pus das feridas", escreve Celano.[9]

Naturalmente, Francisco via os leprosos como uma prova enviada por Deus para testar seu desapego. No testamento que escreveu pouco antes de morrer, ele diz: "Quando ainda vivia em pecado, era-me por demais penoso ver os leprosos; mas o Senhor me conduziu até eles, e eu fui clemente."[10] A contínua dedicação aos leprosos ocuparia um papel central não só na vida de Francisco mas também na dos que pretendiam a ele se juntar: "Quando se apresentavam à ordem, fossem nobres ou plebeus, os postulantes eram avisados de que, entre outras coisas, teriam de servir aos leprosos e freqüentar os hospitais", diz *A lenda de Perugia*.[11]

Percorremos a curta distância que separa Assis de um desses hospitais, o San Salvatore della Parte, hoje uma elegante propriedade particular chamada Casa Gualdi. Situa-se próximo a um cruzamento na velha e batida Via Francesca, ou "estrada francesa", assim chamada por ser a rota de comércio e peregrinação que une Assis e Roma à França. No entanto, a não ser por uma placa que informa a associação do lugar com a história franciscana, não há nada ali que sugira o sofrido confinamento dos leprosos medievais, nem tampouco o papel por eles desempenhado na conversão de Francisco. "Fortalecido pela graça divina, ele se viu capaz de levar a cabo a ordem recebida, qual seja, a de amar o que antes odiava e abominar o que antes, erroneamente, ele amava", observa *A lenda dos três companheiros*.[12]

Contudo, foi a nova diretriz emanada das alturas que, naquele mesmo ano de 1205, pôs em marcha a seqüência de eventos que escandalizaria Assis e aproximaria Francisco ainda mais da santidade. Dessa vez o episódio se deu numa pequena e semi-arruinada igreja do século XII, a igreja de San Damiano, situada a menos de dois quilômetros de Assis e administrada por um padre itinerante. Não foi o padre que operou a transformação em Francisco no dia em que ele entrou ali, mas a cruz bizantina, pintada por um monge sírio, sobre o altar. Neste que é um dos momentos mais críticos da história franciscana, recriado por Giotto na basílica de Assis, o Jesus crucificado dirige-se a ele — segundo alguns, fazendo até uma reverência — e repete três vezes: "Vai, Francisco, e restaura a minha casa; como vês, ela está em ruínas."[13]

Francisco decerto exultou por finalmente ter recebido a ordem inequívoca que lhe havia sido prometida em sonho meses antes. Interpretou-a ao pé da letra. "Reconstrua essa igreja surrada." Então era isso. Mas como? A reconstrução demandaria dinheiro, muito mais do que ele possuía. Onde poderia ser obtido? Claro, na loja do pai! "Depois de se fortificar com o sinal da santa cruz, ele ficou de pé e, tão logo lhe trouxeram o cavalo, montou", diz Celano. "Levando consigo um fardo de tecido escarlate para vender, rapidamente partiu para uma cidade chamada Foligno."[14]

Foligno nos surpreende. Situada quatorze quilômetros a leste de Assis — no estratégico entroncamento da antiga Via Flaminia e a estrada que leva a Spello, Perugia e Assis, via secundária porém igualmente importante do ponto de vista comercial —, a cidade fora sede de um pujante mercado nos dias de Francisco, mas é cabalmente desprezada em nossos guias como um insípido centro industrial e agrícola e entramos nela com todo tipo de reserva. Deparamo-nos, todavia, com uma comunidade surpreendentemente convidativa. Foligno estende-se sobre um vale, o que para nós é um alívio, pois agora podemos caminhar em ruas amplas e planas, muitas vezes reservadas para pedestres, sem a necessidade de estar desviando dos carros.

Nosso objetivo é encontrar o mercado medieval em que Francisco vendeu o "fardo de tecido escarlate" que pegara na loja do pai, além do cavalo que subtraíra do estábulo. Levamos um tempo. O ponto de partida mais evidente é a praça principal de Foligno, a surpreendentemente encantadora Piazza della Repubblica, onde se encontra uma catedral do século XII muito especial, cuja fachada exibe um conjunto pagão de animais e signos do Zodíaco. Entrando na igreja, ouvimos um harmonioso grupo de fiéis entoando hinos religiosos numa capela lateral, mas ali não encontramos nenhum sinal de Francisco.

No centro histórico, seguimos por uma rua comercial pontilhada de flâmulas, passamos por uma Benetton e por fim chegamos à Piazza San Domenico, que nos parece mais promissora. A praça é suficientemente grande para alojar um mercado; sombreada por carvalhos, fica próximo a uma das antigas portas da cidade. Além disso, abriga um inesperado tesouro: a igreja de Santa Maria Infraportas, uma construção baixa e vetusta, de pedras brancas e rosadas. Lemos, perplexos, a placa que a identifica como a "Igreja Mãe de Foligno, construída em 58 d.C.". Ao que parece, também tem origens pagãs e foi sede do sermão de conversão ministrado a animistas locais por ninguém menos que São Pedro.

Por certo Francisco visitou esse pequeno templo românico, cujas colunas dão sustentação a um pequeno pórtico. Sob pena de parecermos muito espirituais, sentimos a presença dele ali. Todavia, mais uma vez somos frustrados em nosso objetivo: não encontramos qualquer indício de que essa seja a praça em que ele vendeu o tecido e o cavalo roubados do pai.

Voltamos à Piazza della Repubblica e buscamos consolo numa elegante *pasticceria* às margens da Via Garibaldi. Uma porta discreta dá acesso a uma antiga abóbada de pedra, vivamente iluminada, cujos arcos e teto se cobrem de afrescos modernos, estampados com flores-de-lis em tons de amarelo e vinho; vitrines exibem tortas e folhados irresistíveis. Os *habitués* começam a chegar para o carteado da noite, e, saboreando nosso *caffè latte*, sentimos uma pontinha de inveja ao ouvi-los trocar as notícias do dia. Nossa admiração por Foligno só faz aumentar quando o gerente da *pasticceria* escolheu uma barra de chocolate entre as tantas outras — embrulhadas em dourado, azul, vermelho e verde — que recheiam as prateleiras e nos ofereceu como cortesia.

E depois, claro, nós a vimos. Na Piazza della Repubblica. Em cima de uma loja de doces. Uma placa, a uns quatro metros do chão, identificando como local da famosa transação de Francisco a praça de onde havíamos partido duas horas antes. Apesar de nos sentirmos um tanto idiotas, recorremos ao velho adágio segundo o qual há males que vêm para bem: se tivéssemos visto a placa, não teríamos explorado o centro histórico nem visto a

A VELHA ROMA

antiqüíssima Santa Maria Infraportas; tampouco teríamos descoberto essa *pasticceria* que tão bem exemplifica as surpresas maravilhosas que a Itália tem a oferecer.

Deixamos Foligno num clima de animação, como decerto fez Francisco, que voltou, a pé, à igrejinha da San Damiano, empunhando todo o dinheiro de que precisava para repará-la. Mas a animação de Francisco teve vida curta. Ciente da reputação de farrista do jovem de Assis, e interpretando a conversão que ele professava como uma espécie de troça, o pároco da San Damiano recusou a oferta. "Parecia-lhe que Francisco, ainda na véspera, vivia extravagantemente entre seus parentes e amigos, soerguendo a própria estupidez sobre todos os demais", escreve Celano.[15] De alguma forma, contudo, o padre permitiu que Francisco permanecesse no recinto, mas abandonou a sacola de dinheiro, intacta, no parapeito de uma janela. Ao que parece, temia os pais de Francisco e tinha bons motivos para tanto. Assim como o próprio Francisco.

Freud poderia ter escrito volumes inteiros sobre a relação pai-e-filho na batalha que se seguiu entre Pietro e Francisco Bernardone. E o início dessa batalha se deu tão logo Pietro descobriu que o filho não só havia vendido o que não era dele como também havia se mudado para a casa paroquial da San Damiano. "Convocando amigos e vizinhos, ele [Pietro] partiu no encalço de [Francisco]", relata *A lenda dos três companheiros*.[16] Mas não o encontraram em lugar nenhum. "Quando [Francisco] soube da busca, antecipando-se a seus perseguidores, refugiou-se numa pequena caverna que havia preparado justamente para esse fim."

Francisco permaneceu em sua "caverna secreta" durante um mês. Alguém — ninguém sabe ao certo quem (suponho que tenha sido a mãe) — trazia-lhe comida enquanto ele "rogava continuamente, com os olhos encharcados de lágrimas, que o Senhor o livrasse daquela perseguição".[17] E de certa forma foi atendido. O Francisco que por fim emergiu da tal caverna era um homem mudado, "irradiando um brilho interior (...), disposto a fazer face aos insultos e golpes que estavam por vir". E eles vieram.

Não é difícil imaginar a reação dos habitantes de Assis ao verem Francisco voltar de seus trinta dias subterrâneos, maltrapilho, pálido, emaciado — e sorridente. "Quando o viram, amigos e parentes cobriram-no de vitupérios, chamando-o de tolo e louco, atirando-lhe pedras e lama." Decerto achavam — Pietro, certamente — que ele havia "perdido a cabeça".[18]

Pietro Bernardone abriu caminho através da multidão que apedrejava o filho e, em vez de protegê-lo, "jogou-se sobre ele feito um lobo sobre o cordeiro; o rosto cheio de fúria, os olhos faiscando, desferiu muitas pancadas e arrastou-o de volta para casa".[19] A cela escavada que ainda hoje podemos ver nas prováveis ruínas da residência dos Bernardone tornou-se uma câmara de tortura para Francisco. "Por muitos dias, Pietro se valeu de ameaças e força bruta para dobrar o filho, **para tirá-**lo do caminho do bem e trazê-lo de volta às vaidades do mundo", **observa em** *A lenda dos três companheiros*. Mas não obteve sucesso.

Em conformidade com a antiga tradição cristã de suportar provações físicas e resistir às tentações, Francisco manteve-se firme. Mostrou-se igualmente refratário à mãe, que, aproveitando-se de mais uma ausência do marido, tentou demovê-lo com métodos e argumentos mais gentis. E então Pica Bernardone fez o que qualquer outra mãe teria feito em seu lugar. "Ao dar-se conta da firmeza de propósitos do filho, ao perceber que nada o desviaria do caminho escolhido, deixou-se levar pela piedade e libertou-o dos grilhões, deixando-o partir."[20]

Mas Pietro não daria o assunto por encerrado. Tão logo voltou a Assis — e prontamente surrou a mulher por ter libertado Francisco —, dirigiu-se às autoridades locais e registrou uma queixa formal contra o filho ladrão. "Quando se depararam com a ira de Pietro, as autoridades enviaram um mensageiro em busca de Francisco", continua *A lenda dos três companheiros*.[21] Todavia, tendo herdado a esperteza do pai, Francisco refutou a acusação e argumentou que agora era "servo apenas de Deus e que, portanto, não devia qualquer obediência às autoridades civis".

O impasse decerto foi recebido com alívio pelos dirigentes do burgo, que preferiam manter-se distantes daquela disputa doméstica, mas em nada serviu para aplacar a fúria de Pietro, que recorreu ao bispo de Assis e "reformulou a acusação".[22] Descrito em *A lenda dos três companheiros* como um homem sábio e prudente, o bispo Guido convocou Francisco para responder às queixas do pai. Francisco, por sua vez, concordou em se apresentar voluntariamente diante daquele que considerava "pai e senhor de todas as almas". O cenário estava pronto para o derradeiro, e mais dramático, confronto entre pai e filho — e o mais célebre escândalo que se daria em Assis.

5 Confronto em Assis

ASSIS, *onde Francisco repudia o pai e renasce.* MOSTEIRO DE SAN VERECONDO, *onde ele quase morre.* GÚBIO, *onde ele é salvo.* ASSIS, *onde ele volta à reconstrução da igrejinha de San Damiano*

A pequenina e arborizada Piazza del Vescovado em Assis é um retrato da serenidade nas tardes de outono. Folhas caídas pontilham as águas da fonte central, bem como as pedras do adro da Santa Maria Maggiore, a primeira catedral de Assis; ao lado dela situa-se a antiqüíssima e restaurada casa do bispado. Estranhamente, nem a velha igreja — de um românico singelo, com sua abóbada de tijolos e fragmentos de afrescos — nem a discreta residência murada recebem a devida atenção nos guias e folhetos de Assis, embora ambas sejam fundamentais na história de Francisco. Talvez porque a praça não abrigue nenhuma *trattoria* destinada aos turistas e seja usada sobretudo para o estacionamento de carros. As únicas pessoas que vemos por ali são jovens mochileiros franceses à procura de um quarto barato numa adorável pensão franciscana administrada pelas freiras, do outro lado da Santa Maria Maggiore. Está lotada.

Algo bem diferente de um retrato da serenidade foi o que se viu na praça do Vescovado na primavera de 1206, quando nela finalmente se enfrentaram — de uma vez por todas —

NA ESTRADA COM SÃO FRANCISCO DE ASSIS

Francisco e Pietro Bernardone. Alguns historiadores situam o embate entre pai e filho na Piazza del Comune; outros, na praça da igreja de San Rufino, mas a maioria aponta para a pequena Vescovado. Tudo se deu no interior e nas imediações da casa do bispo, que em 1206 ficava no mesmo lugar do bispado atual. Então fomos para lá com o objetivo de reproduzir na imaginação esse drama de proporções épicas.

Imagine-se Pietro, pai e acusador, faiscando por causa do dinheiro roubado e da teimosia do filho ingrato. Imagine-se Francisco, filho amalucado e larápio, chegando à residência do bispo, rindo, obedecendo alegremente às instruções do bispo ao mesmo tempo que ignorava as do pai. Imagine-se a multidão da gente local, mexeriqueira, reunida na praça para assistir, ao vivo, à novela barata dos Bernardone. Alguns asseveram que até mesmo a pequena Clara se encontrava entre essa gente naquele dia de primavera — uma possibilidade interessante, ainda que pouco plausível se levarmos em conta a pouca idade de Clara na ocasião e a posição social de sua família.

A audiência perante o bispo Guido começou sem maiores altercações. Era ponto pacífico que Francisco havia roubado e vendido o tecido e o cavalo do pai, que havia tentado doar a soma arrecadada para a reforma da San Damiano, que o pai queria seu dinheiro de volta. E foi exatamente isso que o bispo ordenou a Francisco. "Teu pai está enfurecido e escandalizado por tua conduta", admoestou, segundo *A lenda dos três companheiros*. "Se queres servir a Deus, deves antes de tudo devolver o dinheiro, que de fato foi obtido de maneira desonesta."[1]

Francisco aquiesceu imediatamente — mas não sem deixar de acrescentar um toque pessoal. "Senhor Bispo, devolverei de bom grado não só o dinheiro, que pertence a meu pai, como também minhas roupas", disse.[2] Em seguida, retirou-se para o interior do bispado, despiu-se, deixou o saco de dinheiro sobre as roupas e, nu em pêlo, voltou à praça, onde ainda se encontravam Pietro, Guido e toda a boa gente de Assis.

Parado ali, nu (ou, segundo alguns, usando uma camisa de cilício), Francisco cortou todos os laços com o pai, no que decerto constitui uma das maiores cenas de renúncia de todos os tempos. Dirigindo-se à platéia boquiaberta, ignorando os risos abafados, ele bradou: "Escutem todos, com atenção ao que vou dizer. Até o dia de hoje tenho chamado de pai a Pietro Bernardone. Mas uma vez que resolvi servir a Deus, passo às mãos dele o dinheiro que tanta contrariedade lhe causou, bem como as roupas que usava até há pouco, que também são suas; e doravante direi: 'Pai nosso que estais no céu', no lugar de Pai Pietro di Bernardone."[3]

Como deve ter sido grande a tormenta de Pietro. Ver o filho ali, renunciando a ele como pai diante de toda a cidade. O filho que ele havia alimentado e vestido, que resgatara da prisão em Perugia, que em vão aparelhara como cavaleiro, que treinara na loja, e que talvez até tivesse amado. Esse mesmo filho ingrato que agora anunciava aos sete ventos, diante de vizinhos e clientes, que ele, Pietro, não era mais seu pai. E sem nenhuma roupa sobre o corpo.

Pietro presumivelmente não se ateve ao simbolismo da nudez do filho, fosse ela uma emulação da nudez de Cristo na cruz ou alusão ao primeiro nascimento, marcando o início do segundo. Estava cego de raiva. Segundo nos conta *A lenda dos três companheiros*, "tomado de ressentimento e ódio",[4] ele recebeu o dinheiro e as roupas, abriu caminho entre os apupos da multidão e voltou para casa.

Naturalmente, o comportamento da platéia deu uma guinada após a repentina partida de Pietro Bernardone, censurado por ter abandonado o filho nu, trêmulo de frio, no meio da praça. Os biógrafos de Francisco, cujas fontes decerto não estavam presentes no que eles chamam de "o espetáculo", afirmam que a mesma multidão que minutos antes zombava de Francisco, e voltaria a zombar muitas vezes no futuro, agora se apiedava dele, os olhos marejados de emoção. Coube ao bispo serenar os ânimos e dar fim ao "espetáculo", adiantando-se e cobrindo Francisco com o próprio manto.

Essa atitude também se revestiu de um significado espiritual. Depois de ver Francisco rejeitar o pai terreno e abraçar um pai celestial, ele naturalmente interpretou o "espetáculo" como uma espécie de "ordenação divina",[5] não como um teatro humano. Os biógrafos são unânimes em afirmar que, dali em diante, o bispo de Assis "tornou-se um ajudante de Francisco, exortando-o, encorajando-o, acolhendo-o com profunda caridade".

*

Perambulando pela Piazza del Vescovado, procuro imaginar onde exatamente se deu o confronto. Diante da velha catedral? Ao lado da fonte? Foi então que vi, no muro do bispado, um aviso manuscrito informando que a Libreria Fonteviva, situada no pátio do prédio, estava aberta. "Sabe dizer onde Francisco renunciou ao pai?", pergunto à vendedora do outro lado do balcão. Qual foi a minha surpresa ao ouvi-la responder com a maior displicência: "Na sala ao lado, a Sala del Trono. Venha, vou lhe mostrar." Em seguida, destrancou a porta e acendeu a luz do que parece ser uma sala de reuniões, com mesas compridas, cadeiras, microfones — e um trono de veludo para o bispo. "Bem aqui?", perguntei, incrédula. "Bem aqui", respondeu a mulher, explicando que a praça era maior à época de Francisco e que a sala havia sido construída sobre ela.

Fico estupefata ao saber que estou pisando o mesmíssimo lugar em que, mais de oitocentos anos atrás, Francisco devolveu seus pertences mundanos ao pai a fim de dar início a uma nova vida. Uma enorme pintura da cena cobre a parede dos fundos da sala, o que não é de espantar. A mesma cena é retratada não só por Giotto na basílica como também por todos os artistas e cineastas interessados em documentar a vida de Francisco. Mas ali estou eu, em carne e osso, no fulcro dessa saga familiar que subitamente me pareceu bastante real.

O que Francisco fez a seguir depende de uma escolha cronológica. Determinar exatamente o que ele fez, ou quando e onde, é em muitas instâncias tarefa impossível para os historiadores modernos, uma vez que os biógrafos medievais dão importância muito maior ao relato dos fatos do que à ordem deles. Segundo *A lenda dos três companheiros*, Francisco voltou imediatamente para seu trabalho de restauração da igrejinha de San Damiano; em *A primeira vida de São Francisco*, Tomás de Celano afirma que ele deixou Assis e seguiu para Gúbio (segundo alguns, ainda nu; segundo outros, vestindo uma túnica e um manto doados pelo jardineiro do bispo). Optamos por Celano e seguimos os passos de Francisco ao longo dos cerca de cinqüenta quilômetros até Gúbio, cidadezinha serrana a norte de Assis; todavia, as dificuldades que teve de enfrentar para chegar lá foram infinitamente maiores do que as nossas.

CONFRONTO EM ASSIS

Francisco foi atacado por ladrões em meio a um bosque enquanto "entoava canções de louvor a Deus em francês".[6] O que os bandidos contavam surrupiar de um andarilho descalço e toscamente vestido é um mistério, mas o fato é que o atacaram "com selvageria". Quando perguntaram quem ele era e ouviram como resposta "Sou o arauto do grande Rei!", deram uma surra no doidivanas, roubaram-lhe o manto e jogaram-no numa vala coberta de neve. "Fique aí, arauto de meia-pataca!", supostamente eles disseram antes de voltar à ação no bosque e esperar por uma vítima mais lucrativa. Imperturbável, o jovem Francisco encontrou forças para sair da vala e, "exultante", retomou seu caminho, berrando loas ao Senhor. Mas os infortúnios ainda não haviam acabado.

Chegando ao mosteiro de San Verecondo, cerca de oito quilômetros ao sul de Gúbio, Francisco foi recebido com absoluta mesquinhez, motivo de eterno arrependimento para os monges locais. Embora precisasse de comida, roupas e talvez até de cuidados médicos, não recebeu nada disso, e ainda por cima foi convocado a lavar louça na cozinha. (Segundo uma das lendas locais, foi aprisionado pelos nobres de Gúbio num castelo próximo, embora eu não consiga imaginar por quê.) Quando, mais tarde, a reputação de Francisco como homem de Deus se propalou, o prior do mosteiro implorou perdão e tentou compensá-lo pelo tratamento dispensado. Conforme relata um dos monges de San Verecondo, do fim do século XIII, o mosteiro "gentilmente" receberia Francisco "por diversas vezes"[7] ao longo dos anos, bem como forneceria comida e vinho de maçã aos participantes de uma subseqüente reunião de seus seguidores. Mas esse não foi o tratamento dado a Francisco em 1206.

Inacreditavelmente, o mosteiro de San Verecondo ainda está de pé, próximo à estrada que leva a Gúbio. A vista do velho mosteiro, desde então renomeado Abbazia di Vallingegno, é tão deslumbrante que paramos o carro a uns cem metros da entrada para tirarmos uma foto. Um campanário, uma igreja e um claustro empoleirados numa colina coberta de ciprestes... Como resistir a semelhante paisagem?

Por fim estacionamos diante da reformada *abbazia* e logo descobrimos que a hospitalidade do lugar é atualmente oferecida a todos. Pertencente a uma família de Gúbio e alugado a um jovem casal de Roma, o velho mosteiro é hoje um pequeno hotel de agroturismo, sede de uma fazenda em plena atividade (www.abbaziadivallingegno.it). Teria bastado a Francisco mandar um *e-mail* e reservar qualquer um dos seis apartamentos alugados a uma diária de setenta euros; ali ele poderia ter tomado aulas de equitação e observado da piscina a linda paisagem que acabara de atravessar.

A manhã está linda, ensolarada, e conversamos com uma família de turistas alemães em torno de uma mesa de piquenique diante do quarto deles. Em meio a um cenário tão plácido, é difícil imaginar o perverso milagre operado por Francisco no San Verecondo. Mencionada por todos os biógrafos antigos, a história relata o nascimento de um cordeiro no mosteiro durante uma das visitas de Francisco, bem como a morte do animalzinho recém-nascido por causa da "voraz mordida" de uma "porca cruel".[8] Francisco ficou de tal modo enfurecido com a porca por ter matado o "Irmão Cordeiro, animal inocente" — Jesus sendo conhecido como o Cordeiro de Deus, *Agnus Dei* — que lançou uma maldição sobre ela. A porca morreu em três dias. Com o objetivo de agravar ainda mais a vingança, os monges jogaram a carcaça numa vala nas imediações do mosteiro, onde ela "secou como uma tábua", tornando-se imprestável como "alimento para quaisquer criaturas famintas". Tal foi o triste fim da irmã Porca.

Numa outra lenda do San Verecondo, Francisco revelou-se bem mais generoso para com um lobo assassino. As histórias de lobo são muitas, mas a primeira delas aparece no mesmo texto do monge medieval. Montado num burrico, Francisco seguia rumo ao mosteiro durante o entardecer quando fazendeiros locais aconselharam-no a não prosseguir em razão de um "lobo feroz"[9] que assombrava a região. Francisco retrucou que não temia o "irmão Lobo" uma vez que nem ele nem seu irmão Burrico lhe haviam feito mal algum, e ambos chegaram intactos ao San Verecondo.

Essa velha rota que unia Assis à atual Abbazia di Vallingegno talvez ainda exista nos dias de hoje. Um caminho de sete trilhas, ligando Assis ao velho mosteiro e também a Gúbio, foi liberado para visitação durante os festejos do fim do milênio em 2000. Alguns peregrinos percorreram a pé os cinqüenta quilômetros desse caminho, o Sentiero Francescano della Pace, e outros, a cavalo.

Quanto a mim, percorri apenas a segunda etapa do Sentiero, um lindo trecho de cinco quilômetros, morro abaixo, de Pieve San Nicolo, uma aldeota seis quilômetros ao norte de Assis, até o minúsculo vilarejo de Il Pioppi, de apenas dois prédios. Foi nesse trecho — que serpenteia através de campos de giesta e continua por uma descida íngreme, em meio a uma floresta — que, segundo afirmam os historiadores, Francisco foi atacado pelos ladrões para depois buscar refúgio na vizinha abadia de Santa Maria Assunta. Outros identificam o local do ataque nas cercanias de Caprignone, uma colina bem mais próxima de Vallingegno, ao longo da quinta das sete trilhas do Sentiero. Franciscanos medievais construíram um mosteiro e uma igreja, ainda existentes, no alto de Caprignone para celebrar o evento, o que sugere ser esse o verdadeiro local do episódio.

Sentada à mesa de piquenique na Abbazia di Vallingegno, admirando o imenso vale que se estende até o monte Subásio, arrependo-me de não ter seguido os passos de Francisco ao longo de todo o Sentiero Francescano. No entanto, fico aliviada quando, mais tarde, uma amiga italiana que havia percorrido o caminho inteiro revelou que ficara irremediavelmente perdida no trecho que conduz à velha abadia.

Minha amiga, contudo, teve sorte bem melhor que o próprio Francisco, que tão rudemente foi recebido no mosteiro beneditino. "Clemência nenhuma lhe foi dispensada", diz Celano sem meias palavras.[10] Faminto e seminu — ele vestia apenas uma camisa de camponês, afirma Celano, e "pedia apenas um pouco de sopa" —, Francisco viu-se em maus lençóis. Deixou o mosteiro pouco depois — mas "não movido pela raiva ou impelido pela necessidade" — e seguiu para Gúbio.

Não há em toda a Itália estrada mais bonita do que a que dá acesso a Gúbio. Partindo do vale, ela sobe, sobe, sobe, entrecortando campos arados e olivais, depois desce e sobe de novo, passando por vinhedos meticulosamente amarrados em esteios triangulares. E por fim surge a cidadezinha medieval cercada de muros, empoleirada no monte Ingino, na encosta oeste dos Apeninos, cujos cumes já se cobrem de neve.

Chegamos a Gúbio em plena estação das trufas, no outono; logo no estacionamento, próximo à igreja de San Francesco della Pace, um cartaz anuncia a feira que ali haverá durante dois meses, para exposição e comércio dos *tartufi bianchi*, trufas brancas. A igreja permanece fechada até o fim da tarde, então seguimos em busca das trufas prometidas no restaurante Fabiani, próximo à igreja da Piazza Quaranta Martiri (assim chamada em razão dos quarenta mártires de Gúbio, assassinados pelos nazistas em 1944), onde as trufas não são brancas, mas negras. Seja como for, sinto uma pontinha de culpa ao deliciar-me com essa preciosidade local, tendo em mente a fome terrível com que Francisco chegou ali.

A sorte voltou a sorrir para Francisco por intermédio de uma família de comerciantes, os Spadalonga, os primeiros a lhe estender a mão desde que ele havia deixado Assis — e talvez lhe tenham salvado a vida. Francisco havia se tornado amigo de um dos filhos da família, supostamente Federico, mas ninguém sabe dizer ao certo nem onde nem por quê. Conjectura-se que eles tenham sido presos juntos em Perugia, que Federico seja o amigo não identificado que acompanhara Francisco no período de tormentas na caverna próxima a Assis, ou que Francisco e o jovem Spadalonga tenham se conhecido numa associação de comerciantes.

Seja como for, o ato generoso de Federico foi dar a Francisco uma túnica e um manto para usar em substituição aos trapos a que naturalmente se haviam reduzido as roupas dele durante a atribulada viagem desde Assis. Diz-se ainda que a família Spadalonga o acolheu e o alimentou, não só naquela visita em particular como também em muitas outras visitas subsequentes, de tal modo que a igreja de San Francesco della Pace, essa que esperamos para conhecer, acabou por incorporar a casa e o depósito dos Spadalonga, à época fora dos muros de Gúbio. O quarto em que Francisco costumava dormir está preservado bem ao lado da sacristia, na atual Capela da Paz.

Na igreja monumental, finalmente aberta à visitação, o episódio do manto doado é recontado um sem-número de vezes: num vitral; num relevo de bronze; na entrada da Capela da Paz, onde há a inscrição: *"Qui presso il fondaco degli Spadalonga Francesco d'Assisi, evangelista della pace e del bene, trove asilo e conforto al principio della sua conversione. — 1206"*. Um arco, presumivelmente representando a porta da residência dos Spadalonga, dá acesso à modesta capela; quanto ao sino pendurado à fachada, é quase impossível resistirmos à tentação de puxarmos a cordinha.

Por mais que se orgulhe da lenda dos Spadalonga, a cidade de Gúbio é popularmente mais conhecida por outra história: a de Francisco e o lobo. Com efeito, o milagre do lobo — provavelmente não aquele que aterrorizava os fazendeiros próximos à Abbazia di Vallingegno — quase define Gúbio. Há uma enorme estátua de bronze representando Francisco e o lobo no jardim da igreja, e outra nas imediações da Porta Romana. Os dois restaurantes mais populares do lugar, segundo o guia de viagem, chamam-se: Taverna del Lupo e San Francesco e il Lupo. O santo e o animal são retratados nas mais diversas formas em todas as lojinhas de suvenires espalhadas pela cidade. Todos ali adoram o milagre de Francisco e o lobo.

A história trata de um lobo, descrito numa das esculturas como *"un grandissimo lupo, terribile et feroce"*, que aterrorizava Gúbio, matando tanto gado quanto fazendeiros. Os habitantes da cidade sequer ousavam ultrapassar os muros até que Francisco chegou para uma visita — e decidiu enfrentar o animal pessoalmente. Ignorando os apelos para que não o fizesse, Francisco partiu para a floresta e logo se deparou com o *grandissimo lupo*, que vinha destrambelhado em sua direção, escancarando a bocarra. E então se dá o milagre.

Segundo *I fioretti*, Francisco fez o sinal-da-cruz e parou a fera em pleno bote; em seguida, ordenou ao "irmão Lobo" que se aproximasse.[11] O lobo obedeceu sumariamente e "deitou-se aos pés do santo como se tivesse se transformado num cordeiro". Depois de admoestá-lo pela série de "crimes horrendos", Francisco entrou em negociações de paz com o animal: perguntou se ele prometia dar fim à chacina caso o povo de Gúbio se prontificasse a alimentá-lo todos os dias. O lobo fez que sim com a cabeça e deitou a pata sobre a mão de Francisco para selar a promessa. Francisco e o lobo, que agora seguia o santo feito "um dócil cordeirinho", retornaram à feira, onde uma grande multidão se reunira.

Depois de proferir um sermão do alto de uma pedra, atualmente preservada em relicário na igreja de San Francesco della Pace, Francisco convenceu a população de Gúbio a prometer que o lobo seria "alimentado regularmente". E a promessa foi devidamente cumprida. "Ele [o lobo] passava de porta em porta para receber a comida. Não atacava ninguém e não era atacado por ninguém", contam *I fioretti*. Os habitantes de Gúbio até ficaram tristes quando, dois anos mais tarde, o animal morreu; chegaram a ponto de erguer um túmulo sobre a cova onde ele foi enterrado, na Via Globo. Numa surpreendente validação da lenda, uma escavação arqueológica realizada no fim do século XIX achou o esqueleto de um lobo, com o crânio intacto, assim como as presas "ferozes".

Tão forte foi o impacto desse milagre entre os primeiros franciscanos que em 1213 o bispo de Assis convenceu os beneditinos a presentear Francisco e seus frades com La Vittorina, uma minúscula igrejinha nas imediações extramuros da cidade, no local onde se deu a domesticação da fera. Tivemos uma enorme dificuldade para localizar a igreja em meio à complexa malha de pequenas estradas convergindo para lá, mas por fim conseguimos, atraídos por uma moderna escultura de bronze, retratando um Francisco descalço e maltrapilho sendo lambido no rosto pelo amável lobo. Claramente não somos os únicos a ter procurado o lugar: um fresco buquê de rosas vermelhas está nas mãos de bronze do santo.

Neste ponto gostaria de fazer uma pequena digressão e explicar o motivo que me levou a incluir na narrativa tantos milagres de Francisco, e tão detalhadamente. Os biógrafos modernos tendem a diminuir a relevância dos milagres atribuídos a Francisco, ou até mesmo a excluí-los. Interessam-se sobretudo pelo desenvolvimento espiritual dele e pela rápida expansão do movimento franciscano. O que naturalmente é compreensível e importante, mas creio que a omissão dos milagres acaba por apagar uma dimensão muito instrutiva e simpática da lenda franciscana. Claro, não há como provar a veracidade dos milagres, os quais, quando interpretados literalmente, parecem quase sempre bobos. Não só precisamos pôr de lado nosso ceticismo e momentaneamente ceder ao misticismo característico da era medieval, como também levar em conta um aspecto político.

Os biógrafos medievais, na sua grande maioria frades franciscanos, estavam determinados a apresentar Francisco como um mensageiro de Deus e portanto armaram-no com toda sorte de poderes extraterrenos. Também estavam determinados a confirmar e a preservar-lhe a condição de santo, o que explica ainda mais a ênfase que davam aos milagres. O sucesso de sua missão é inconteste, mas o corpo de evidências que apresentaram é substancialmente menos verossímil, e até mesmo constrangedor para certos franciscanos modernos.

"Sim, isso *supostamente* aconteceu aqui", diz o frade Tonino, que encontramos na igreja franciscana de Alessandria. Fizemos um quilométrico desvio até essa moderna e simpática cidade da Lombardia simplesmente em razão de um milagre registrado por Celano e operado em nome de Francisco depois de um jantar.

Reza a lenda que o anfitrião de Francisco em Alessandria, onde ele fora pregar, estava tão lisonjeado de tê-lo à mesa que incluiu no cardápio uma das maiores delícias da época: um capão de sete anos de idade. Travestido de mendigo, um homem mal-intencionado bateu à porta durante o jantar e recebeu como esmola um pedaço do capão, oferecido por Francisco. Mas não o comeu. Em vez disso, no dia seguinte, contando desmascarar Francisco como um farsante hedonista, o tal homem (segundo Celano, "filho de Belial") apresentou o capão incriminador à multidão reunida para ouvir as pregações de Francisco, de modo que as pessoas vissem "o tipo de homem que era esse Francisco".[12] Mas o plano foi por água abaixo quando a peça de capão que ele acenava se transformou milagrosamente num peixe comum.

Foi essa história de Francisco em Alessandria que nos trouxe à cidade, mas para o frade Tonino, bem como para tantos outros frades com quem tivemos a oportunidade de conversar em toda a Itália, a fé dos franciscanos sustenta-se não em capões medievais que se transformam em peixe, mas no legado espiritual de Francisco e no trabalho real que eles, os frades, executam diariamente.

O frade Tonino, por exemplo, um homem bonito, de cabelos curtíssimos e olhos castanhos muito vivos, era missionário no Zaire antes de sua missão ser incendiada, reconstruída e posteriormente bombardeada. Hoje ele cuida, todas as noites, da alimentação de mais de trinta necessitados em Alessandria, com a ajuda de voluntários e cinco frades residentes. O claustro de sua moderna igreja não é reservado às orações contemplativas, mas foi transformado num pequeno campo de futebol para as crianças locais. E uma ensolarada e recém-construída sala de reuniões, ao lado da enorme biblioteca da igreja, atualmente em reforma, exibe uma multicolorida pintura executada por um grupo de crianças de dez anos, retratando não só Francisco adormecido nos braços de Clara mas também um retrato do escritor italiano nascido na região, Umberto Eco.

À maneira das pessoas a quem ele serve, o frade Tonino vive sobretudo no aqui e agora. "Desculpem-me, preciso voltar ao trabalho", diz ao ver um homem entrar na igreja e dirigir-se ao confessionário.

A impaciência e o constrangimento que os frades atuais sentem em relação aos milagres são mais do que compreensíveis, mas esses mesmos milagres não deixam de ter certo valor pedagógico, uma vez que ilustram todo o mistério e todo o repertório de superstições medievais: capões de sete anos,[13] por exemplo, supostamente carregavam pedras preciosas nas entranhas, enquanto os de oito anos eram reservados aos reis. Os milagres também dão testemunho dos medos e perigos bastante reais da época: animais predadores, doenças fatais, ferimentos debilitantes, pobreza, seca, enchentes, fome e violência, sempre a violência. Dada a inabilidade dos médicos medievais para curar o que quer que fosse, as pessoas naturalmente recorriam aos poderes sobrenaturais — e esperavam por milagres.

Um dos meus favoritos, também registrado por Celano, deu-se em Gúbio. Uma mulher cujas mãos se encontravam "tão debilitadas que mal lhe permitiam trabalhar"[14] procurou Francisco durante uma das visitas dele à cidade e pediu que ele as tocasse. "Tomado de piedade", ele aquiesceu e, *presto*, as mãos ficaram boas. O que torna esse milagre tão cativante é que a mulher não se jogou de joelhos imediatamente para louvar o Senhor nem se juntou à ordem franciscana, mas correu de volta para casa e preparou, "com as próprias mãos", uma torta de queijo para Francisco.

Francisco não só recobrou a força física em Gúbio, graças à generosidade da família Spadalonga, como também seguiu firme na sua busca por força espiritual. O ataque dos bandidos na floresta e a mesquinhez dos monges beneditinos simplesmente serviram para reforçar sua disposição de cumprir o chamado divino. Antes de voltar a Assis, fiel ao espírito de que "tudo que antes te causara asco tornar-se-á doce e será recebido com júbilo", passou o tempo cuidando dos doentes num leprosário próximo.

Tão logo deixou Gúbio, no verão de 1206, Francisco retomou em Assis os trabalhos de reconstrução da arruinada San Damiano. Ainda interpretava literalmente a missão que recebera de Cristo. Precisava, portanto, recolher pedras para dar seqüência ao projeto, mas logo se deu conta de que precisaria de um número muito maior de pedras do que era capaz de recolher nos arredores da igreja. Então se decidiu, pela primeira vez, a esmolar.

"Quem me der uma pedra será recompensado pelo Senhor", ele dizia aos cidadãos de Assis. "E quem me der duas pedras será recompensado duplamente." E assim por diante. Quando isso não funcionava, ele desandava a cantar hinos de louvor em francês.

Não é difícil imaginar a perplexidade dos assisenses que, ao longo de anos, haviam se acostumado a ouvi-lo cantar baladas de heroísmo e amor e agora ouviam-no cantar loas ao Senhor, envergando uma túnica de ermitão, em cujas costas ele havia desenhado uma cruz com pó de tijolo. É possível que as pedras que ele carregava de volta à San Damiano lhe fossem dadas por piedade ou impaciência, mas depois de um tempo ele juntou um número suficiente para dar início à reconstrução.

O trabalho revelou-se árduo demais para Francisco, que jamais fora particularmente forte e, na verdade, jamais havia se recuperado totalmente da prisão em Perugia. Preocupado, o velho pároco da San Damiano passou a lhe dar porções cada vez maiores e melhores do pouco que ele próprio tinha para comer, mas Francisco logo percebeu o sacrifício velado. Então escreveu mais um capítulo de sua história: decidiu bater de porta em porta em Assis e esmolar a própria comida.

Embora bastante acostumados aos pedintes, os habitantes de Assis naturalmente se espantavam quando Francisco Bernardone, o farrista esbanjador, lhes batia à porta com uma tigela vazia. Alguns por certo lhe davam alguma coisa, pois Francisco não morreu de fome, mas a qualidade das doações era no mínimo questionável, senão ultrajante. "Quando via as migalhas que jogavam na tigela, ele ficava horrorizado", escreve Celano, "mas, fiel a Deus e ao propósito de domar a si mesmo, comia com alegria de espírito."[15]

Um episódio particularmente desconcertante teve lugar quando Francisco, que além de pedras passara a pedir óleo para as lamparinas da igreja, bateu à porta de uma casa e lá encontrou os antigos companheiros de pândega em plena festa. Num dos momentos mais humanos registrados pelos biógrafos, Francisco "sucumbiu à vergonha e deu meia-volta".[16] Todavia, depois de repreender a si mesmo e "julgar o próprio comportamento", voltou à cena da humilhação; "numa espécie de intoxicação espiritual", bateu novamente e saiu com o óleo solicitado.

Naturalmente, tanto o pai quanto o irmão de Francisco vexavam-se sobremodo com o comportamento dele. Decerto era-lhes insuportável a mofa velada do povo diante daquele sofisticado rapaz que se transformara em pedinte maltrapilho, cantarolando em francês pelas ruas da cidade. Nenhuma menção adicional é feita à mãe nas primeiras biografias, mas o irmão, Angelo, é personagem de pelo menos uma história maldosa. Certo dia, deparando-se com Francisco, que tremia de frio enquanto carregava um fardo de pedras, ele se virou para um amigo e falou: "Diz a Francisco para te vender o equivalente a uma pataca de suor", ao que Francisco, com a costumeira alegria, retrucou: "Posso vender meu suor a preço bem mais vantajoso ao Senhor."[17]

Pietro di Bernardone permanece o mesmo personagem desagradável nas biografias medievais. Sempre que via o ex-filho nas ruas, diz Celano, o ambicioso comerciante "o agredia com maldições".[18] Para se proteger do pai, que decerto ainda o atemorizava, Francisco achou por bem convencer um companheiro de mendicância a abençoá-lo cada vez que Pietro o amaldiçoava.

Todavia, Francisco preocupava-se sobretudo com a reconstrução da San Damiano. E lentamente, com as habilidades de alvenel adquiridas ainda na adolescência durante a construção dos muros de Assis, ele a terminou. Era primavera de 1208, quase exatamente dois anos depois de ele ter se despido na residência do bispo e trocado Pietro di Bernardone por um pai celestial.

Os biógrafos asseveram que Francisco contou com a ajuda de outras pessoas, as quais talvez tenham se deixado levar pela alegria e pelo bom humor dele, sem falar nos dotes de cantor. É possível. Ou talvez elas tenham sido atraídas pela grandiosa e ultrajante profecia — anunciada, claro, a plenos pulmões e em bom francês — de que a San Damiano não era simplesmente uma igreja, mas que no futuro seria um mosteiro, segundo Celano, "para as santas virgens de Cristo".[19] Em outras palavras — para mulheres.

6 O "cárcere" de Clara

SAN DAMIANO, *onde Francisco acolherá Clara;*
ela passará quarenta e um anos enclausurada ali

O jovem, bem-apessoado e anglófono frade Antonio se
esforça por manter a compostura. É responsável pela
San Damiano, e seu celular não pára de tocar. Um ônibus de
turistas está prestes a chegar, um grupo de freiras africanas
perambula pela igreja, carros vão lotando o estacionamento,
pessoas vão chegando a pé de Assis. E atrás dele também
estamos nós, Harvey e eu, com nossas câmeras e notebooks.

Apesar das atribulações, frei Antonio está sinceramente
disposto a nos mostrar o lugar e nos conduz através do
pórtico de entrada. "A San Damiano era um hospital de
leprosos no passado, e por causa disso ninguém aparecia por
aqui", diz ele, revelando de maneira um tanto ofegante uma
informação que ainda não tínhamos.

O que de fato já sabíamos é que a profecia de Francisco para
a San Damiano se tornou realidade. Em 1212, quatro anos
depois de terminada a reconstrução, Francisco instalou Clara,
sua mais recente e ilustre seguidora, na San Damiano, com o
consentimento do bispo de Assis. Entraremos nos detalhes dessa
história mais adiante, mas foi ali, naquele pequeno complexo de
velhas edificações de pedra, que Clara permaneceu enclausurada
por inacreditáveis quarenta e um anos.

*

Apertando o passo, seguimos frei Antonio na direção do dormitório das irmãs. Cerca de cinqüenta mulheres juntaram-se a Clara na Ordem Franciscana das Pobres Damas de São Damião (ou clarissas), a segunda ordem fundada por Francisco; entre elas encontravam-se moças das famílias nobres de Assis, bem como a mãe e a irmã da própria Clara. Elas preenchiam o tempo cuidando dos doentes, cultivando hortaliças e grãos, executando tarefas de rotina no convento e, oito vezes ao dia, dedicando-se à contemplação e às orações. Comiam muito pouco; jejuavam quase constantemente, a não ser no Natal, quando se permitiam duas refeições.

A conversa era proibida no dormitório, na igreja e durante as refeições. Até mesmo as confissões eram moderadas. "E elas devem evitar assuntos que não se relacionem à confissão e à salvação das almas", escreveu Clara em sua regra para as Pobres Damas.[1] O silêncio de praxe era tamanho que, segundo um biógrafo antigo de Francisco e Clara, várias irmãs acabavam por esquecer como "formar palavras corretamente".[2]

Devido à pressa de frei Antonio, mal conseguimos imaginar como devia ser a vida de uma Pobre Dama enclausurada. Na verdade, é bem possível que a dificuldade fosse a mesma ainda que dispuséssemos de um tempo maior. Frei Antonio nos leva até o sepulcrário, *sepolcreto*, onde foram enterradas as primeiras irmãs, inclusive Ortolana, a mãe de Clara, e Inês, a irmã (mais tarde os despojos delas seriam transferidos para a Basílica de Santa Clara em Assis). Espiamos o coro vizinho, com suas baias de madeira originais e a parede de afrescos quatrocentistas que infelizmente foi erguida em substituição à treliça, atualmente na Basílica de Santa Clara, através da qual as irmãs, sempre castas, acompanhavam a missa e recebiam a comunhão das mãos de um padre. Também foi através dessa treliça que Clara e as outras Pobres Damas supostamente viram o corpo de Francisco pela última vez, enquanto ele era carregado pelos frades que o levavam para Assis. Essa última despedida — que Giotto, valendo-se de uma licença artística, situou na área externa da San Damiano — integra o ciclo de afrescos na Basílica de São Francisco em Assis.

O impacto da clausura de Clara se faz tristemente sentir quando, ainda na esteira de frei Antonio, subimos um lance de velhos degraus, atravessamos um *giardinetto* murado e chegamos ao dormitório do convento. Foi ali, no chão de pedras desse cômodo austero de formato retangular e teto de vigas de madeira, que Clara viveu na companhia de suas irmãs. As únicas fontes de luz são duas pequeninas janelas, que no passado decerto emolduravam uma esplendorosa vista dos pináculos de Assis. Aparentemente não há nenhuma fonte de calefação; frei Antonio nos informa que antes havia uma lareira, mas que ela teve de ser coberta "por causa dos turistas".

Esse cômodo triste e frio foi por anos o único mundo de Clara. "Ela sofria de artrite e tinha dificuldade com a escada", explica frei Antonio. Ali ela vivia, comia, dormia, costurava, bordava forros de altar para as igrejas pobres (um exemplo dos quais encontra-se entre as relíquias da Basílica de Santa Clara em Assis) e, na qualidade de abadessa, ministrava para as outras Pobres Damas, posteriormente conhecidas como as Pobres Claras. Fazia suas orações na pequena capela adjacente. A treliça que ainda podemos ver no chão da capela era usada para o recebimento da comunhão, ministrada por um padre no pavimento inferior. Segundo alguns, foi através dessa treliça, e não da outra embaixo, que ela viu o corpo morto de Francisco.

A vida de Clara também foi documentada por Tomás de Celano em *A vida de Santa Clara virgem*, obra iniciada em 1255, logo depois da canonização dela. Os livros sobre Clara são inúmeros, incluindo um em quadrinhos para crianças, que compramos em Assis, intitulado *I fioretti di Santa Chiara* e escrito por um autor italiano contemporâneo, Piero Bargellini; outra indicação é *Clara: uma luz no jardim*, obra de Murray Bodo, frade franciscano e extraordinário escritor.

Todos os biógrafos dão ênfase à devoção de Clara pelo "bem-aventurado Francisco", bem como os fervorosos votos de pobreza que ela fizera, mas nenhum deles nos fornece mais detalhes do que Celano. Segundo ele, durante os doze meses do ano Clara andava descalça pelo chão de pedras frias e, na Quaresma, jejuava por três dias na semana; nos outros, sobrevivia somente a pão e água. Tão logo foram alertados para o jejum que Clara impusera a si mesma, Francisco e o bispo de Assis intervieram e ordenaram que ela "não passasse um dia sem comer pelo menos quarenta gramas de pão".[3]

Clara mortificava o próprio corpo, diz Celano, com vestes de cilício, mas não um cilício qualquer: sem que ninguém soubesse, usava um couro de porco, com as cerdas voltadas para dentro, sob as roupas já de si insuficientes. Como se isso não bastasse, alternava o couro espinhoso com uma "camisa dura, de fios de crina amarrados em nós",[4] que prendia rente ao corpo com cordas ásperas. Uma cama confortável, claro, estava fora de cogitação. Clara dormia sobre gravetos de videira e usava uma pequena tábua no lugar do travesseiro até o dia em que simplesmente não agüentou mais. Então passou a dormir numa esteira sobre o chão e a forrar a cabeça com palha. Mais tarde, já sofrendo os primeiros sinais de sua "prolongada enfermidade" (a artrite, embora tivesse apenas trinta e um anos de idade), acatou a ordem de Francisco e passou a dormir sobre um colchão de palha.

E Clara chorava, muito, pelo sofrimento de Cristo, embora seja difícil acreditar que também não chorasse pelo próprio sofrimento. Celano menciona os "rios de lágrimas"[5] que jorravam dos olhos dela após a última oração da noite, desencadeando lágrimas semelhantes entre as outras mulheres do dormitório. O pranto de Clara era tamanho que certo dia chegou a atrair o diabo na forma de uma criança escura: "Não chores tanto, ou ficarás cega", disse-lhe o diabinho, ao que Clara respondeu: "Jamais ficarão cegos os que um dia verão o Senhor." O diabinho viu-se obrigado, então, a tentar nova abordagem. "Não chores tanto ou teu cérebro se dissolverá e te sairá pelas narinas; e teu nariz ficará torto." Mas Clara o repeliu definitivamente ao dizer: "Jamais ficarão tortos os que servem ao Senhor."

Clara operou um sem-número de milagres em San Damiano, muitos dos quais associados à comida. Certa vez, quando a despensa estava quase vazia, ela multiplicou uma única bisnaga de pão em um número de bisnagas suficiente para alimentar as cinqüenta Pobres Damas e os frades destacados para cuidar delas. Noutra ocasião, durante uma visita do papa Inocêncio IV, cruzes milagrosamente surgiram nos pães depois que Clara os abençoou.

Outros milagres de Clara em San Damiano chegariam a mudar o curso da história. O mais conhecido deles tem a ver com sua resistência ao exército mercenário de sarracenos e tártaros arregimentado pelo imperador Frederico II contra Roma. Na batalha entre Igreja e Estado que então se dava, o imperador despachou suas forças rumo às cidades cristãs do vale de Espoleto. Numa sexta-feira de setembro de 1240, as hordas mercenárias chegaram às portas da San Damiano, escalaram os muros e invadiram o claustro. As Pobres Damas, naturalmente, ficaram aterrorizadas, mas Clara, embora de cama, resolveu agir. Depois de ordenar às irmãs que a carregassem até a porta do convento — ou até o refeitório, como afirmam alguns —, ela se ajoelhou e pôs-se a orar diante do cibório, a caixa que abrigava o pão da comunhão, pedindo a Jesus que salvasse San Damiano e Assis. Jesus, claro, atendeu o pedido dela. Os invasores inexplicavelmente bateram em retirada, e Assis, ainda que danificada, não foi subjugada pelas forças imperiais.

Entretanto, o milagre mais lembrado nos dias de hoje é o que se deu já nos últimos anos da vida de Clara. Muito doente, ela não pôde comparecer à missa de Natal celebrada na igreja de São Francisco, a oito quilômetros de Assis; mesmo assim, acamada em San Damiano, ouviu os hinos e as orações por lá proferidos e, como se isso não bastasse, teve uma visão da encenação do nascimento de Jesus. Esse milagre levaria o papa Pio XII, em 1958, a outorgar o título de santa padroeira da televisão a Clara, a primeira a acompanhar uma transmissão ao vivo, ainda que na parede de um convento medieval. Por esse motivo, Peter Jennings, o finado apresentador do noticiário jornalístico da rede de TV americana ABC, mantinha uma pequena imagem de Santa Clara em sua mesa.

Apesar da pouca saúde, Clara sobreviveria a Francisco em vinte e sete anos. Os últimos anos de sua doença culminariam numa vitória pessoal. Durante anos ela vinha, sem sucesso, suplicando aos diversos cardeais e papas de Roma que sancionassem o Privilégio da Pobreza que ela e sua ordem observavam com o mais absoluto rigor. A resistência devia-se sobretudo à proibição que Clara impusera à própria ordem, e a todas as irmãs, de possuir terras, conceito até então jamais aplicado às ordens religiosas femininas. Os papas acreditavam que as mulheres da Igreja tinham de ser financeiramente protegidas e, à maneira das beneditinas, possuir pelo menos uma propriedade comunitária de modo que não dependessem inteiramente de doações para sobreviver.

Mas Clara manteve-se firme na sua posição, especialmente depois que Francisco morreu, quando alguns de seus frades começaram a adquirir terras a fim de viver com mais conforto. Em contraponto, escreveu sua própria Regra da Vida e deixou-a como legado às irmãs de ordem; nela, estabelecia categoricamente que nenhuma irmã podia "receber ou adquirir, por conta própria ou intermédio de outrem, nada que possa, ainda que remotamente, ser chamado de propriedade".[6] A única exceção permitida eram as terras do próprio convento, necessárias à "reclusão adequada" e ao "sustento" das irmãs.

Ao longo dos últimos dias de Clara, inúmeros dignitários da Igreja vieram de Roma para visitá-la, inclusive o papa Inocêncio IV — duas vezes. A influência dela havia se expandido muito além dos muros do convento da San Damiano. Àquela altura, cerca de cento e cinqüenta conventos encontravam-se associados às Pobres Damas, não só na Itália mas também em outros países, como França, Espanha, Polônia, Eslováquia e Morávia; o mais famoso deles, situado em Praga, foi fundado pela princesa Inês, filha do rei da Boêmia. (Inês de Praga abriu mão de dois casamentos — um com o imperador Frederico II e outro com o rei Henrique III da Inglaterra — para se tornar uma Pobre Clara. E Isabel, irmã de Luís IX da França, preferiu fundar seu próprio convento de Pobres Claras em Longchamps a se casar com o filho de Frederico II.)[7] No entanto, Clara ainda não tinha o que mais desejava. Embora um cardeal tivesse aprovado sua Regra da Vida, ela queria uma derradeira garantia: uma bula papal em pergaminho, com todos os selos e fitas necessários para garantir às irmãs o direito de viver em extrema e comunitária pobreza.

Em seu livro *I fioretti di Santa Chiara*, Piero Bargellini traça um comovente retrato de Clara no leito de morte, esperando ansiosa pela sanção papal: "Por esse motivo, ela olhava com ardor para as mãos dos cardeais e bispos que vinham visitá-la; em seguida, não encontrando nelas o pergaminho com o selo de chumbo, suspirava mais uma vez, virava o rosto, fechava os olhos e silenciosamente voltava às orações."[8] Suplicava aos companheiros originais de Francisco que rezassem para que ela "não morresse antes que a bula papal chegasse à San Damiano".

O "CÁRCERE" DE CLARA   83

E seu desejo foi atendido — por um triz. Em 10 de agosto de 1253, a bula finalmente chegou, apenas um dia depois de o papa assiná-la em Assis. Eis aqui um pequeno trecho: "Ninguém poderá destruir esta página de nossa sanção, nem tampouco contrariá-la com insolência. Quem sequer cogitar fazê-lo, saiba que incorrerá na fúria do Todo-Poderoso e de seus santos apóstolos, Pedro e Paulo."[9]

Clara morreu no dia seguinte, aos sessenta anos de idade. O local, um pedacinho de chão numa das extremidades do dormitório, está cercado por cordas e iluminado por duas lâmpadas nuas; na parede, uma cruz de madeira, e, espalhadas pelo piso, as inevitáveis flores deixadas pelos fiéis.

É com certo alívio, de minha parte pelo menos, que deixamos o dormitório de Clara e seguimos frei Antonio escada abaixo e através de uma passagem para o pátio externo do convento. Ele se desculpa por não poder mostrar-nos a enfermaria do convento: o pequeno prédio, anteriormente a residência do pároco da San Damiano, foi estruturalmente danificado pelo terremoto de 1997 e está fechado à visitação. Igualmente fechado está o refeitório do primeiro pavimento do mesmo prédio, onde as Pobres Damas faziam suas frugais refeições em silêncio, ouvindo trechos da Bíblia. Através da porta aberta, contudo, vêem-se claramente as paredes e afrescos tisnados pela fumaça, o piso de pedras, bem como os pesados bancos e mesas de madeira originalmente usados pelas irmãs. O cenário é tão autêntico que a qualquer instante esperamos ver Clara tomar seu lugar sob a cruz de madeira que marcava o assento da abadessa. O clima medieval é enriquecido ainda mais pelos salmos lindamente entoados por um grupo de peregrinos alemães à entrada da San Damiano.

Frei Antonio precisa deixar-nos e voltar a seu posto; manifestamos nosso profundo agradecimento pelo tempo que ele nos dispensou. "Levem isto de presente", ele diz, entregando-nos diversos santinhos e cartões de São Damião. "Deus os abençoe."

Sinto-me feliz ao perambular diante do refeitório, com todas as suas lembranças de Clara. Que mulher extraordinária! Embora se conte com certo exagero a sua história, Clara era uma pessoa dedicadíssima e inabalavelmente determinada. Ao saber do martírio de cinco frades franciscanos no Marrocos em 1220, repreendeu-se por não poder ir ela própria ao país muçulmano para igualar-se a eles no sacrifício. Impôs sua vontade a papas e cardeais, cuidou de suas irmãs e não só abraçou o que considero uma terrível vida de clausura como também compartilhou sua paixão por essa mesma vida com outras Pobres Claras.

"O que fazes, faze-o até o fim",[10] Clara escreveu a Inês de Praga em 1235, referindo-se a ela como a "filha do Rei dos Reis". "Mas com ligeireza na marcha, retidão nos pés e leveza nos passos, a fim de não levantar poeira, segue adiante, firme, alegre e célere, no caminho da prudente felicidade."

Clara também era bastante humana. Talvez levando em conta as próprias penitências, que consumiriam sua saúde e a deixariam inválida por quase trinta anos, aconselhou Inês, numa carta posterior, quanto às regras para o jejum e para a abstinência. "Ocorre que nossa carne não é bronze, e nossa força não é a da pedra", ela escreveu em 1238. "Não, somos frágeis e suscetíveis a toda espécie de fraqueza do corpo! Suplico-vos, portanto, que eviteis com sabedoria e prudência a impossível austeridade desse jejum que, é do meu conhecimento, haveis empreendido. Peço ainda (...) que ofereceis ao Senhor vossos razoáveis serviços e vosso sacrifício sempre temperado com sal."[11]

Custa-me deixar a San Damiano. Embora do ponto de vista histórico ênfase maior seja dada a Francisco — uma réplica da cruz falante está pendurada sobre o altar da velha e tisnada igreja do convento —, é Clara quem dá alma ao lugar. Em 2003, contavam-se vinte mil Pobres Claras espalhadas pelo mundo inteiro, algumas em clausura e outras trabalhando junto aos necessitados de suas respectivas comunidades.

Evidentemente não haveria nenhuma Clara caso não tivesse havido um Francisco. Foi sob a impressionante influência do ascetismo dele que não só Clara mas tantos outros deram novo rumo à vida. Para mim é difícil compreender como um único homem foi capaz de convencer tantas pessoas a se desfazerem de seus bens mundanos, muitas vezes sob o veemente protesto de seus ex-futuros herdeiros, e abraçar com alegria uma vida de privações. Todavia, milhares o fizeram.

O "CÁRCERE" DE CLARA

Entrando na igrejinha de San Damiano, que deu início a toda essa série de eventos, admiro a réplica do crucifixo original. É enorme, quase dois metros de altura e mais de um metro de largura, e pintada em cores vivas e alegres sobre tecido. O Cristo não é a figura agonizante que nos acostumamos a ver em outras representações — com sangue gotejando tanto da coroa de espinhos quanto das chagas nas mãos, nos pés e nos flancos —, mas um Cristo sereno, como se não lhe doessem as chagas. O Cristo da San Damiano não está morto, está vivo, de olhos abertos e braços estendidos num gesto de renascimento. Na pintura vêem-se também todas as cenas tradicionais da morte, ressurreição e ascensão de Cristo, bem como os personagens de sempre: a Virgem Maria, João, Maria Madalena, os centuriões romanos e outros — porém, é a figura de Cristo que domina a composição. Um Cristo forte, de aspecto até saudável, e banhado de luz.

Sentada ali, recolhida em meus pensamentos, posso muito bem compreender como essa figura de Cristo calou em Francisco. A cruz da San Damiano, claro, não me dirige a palavra como fez a ele; mas na mesma medida em que transmite tristeza, ela também irradia esperança. Trata-se, decerto, de uma poderosa mensagem dos tempos medievais, época de tanto desespero e tantas incertezas.

Entretida com meus devaneios sobre a cruz, por pouco não vejo a janela à direita da entrada, através da qual Francisco lançou a sacola de dinheiro para a restauração da San Damiano depois que o padre se recusou a recebê-la. Surpreendentemente, a *finestra del dinaro* ainda se encontra ali, ladeada por dois afrescos comemorativos do século XIV: o primeiro retrata Francisco sendo arrastado da San Damiano pelo pai enfurecido, diante do atônito padre; o segundo, Francisco orando diante da cruz.

O alto grau de conservação e autenticidade de San Damiano deve-se sobretudo à fé e ao espírito de caridade de uma família britânica. Lorde Ripon, ex-vice-rei da Índia fervorosamente convertido ao catolicismo, comprou o convento de San Damiano cerca de cento e cinqüenta anos atrás, justamente quando o governo secular de Camillo Cavour ameaçava nacionalizá-lo. Ao fazê-lo, pôde ceder o usufruto de sua propriedade particular aos franciscanos, que naturalmente não tinham permissão para adquirir qualquer espécie de propriedade em nome próprio. Além disso, Lorde Ripon restaurou o convento à sua própria custa, gesto extraordinário e registrado em latim numa das paredes externas do convento.

A propriedade de San Damiano passou de herdeiro a herdeiro até 1983, quando o herdeiro da vez oficialmente cedeu-a aos franciscanos — mas com certas condições. Os franciscanos se comprometeram a conservar o convento eternamente inalterado, bem como a preservar o propósito espiritual do lugar mediante o acolhimento dos fiéis nas cerimônias religiosas e o estabelecimento de limites para os horários de visita.

Disso resultou um esplêndido santuário dedicado à memória de Francisco e Clara. Situado em meio a olivais e ciprestes, aninhado nas encostas do monte Subásio, o pequeno convento de San Damiano reaviva a lembrança dos santos muito mais do que qualquer outro dos mementos franciscanos de Assis, já bastante adulterados, especialmente a igreja de Santa Maria degli Angeli, ou a Porciúncula, a segunda igreja restaurada por Francisco — virtualmente irreconhecível.

7 Marcha da paz em Santa Maria degli Angeli

A minúscula PORCIÚNCULA *no interior de Santa Maria degli Angeli, onde Francisco encontra um lar espiritual e onde nasce o movimento franciscano*

A Basílica Patriarcal de Santa Maria degli Angeli avulta no vale que se estende pela base do monte Subásio, a cerca de dois quilômetros e meio de Assis. O tamanho exagerado da basílica e sua arquitetura neobarroca, com todas as volutas e capitéis de praxe (sem falar na música de órgão transmitida por alto-falantes do lado de fora), sugerem adjetivos como *"kitsch"* ou "grotesco". Até mesmo o mapa turístico de Assis se refere a ela como "grandiosa", enquanto o guia de viagem, mais imparcial, descreve-a como "majestosamente pouco inspirada".

Imbuídos da mensagem de pobreza e simplicidade que Francisco não só pregava como também exemplificava, mal conseguimos vislumbrar os motivos que levaram à construção de um edifício tão descomunal sobre a pequena Porciúncula, a segunda e mais importante igrejinha reformada por Francisco. A basílica pode ser vista a quilômetros de distância durante o dia e se destaca igualmente à noite: encimando a fachada, uma estátua em bronze folheado a ouro da Virgem Maria, tão alta quanto um prédio de três andares, ostenta um vistoso halo de lâmpadas elétricas.

No interior desse gigantesco castelo de areia há uma réplica da minúscula e decrépita capela com a qual Francisco se deparou na floresta logo depois da reconstrução da San Damiano. Imediatamente ele se deixou cativar por essa "igreja da Bem-Aventurada Virgem Mãe de Deus, construída em tempos remotos, mas agora inteiramente abandonada", diz Celano.[1] Então Francisco se pôs a reconstruí-la. Com apenas três metros por sete, a igrejinha recebeu o apelido de Porciúncula por um de dois motivos: ou porque ocupava uma "pequena porção" das terras dos beneditinos locais, ou porque abrigava uma "pequena porção" das pedras do local da ascensão da Virgem Maria, recolhidas por peregrinos na Terra Santa.

Seja qual for a origem do apelido, a aura espiritual da surrada igrejinha calava fundo no coração de Francisco, que não só reverenciava a Virgem como também receberia, durante os trabalhos de reconstrução da igreja "dela", diversas visitas dos tais anjos a que alude o nome formal do lugar. Assim sendo, ali ele passou a morar. "Em reverência aos anjos e por amor à mãe de Cristo, Francisco decidiu permanecer na Porciúncula", escreve São Boaventura. "Amava o lugar mais do que qualquer outro no mundo."[2]

Passados oitocentos anos, nenhuma outra igreja, incluindo a basílica de Assis, é mais associada a Francisco e a sua lenda do que a pequena Porciúncula. Foi ali que o franciscanismo se estabeleceu; que Francisco acolheu a fugitiva Clara; que passou dezoito anos de sua vida, na companhia de outros frades; que em 1219 os cerca de cinco mil membros de sua ordem se reuniram; que em 1220 ele renunciou à posição de líder da ordem; que em 1226 ele morreu.

A modesta igrejinha não demoraria a se tornar um ponto turístico de interesse internacional. Para acomodar as multidões, a enorme basílica foi construída sobre a minúscula capela ao longo dos séculos XVI e XVII, reconstruída depois de um terremoto no século XIX e mais uma vez restaurada na seqüência de um segundo terremoto em 1997. Uma pequena cidade, também chamada de Santa Maria degli Angeli, rapidamente brotou em torno da basílica, e as antigas florestas foram derrubadas para dar lugar a uma malha de ruas pavimentadas. Hotéis, restaurantes e lanchonetes vieram a seguir, bem como lojinhas e feiras onde se vendem blusões e camisetas com a logomarca "Assis".

Não obstante, o poder da capela original se irradiou pelo mundo inteiro, alcançando até mesmo os Estados Unidos. Certo frade franciscano, explorando a Califórnia em 1769, deu a um rio o nome de Nuestra Señora de los Angeles de la Porciúncula, e o povoado que se formou às margens desse rio tornou-se conhecido como El Pueblo de Nuestra Señora la Reina de los Angeles de Porciúncula, mais tarde abreviado para... Los Angeles.

Ao chegarmos à Santa Maria degli Angeli, no outono de 2004, deparamo-nos com um verdadeiro pandemônio. As ruas cheias de italianos brandindo cartazes, faixas e bandeiras por ocasião da *Manifestazione di pace*. Uma vez por ano, nesse mesmo dia, milhares de italianos realizam uma marcha pela paz, de Perugia a Assis, passando por Santa Maria degli Angeli. Acidentalmente nos misturamos a eles. Não é de espantar que, em plena guerra do Iraque, Francisco, um bastião medieval da paz, tenha conduzido todas essas pessoas à cidade que homenageia sua capelinha, para depois conduzi-las à sua natal Assis. *"Pace"*, conclamam as faixas. Paz.

Francisco teria adorado ver este sem-número de alquebrados peregrinos da paz, descansando os pés na gigantesca praça diante da igualmente gigantesca catedral. No entanto, teria ficado boquiaberto ao constatar o que sucedeu à sua singela capelinha, que antes margeava uma trilha estreita nos bosques abaixo de Assis.

Hoje a Porciúncula cerca-se do quilométrico chão de mármore da basílica de três naves, eclipsada pelas dimensões ciclópicas das colunas ao seu redor e pela vertiginosa altura do domo. Lembra uma simpática casinha de bonecas muito mais do que a antiga sede da ordem franciscana. Os únicos resquícios de autenticidade são as pedras rústicas do chão e os fragmentos da capela original dispostos diante do altar. Embora os afrescos do século XIII, retratando cenas da vida de Francisco, contribuam de alguma forma para reavivar a memória do santo, não consigo afastar a sensação de que me encontro numa espécie de parque temático chamado Franciscolândia.

Ainda assim, a capela desperta sentimentos profundos em seus muitos visitantes. Neste confuso dia de marcha pela paz, as pessoas esperam pacientes em sinuosas filas para atravessá-la em respeitoso silêncio; uma freira encontra um assento livre na capela e uma hora depois ainda está ali, perdida em suas orações. Numa visita anterior, num dia bem mais tranqüilo do que este, vimos um grupo de jovens freiras franciscanas deixar a capela com o rosto coberto de lágrimas. Elas haviam acompanhado a missa celebrada por um franciscano dentro da capela da Porciúncula e, claro, ficaram emocionadíssimas.

Portanto, procuro refrear meu espírito crítico e sigo em direção à Capela do Trânsito (*Transitus*), uma réplica da enfermaria onde Francisco morreu. Na parede externa da capela, uma enorme pintura do século XIX — retratando Francisco, cercado de companheiros, recebido no céu pelos anjos — anuncia o significado do lugar. Entretanto, seria bem mais comovente se a tal "enfermaria" fosse de madeira e sapê, e não de tijolos.

Muito mais tocante é a escultura de Francisco — em terracota revestida de esmalte branco, executada pelo genial Andrea della Robbia no século XV — que se encontra no interior da capela. A figura descalça, segurando uma cruz dourada, definitivamente resplandece, e a doce expressão do rosto se coaduna perfeitamente com a imagem que faço de Francisco. A aparente confusão em torno da data de sua morte — 4 de outubro de 1226, tal como se lê do lado de fora da capela; 3 de outubro, tal como se lê do lado de dentro — é explicada por um frade que interpelamos. O anoitecer, e não a meia-noite, era o que marcava o início de um novo dia na Idade Média, e Francisco morreu à noite.

Muitas das histórias acerca de Francisco aconteceram na Porciúncula, e seguimos a seta que aponta para a Capella delle Rose, Capela das Rosas. Ao longo do caminho passamos por um jardim cercado por vidraças que evoca o cenário de um dos momentos mais humanos de Francisco. Certa noite, em suas orações, traído pelos desejos da carne, ele se jogou num espinhoso arbusto. Por um milagre, o arbusto não o feriu, mas transformou-se numa linda roseira sem espinhos. As roseiras do jardim atual, também desprovidas de espinhos e supostamente descendentes da roseira medieval, ainda florescem todo mês de maio e logo em seguida perdem as folhas, ao que parece, manchadas de sangue.

O jardim reconstituído proporciona um benfazejo descanso da profusão de mármores do interior da basílica. Peixinhos vermelhos nadam numa fonte. Pombas brancas refestelam-se com o alpiste espalhado em volta de uma estátua que retrata Francisco empunhando um cesto de esmolas. Uma segunda imagem, em que ele aparece ao lado de um cordeiro, evoca mais uma história associada à Porciúncula. Francisco havia recebido o tal cordeiro de presente e, determinado a criá-lo nas dependências da capela, instruiu-o para que louvasse o Senhor em vez de perturbar os frades. O cordeiro, claro, obedeceu. Não só freqüentava as missas regularmente, ajoelhando-se diante do altar e balindo hinos de louvor à Virgem, como também recebia a comunhão com a mesma contrição dos demais.

O jardim também presta homenagem a outro simpático animalzinho, personagem de mais uma lenda franciscana. Trata-se do grilo que freqüentava a figueira diante da cela de Francisco e que fora domesticado por ele. "Vem, irmão Grilo", Francisco dizia, segundo nos informa *A lenda de Perugia*. "Vem e canta para mim."[3] Por oito dias o grilo atendeu aos sucessivos chamados de Francisco, pousando no dedo dele e cantando, até que recebeu permissão para partir. "Em razão do amor que nutria pelo Criador, Francisco se deleitava de tal modo com as criaturas que Deus as docilizava a fim de consolar o corpo e a alma de seu fiel servidor", explica *A lenda de Perugia*.

A sombria Capela das Rosas, do século XIII, encontra-se mais adiante no mesmo corredor que tangencia o jardim das rosas sem espinhos. Construída originalmente por São Boaventura em torno da cela preferida de Francisco e aumentada por São Bernardino de Sena no século XV, supostamente é um lugar onde Francisco passava noites inteiras a rezar. Também se acredita que foi nessa gruta atualmente subterrânea que Francisco domesticou o irmão Grilo e lá que teve os pensamentos impuros que o impeliram a se jogar no arbusto espinhoso. A capela é adornada por um afresco do século XVI, retratando o milagre das rosas, além de outros que mostram Francisco acompanhado de seus primeiros seguidores e distribuindo indulgências na Porciúncula.

Enquanto, de gatinhas, espio a capela subterrânea através de uma grade no chão, o corredor estreito subitamente é tomado de lindas vozes a cantar. Então me levanto para ouvir o coral de mulheres russas, cristãs ortodoxas, que pararam bem atrás de mim, entoando um hino de louvor em perfeita harmonia. Vieram de muito longe para celebrar o espírito de Francisco ali, e mais uma vez me dou conta do impacto que ele ainda exerce na vida espiritual de tantas pessoas.

Fico ainda mais impressionada ao ouvir a história do casal de italianos que encontramos no pátio da basílica, os quais haviam dirigido por duas horas e meia, vindos de Brescia, para participar da manifestação de paz. O homem chama-se Francesco, ele nos diz, uma homenagem que seu pai prestou ao santo depois de ver o filho nascer prematuramente e ser obrigado a passar os dois primeiros meses de vida numa incubadora recebendo oxigênio. Havia o risco de cegueira e por isso o pai foi diariamente a Assis durante esse período para rezar a Francisco. "Hoje sou cirurgião cardiologista", diz Francesco com orgulho, e depois pede a meu marido que tire uma foto dele e da mulher segurando uma faixa de "Paz" diante de uma estátua do padrinho xará.

Ainda no pátio, percebo que sinto certa inveja dessas pessoas que vêm a Santa Maria degli Angeli — o coral de cristãs ortodoxas, a freira que passou horas a rezar na Porciúncula, nosso novo amigo Francesco — e em nenhum momento se deixam perturbar pelas contradições da basílica, capazes que são de ver além delas e abraçar sem rédeas o espírito de Francisco. E essas pessoas são muitas, das mais diversas crenças e nacionalidades.

A livraria da basílica é prova absoluta do apelo internacional de Francisco. Um sem-fim de prateleiras abriga livros sobre o santo, alguns sobre Clara também, em italiano, inglês, francês, alemão, holandês, russo, chinês, sérvio, croata, espanhol e português. Essa multiplicidade de línguas é espelhada na lojinha da basílica. Além de cruzes de Santo Antão (o Tau) e de São Damião nos mais diversos tamanhos, de crucifixos e imagens de Francisco, as prateleiras de suvenires oferecem vídeos e cópias do "Cântico ao Irmão Sol" em quase todas as línguas. Até mesmo a confissão é multilíngue. Cada um dos confessionários exibe na entrada as capacidades lingüísticas do confessor: italiano-inglês, italiano-francês, alemão, e assim por diante.

Por mais grandiosa e artificial que seja a Santa Maria degli Angeli, não há dúvidas quanto à importância da basílica no legado religioso de Francisco. Embora Francisco esteja enterrado em Assis, a basílica que leva seu nome é, na verdade, muito mais uma extraordinária galeria de arte renascentista do que o coração espiritual da cidade. Afinal, Francisco nunca colocou os pés ali, mas com toda certeza esteve na Porciúncula, a minúscula capela cercada de bosques nas proximidades de Assis, onde, numa manhã de inverno de 1208, sua vida mudaria para sempre.

8 Francisco recebe suas ordens apostólicas

A PORCIÚNCULA, *onde Francisco recebe seu chamado.* ASSIS, *onde ele converte os primeiros companheiros.* RIVO TORTO, *onde ele orienta os frades quanto ao modo de vida franciscano*

Francisco rezava na pequena Porciúncula por ocasião da festa de São Matias; do convento beneditino, mais acima na mesma montanha, havia descido um padre para celebrar-lhe a missa. O padre optara por ler a Missa dos Apóstolos, que inclui a Missão dos Doze. Francisco, que ainda acreditava estar obedecendo às ordens passadas por Jesus na cruz da San Damiano — mediante a reconstrução das capelas da San Damiano e da Porciúncula —, subitamente se deu conta das verdadeiras dimensões de sua missão.

Depois da missa, dita em latim, pediu ao padre que explicasse melhor, presumivelmente em seu próprio dialeto úmbrio, as instruções que Jesus passara a seus discípulos. Atendendo ao pedido, o padre repetiu resumidamente o que estava no Evangelho de Mateus: os apóstolos deviam partir e proclamar a chegada iminente do Reino de Deus; não deviam levar nada consigo — nem ouro, prata ou cobre, nem roupas, sapatos ou cajado; deviam confiar que Deus supriria todas as suas necessidades e desejar a paz nos lares dignos de recebê-los.

O impacto em Francisco foi imediato. Tomando para si a mensagem do Evangelho e abraçando o conjunto de instruções com "inconcebível alegria", escreve São Boaventura, ele "descalçou as sandálias, depôs o cajado e, jogando fora a bolsa e todos os demais pertences, vestiu uma túnica singela; no lugar do cinto, usou uma corda para cingi-la ao corpo".[1]

Descalço, usando uma túnica "pobre e tosca", cujos braços ele aumentara de modo que lembrassem os de uma cruz, Francisco deixou a Porciúncula e seguiu rumo a Assis para cumprir sua nova missão: pregar a penitência e a redenção. Sua mensagem, contudo, instilava esperança e em nenhum momento se valia de ameaças para intimidar os incréus. "Deus vos dê paz e bem", ele dizia aos assustados passantes que encontrava pelas ruas, saudação inédita naqueles tempos de violência, mas atualmente reproduzida em flâmulas, chaveirinhos e azulejos, tanto em latim — *Pax et Bonum* — quanto em italiano — *Pace e Bene*.

De início, essa nova versão de Francisco foi recebida em Assis com descrença e, muitas vezes, escárnio. Todavia, levando em conta o fervor com que ele falava, a alegria com que aparentemente abraçava a própria pobreza, a dedicação com que cuidava dos leprosos, as pessoas aos poucos foram se perguntando se de fato não estavam diante de uma espécie de profeta. E Francisco andava sempre alegre, sorrindo, cantando e pregando a quem quer que se dispusesse a ouvi-lo.

Por fim, os que lhe deram o benefício da dúvida acabaram por se convencer de que ele havia sinceramente se convertido a uma vida de pobreza e dedicação espiritual. O padre da igreja paroquial de San Giorgio, onde Francisco recebera sua precária educação, chegou a ponto de convidá-lo a pregar ali. Celano nos conta que ele começou a pregação "desejando paz à congregação" e em seguida falou "sem afetação, mas com tamanho entusiasmo que todos se deixaram levar por suas palavras".[2]

Ainda que se trate de um exagero da parte de Celano, não há dúvida de que Francisco causava certo impacto a seus ouvintes. Distinguia-se dos outros clérigos da época por espalhar sua mensagem, sempre simples e direta, na linguagem do povo, e não em latim. Além disso, encarava sua platéia, ao con-

FRANCISCO RECEBE SUAS ORDENS APOSTÓLICAS

trário dos demais que costumavam pregar com as costas voltadas para a congregação. Francisco não demoraria a conquistar seus primeiros seguidores.

Estamos na Via San Gregorio, em Assis, diante da casa onde Francisco acolheu seu primeiro adepto. Segundo inscrição no arco de pedra que encima a porta de entrada, a casa pertencera ao rico e bem-nascido Bernardo di Quintavalle, doutor em direito pela Universidade de Bolonha; foi ali que, durante uma longa noite de 1208, Bernardo colocou à prova a autenticidade da devoção de Francisco.

Bernardo, que havia convivido com o ainda jovem e extravagante Francisco, agora o via restaurando igrejas, cuidando de leprosos e vivendo alegremente na pobreza. Intrigado, freqüentemente convidava-o para passar a noite em sua casa. Reza a lenda que, certa vez, Bernardo fingiu que dormia apenas para observar Francisco, e depois de vê-lo "rezando a noite inteira, louvando a Deus e à gloriosa Virgem, sua Mãe, e dormindo apenas raramente", concluiu que ele era um "verdadeiro enviado de Deus" e decidiu juntar-se a ele.[3]

A história continua na Piazza del Comune, onde hoje é o posto dos correios, mas que em 1208 era a igreja de San Nicolo (São Nicolau). De início, Francisco não sabia muito bem o que fazer de Bernardo. "Depois que o Senhor me deu irmãos, ninguém me instruiu quanto ao que fazer com eles", escreveria em seu testamento. Assim, Bernardo e Francisco — acompanhados de Pedro de Catânia, cônego da San Rufino que logo se converteria também ao franciscanismo — foram à San Nicolo em busca de orientação divina. Conforme *A lenda dos três companheiros*, Francisco abriu o Evangelho numa página qualquer e se deparou com o seguinte trecho de Mateus: "Se queres ser perfeito, vai, vende o que possuis, dá-o aos pobres e terás um tesouro nos céus."[4] Buscando uma "confirmação tripla", ele abriu em Lucas e achou: "Não leves nada em tua jornada." E novamente em Mateus: "Se alguém quiser me seguir, que renuncie a si mesmo."

Essas três passagens constituiriam a Regra absoluta que mais tarde governaria a Ordem Franciscana dos Frades Menores. Em 16 de abril de 1208, Bernardo doou todas as suas posses aos pobres, seguido do bem menos aquinhoado Pedro; ambos passaram a morar com Francisco na Porciúncula. "Tão logo se desfizeram de tudo, Bernardo e Pedro fizeram votos de pobreza, tal como já havia feito o bem-aventurado Francisco", continua *A lenda dos três companheiros*, "e, dali em diante, os três passaram a viver segundo os preceitos do Evangelho que lhes mostrara o próprio Senhor."[5]

No prazo de uma semana, o jovem Egídio, de apenas dezoito anos, também se juntou a eles. Outros fariam o mesmo ao longo do ano seguinte, entre eles um monge apelidado de Filipe, o Alto; Rufino, primo de Clara; Masseo, irmão leigo que seria enterrado com Francisco; Leão, frade de Assis; Silvestre, outro frade de Assis; Junípero, um seguidor leigo de Assis; e Angelo Tancredi, da cidade de Rieti, o primeiro cavaleiro a se juntar a Francisco.

Entre os primeiros irmãos havia apenas uma ovelha negra, um assisense chamado Giovanni di Capella. Segundo *I fioretti di San Francesco*, Francisco viu-se obrigado, diversas vezes, a repreender Giovanni por desrespeitar os rigorosos votos de pobreza.[6] Anos mais tarde Giovanni abandonaria Francisco para fundar sua própria ordem de leprosos, não reconhecida pela Igreja. E acabaria se enforcando depois de contrair, ele também, a lepra.

A certa altura, os primeiros irmãos se mudaram temporariamente para uma choça num lugarejo conhecido como Rivo Torto. Os poucos anos que passaram ali estão fartamente documentados nas biografias antigas. "O bem-aventurado Francisco seguiu com os demais irmãos para um lugar próximo a Assis, chamado Rivo Torto", escreve Celano.[7] "Ali havia uma choupana abandonada." A choupana de Rivo Torto talvez não tenha hoje o mesmo peso histórico da San Damiano ou da Porciúncula, mas constitui um importante capítulo da lenda franciscana — mais um santuário recriado na trilha de Francisco nos arredores de Assis.

Assim como a Porciúncula foi coberta pela Basílica de Santa Maria degli Angeli, a choupana dos irmãos franciscanos o foi pela igreja de Santa Maria di Rivo Torto, cerca de cinco quilômetros abaixo de Assis. O santuário de pedra, embora grande, não é tão gigantesco e rebuscado quanto o da Santa

Maria degli Angeli; ainda assim, destaca-se com imponência da cidadezinha que cresceu em torno dele, também conhecida como Rivo Torto. Próximo à entrada da igreja, uma escultura moderna, de tamanho natural e bastante explícita, retrata Francisco lavando um leproso de dedos corroídos pela doença. No adro, outra escultura, mais alegre, retrata Francisco cercado de crianças e pássaros.

Um grande grupo de freiras reza na igreja na tarde em que chegamos em Rivo Torto. Uma delas, a irmã Dorothy, da Zâmbia, explica que ela e as companheiras, oriundas do mundo inteiro, participam de um congresso de uma semana de duração em Assis. Percebendo que espicho o olho para o folheto de uma página contendo a história de Rivo Torto que ela traz nas mãos, a irmã me entrega o papel e diz: "Deus a abençoe."

Dentro do santuário, o centro das atenções é uma minúscula réplica da choupana em que Francisco e os companheiros viveram em extremo desconforto. "O espaço era tão exíguo que eles mal podiam sentar ou deitar para dormir", registra *A lenda dos três companheiros*. Francisco, naturalmente, escreveu o nome de cada irmão nas traves da choupana "de modo que, quando quisessem sentar ou rezar, eles pudessem identificar seus respectivos lugares, e que nenhum barulho desnecessário, em razão do confinamento, viesse a perturbar a paz de espírito dos demais".[8]

Ao visitar os dois quartinhos de teto baixo e incrivelmente pequenos, imaginando-os repletos de gente, tenho a sensação de que estou em um submarino medieval — desprovido de refeitório. "Muitas vezes, por falta de pão, eles se alimentavam exclusivamente dos nabos que, na pobreza, esmolavam aqui e ali", continua *A lenda dos três companheiros*.[9] A austeridade compartilhada finalmente consumiu as forças de um dos companheiros.

"Estou morrendo",[10] disse supostamente um irmão faminto no meio da noite. Segundo *A lenda de Perugia*, o atencioso Francisco providenciou uma refeição não só para o faminto mas para todos os irmãos, de modo que ele não tivesse "pejo de comer sozinho". E aproveitou a oportunidade para instruí-los quanto à prática do jejum, da mesma forma que Clara fizera com Santa Inês de Praga. Não exagerem, aconselhou. Conheçam a própria constituição. "Caso um de vós necessite de menos comida que o outro, não é meu desejo que tente imitá-lo aquele que precisa comer mais." Advertindo que não voltaria a buscar nova refeição noturna, Francisco diz aos irmãos que seu desejo, e comando, era o de que "cada um de vós, sem desrespeitar os votos de pobreza, [desse] ao próprio corpo o que [fosse] necessário".

Um dos irmãos de Rivo Torto naturalmente se aproveitou da compaixão de Francisco e pagou o preço. O anônimo não só rezava e trabalhava pouco — recusando-se a esmolar porque, segundo *A lenda de Perugia*, "tinha vergonha" — como também cometia o pecado cardeal de comer demais. "Vai embora, irmão Mosca", disse Francisco ao frade glutão, "pois só fazes comer o fruto do labor de teus irmãos, enquanto permaneces ocioso nas vinhas do Senhor."[11] E, claro, o irmão Mosca foi embora sem maiores protestos, com as palavras de Francisco esfuziando nos ouvidos. "És como o irmão Zangão, que não colhe nada, não trabalha, mas se alimenta do fruto da atividade das abelhas operárias."

Fosse qual fosse o padrão que estabelecia para seus seguidores, Francisco era bastante severo consigo mesmo. Para combater o apetite humano, segundo Tomás de Celano, ele raramente comia pratos cozidos e, quando o fazia, "misturava-os com cinzas ou destruía-lhes o sabor com água fria".[12] Para combater "os desejos da carne",[13] jogava-se em arbustos espinhosos, como já vimos, ou "em valas de gelo nos meses de inverno", permanecendo ali até que a tentação se dissipasse por completo. Para combater os prazeres do sono, deitava-se diretamente sobre o chão ou dormia sentado, usando uma tábua ou pedra como travesseiro. Por fim, para combater a vaidade, pedia aos demais frades que o cobrissem de insultos. "E quando um dos irmãos, ainda que contra a própria vontade, o chamava de simplório, de criado ordinário, de criatura insignificante, Francisco, sorrindo e batendo palmas, respondia: 'Que o Senhor esteja convosco, pois jamais falastes verdade maior'; para o filho de Pietro di Bernardone, nada melhor do que ouvir semelhantes palavras."[14]

Se naquele arremedo de campo de treinamento militar o objetivo de Francisco era instruir os companheiros com o próprio exemplo, esse objetivo foi plenamente alcançado. À maneira do líder, os irmãos jejuavam, andavam descalços, jogavam-se em espinheiros, cuidavam dos leprosos e

FRANCISCO RECEBE SUAS ORDENS APOSTÓLICAS

trabalhavam voluntariamente nas lavouras. Visando fortalecer o espírito, subtraíam as horas de sono em favor das orações e, para não cair, amarravam-se com cordas ou cinturões de madeira; falavam apenas quando necessário e andavam com os olhos voltados para baixo, de modo que o pensamento permanecesse "vinculado aos céus". E, silenciosa e comunalmente, davam graças ao Senhor. "Tais foram os ensinamentos de seu adorado pai, mediante os quais ele formou os novos filhos, não só por palavras, mas sobretudo por atos e demonstrações da verdade", escreve Celano.[15]

Eles concluíram a reforma de mais uma igrejinha, a de San Pietro della Spina. São Boaventura localiza-a vagamente "a uma curta distância da cidade",[16] mas os biógrafos coetâneos de Francisco são mais precisos, identificando-a como uma capela a cerca de dois quilômetros da San Damiano. Mesmo assim não fomos capazes de encontrá-la.

O guia bilíngüe e caro que contratamos em Assis nos leva a uma San Pietro bastante diferente, muito maior do que poderíamos supor, e insiste em que foi essa a igreja restaurada por Francisco. Pouco importa. A San Pietro della Spina decerto já voltou à mesma decrepitude em que se encontrava quando Francisco e seus irmãos se puseram a restaurá-la; hoje situada nas terras de uma família de fazendeiros, muito provavelmente é usada como celeiro ou depósito de equipamentos agrícolas.

Deixo a réplica da choupana um tanto intrigada pela escultura que retrata Francisco dormindo com o rosto virado para baixo numa das celas: fosse eu a autora da obra, ele estaria dormindo sentado, olhando para as rosáceas do santuário. Todas elas retratam passagens da lenda franciscana: Francisco tocando um leproso, recebendo a mensagem da cruz da San Damiano, recebendo os estigmas etc. Mas não vejo ali, a não ser que esteja enganada, nenhuma representação de um acontecimento que teve lugar em Rivo Torto e que foi reproduzido por Giotto na basílica de Assis.

Tal como reconta São Boaventura, uma "carruagem de fogo, de maravilhoso esplendor",[17] entrou na choupana no meio da noite e por três vezes sobrevoou o lugar, movendo-se "de lá para cá" e deixando os irmãos "estupefatos" e "amedrontados". Alguns até chegaram a ver Francisco, que se encontrava ausente na ocasião, pilotando a carruagem rumo ao céu, tal como Elias, o profeta que havia guiado os judeus. Chegando a Rivo Torto no dia seguinte, Francisco interpretou a visão como um ótimo presságio: os primeiros irmãos se multiplicariam em uma "multidão". As palavras de Francisco foram recebidas com alívio pelos frades, que "indubitavelmente encontrariam segurança e seriam abençoados caso seguissem seus ensinamentos".

Só quando saímos do santuário é que percebi por que não havia visto a cena da carruagem retratada nas rosáceas; ela está reproduzida num multicolorido mosaico na fachada da igreja: Elias subindo aos céus em sua carruagem de fogo. Um segundo mosaico conta outra história famosa de Rivo Torto: a passagem do imperador Oto IV pelas redondezas, em 1209, a caminho de Roma para ser coroado pelo papa Inocêncio III.

A história é típica de Francisco. Conforme nos revela Celano, os irmãos moravam "bem ao lado do itinerário do cortejo"[18] e decerto queriam muito espiar "o alvoroço e a pompa" do séquito imperial, mas Francisco não lhes dava permissão. Nada representava o mal e materialismo do mundo mais que o imperador e sua espalhafatosa procissão. Portanto, Francisco instruiu os irmãos para que permanecessem na choupana, recolhidos no mundo infinitamente melhor da contemplação e das preces.

Mas Francisco sempre tivera um gosto especial pelo dramático. Dispensando um dos frades das orações, disse-lhe que se misturasse ao cortejo, chegasse o mais perto possível do imperador e repetisse a plenos pulmões: "Vossa glória será curta!"[19] É bastante provável que o desafortunado frade tenha voltado para a choupana pelo menos com o nariz quebrado, mas Francisco havia provado o que queria. "Calcado num forte sentimento de autoridade apostólica", escreve Celano, "ele se recusava cabalmente a dispensar qualquer espécie de bajulação a reis e príncipes."

O sossego dos irmãos em Rivo Torto teve um súbito fim quando, certo dia, um camponês irrompeu na choupana com seu burro, afirmando que o lugar lhe pertencia. Francisco naturalmente não gostou de ver o invasor perturbar as silenciosas preces de seus irmãos e ali mesmo decidiu que, em

FRANCISCO RECEBE SUAS ORDENS APOSTÓLICAS 103

vez de partilhar com o camponês e seu burro aquele espaço já de si inadequado, o melhor seria mesmo seguir em frente. "Sei que Deus não me convocou para hospedar um burro", ele disse aos irmãos, tal como nos revela *A lenda dos três companheiros*.[20] Foi então que ele e seus primeiros seguidores se mudaram para a Porciúncula, onde também viveriam sucessivas gerações de franciscanos.

Mas Francisco e seu pequeno séquito já haviam desde muito dado início à pregação de sua particular visão de paraíso na Terra. Quando ainda somavam apenas cinco pessoas, saíam pelas comunidades a pregar a mensagem franciscana de paz, boa vontade e penitência. Inspirando-se nos Evangelhos, Francisco os enviava em pequenas jornadas, sempre aos pares, tal como os discípulos de Jesus. Ele próprio também faria suas jornadas.

Francisco percorreria centenas de quilômetros por toda a Itália, passando pelas cidadezinhas espalhadas pelos montes e vales da Úmbria e da Toscana, cruzando os Apeninos até as Marcas de Ancona. Buscaria refúgio e solidão em eremitérios no topo das montanhas, bem como nas ilhas dos lagos da Úmbria e da laguna veneziana. Levaria sua mensagem a países estrangeiros: França, Espanha, Marrocos, Síria e até o Egito, onde por fim chegaria em 1219. Indiferente ao frio ou ao calor, à chuva ou à neve, seguiria sempre a pé e descalço, a não ser quando se sentia fraco e montava num burrico.

Francisco deixou Rivo Torto em 1208 e perambulou pelos dezoito anos seguintes. No encalço dele, fomos a alguns dos lugares mais bonitos da Itália.

9 A primeira excursão pelas Marcas

AS MARCAS, *província italiana em que Francisco é recebido como louco.* VALE DE RIETI, *onde ele se debate com a própria consciência em Poggio Bustone*

Minha coragem começa a esmorecer quando, atravessando a Úmbria na direção leste, seguimos rumo à província das Marcas para reproduzir o itinerário da primeira jornada de pregação de Francisco e seu companheiro de viagem, Egídio. No horizonte destaca-se um trecho alto dos montes Apeninos, que nós, assim como os dois pregadores, precisamos atravessar a fim de alcançar nosso destino comum. Ao contrário das montanhas baixas da Úmbria, esse trecho dos Apeninos atinge alturas vertiginosas e é a entrada dessa província no centro da Itália que se estende por aproximadamente cinqüenta quilômetros entre as montanhas e o Adriático. Na estrada, quando passamos por pastagens e encostas, vou me preparando mentalmente para uma interminável sucessão de curvas fechadas e situações de perigo. Eu me enganei.

Não subimos muito além do nível do mar. A milagrosa engenharia dos túneis italianos, vinte e três ao longo desta viagem, torna nossa travessia da Úmbria até as Marcas tão plana quanto um sofá. Entre um túnel e outro, o cenário é simplesmente arrebatador. Picos gigantescos de um lado, abismos do outro. Abetos e pinheiros que parecem crescer uns em cima dos outros. E, numa crista distante, o ainda visível *fossato*, uma antiga vala na rocha que Francisco e Egídio possivelmente usaram para atravessar as montanhas.

Pouco se sabe desse primeiro périplo missionário de Francisco pelas Marcas, na primavera de 1208. No entanto, por mais árduo que tenha sido, ele o repetiria por pelo menos seis vezes. Ali seus ensinamentos acabariam por encontrar solo fértil: por volta de 1282, segundo *I fioretti di San Francesco*,[1] oitenta e cinco conventos franciscanos já teriam sido estabelecidos nas Marcas, duas vezes mais do que na Toscana ou na Úmbria. Mas a primeira viagem não foi exatamente um sucesso.

Apesar de todo o êxtase de Francisco ao atravessar as florestas de carvalhos, álamos e faias, "cantando em francês, louvando e dando graças ao Senhor", os camponeses e aldeões que ele encontrava pelo caminho não compartilhavam o mesmo sentimento. Um biógrafo medieval, conhecido como o Anônimo de Perugia, conta que os dois andarilhos descalços, de aspecto selvagem, eram sistematicamente tachados de "loucos", "parvos" ou "beberrões". "As moças, quando os viam se aproximar, corriam deles", escreve o biógrafo.[2]

As pessoas não só desconfiavam daqueles autoproclamados mensageiros de Deus como também rejeitavam a mensagem deles. À época o interesse pela religião era pouco, fosse entre os pagãos, fosse entre os próprios cristãos, de fé morna e protocolar. "O amor e o temor a Deus praticamente inexistiam, e o caminho da penitência, além de totalmente desconhecido, era considerado loucura", diz *A lenda dos três companheiros*. "A volúpia, a ambição e o orgulho eram de tal forma disseminados que o mundo parecia submergir nessas três mazelas."[3]

Inabalável, Francisco e Egídio desenvolveram um plano: Francisco tentaria convencer quem quer que encontrasse pelo caminho a amar a Deus e a buscar a remissão dos pecados mediante a penitência; vez ou outra, Egídio balançaria a cabeça em sinal de concordância e diria: "Podes acreditar." Mas ninguém acreditava.[4]

*

A PRIMEIRA EXCURSÃO PELAS MARCAS 107

Os outros frades não obteriam resultados melhores em suas primeiras jornadas vagando aos pares através da Úmbria e em direção ao caminho de Santiago de Compostela, na Espanha. Antes de partirem, tal como nos conta *A lenda dos três companheiros*, tinham sido advertidos por Francisco de que encontrariam "pessoas humildes, gentis e fervorosas",[5] mas que também encontrariam muitas outras, "orgulhosas, blasfemas e descrentes, que resistiriam e rejeitariam o que eles tinham a dizer". Francisco estava certo.

As pessoas ficavam desconfiadas quando os frades, por instrução de Francisco, as cumprimentavam dizendo: "Deus vos dê a paz." Além disso, assustavam-se com o aspecto deles, os pés descalços e os hábitos rotos. Seriam charlatães? Ladrões? Selvagens? E por que não aceitavam dinheiro como esmola à maneira de qualquer outro pedinte?

Os frades eram perseguidos, às vezes surrados e atacados com lama, ou até mesmo deixados nus. Mas decerto atinham-se à recomendação de Francisco no sentido de que "tolerassem tais coisas com paciência e humildade".[6] Jamais revidavam ou afrontavam a mensagem franciscana. "Deus vos dê a paz", repetiam, e exortavam as multidões curiosas e freqüentemente hostis a se arrependerem de seus pecados e a repudiar o mal antes que fosse tarde demais. "Quem são vocês?", perguntavam os desconfiados. E os frades invariavelmente davam a resposta sugerida por Francisco: "Somos os penitentes de Assis."

Francisco e Egídio, os "penitentes de Assis" nas Marcas, supostamente passaram por Fabriano, à época um sólido centro comercial e hoje um tentacular pólo industrial ao fim do vigésimo terceiro túnel. A Fabriano medieval era conhecida, e ainda o é, como a capital da indústria papeleira na Itália. Os mestres papeleiros locais, inventores da marca d'água, produziam o papel de altíssima qualidade que ainda hoje é usado para a impressão de notas de dinheiro no mundo inteiro. Os artistas de nosso tempo ainda se valem do papel de Fabriano, assim como o incomparável Leonardo da Vinci, no século XV, e o célebre filho da cidade, Gentile da Fabriano, no século XIV.

Nossa primeira impressão de Fabriano é a de uma cidade particularmente monótona, mas a verdade é que lá chegamos ao meio-dia, quando a Itália inteira parece parar, e além disso chovia. Tão logo encontramos a *piazza* medieval, cavernosa e surpreendentemente vazia, paramos o carro para ler as notas do livro *I viaggi di S. Francesco d'Assisi nelle Marche* (As viagens de São Francisco de Assis pelas Marcas), que italianos que sabiam inglês ao longo do caminho gentilmente verteram para nós.

Francisco e Egídio decerto encenaram seu número nesta praça em que estacionamos, embora não haja nenhum registro disso. Quem poderia prever, à época, que o homenzinho doidivanas e maltrapilho de Assis logo se tornaria uma das pessoas mais conhecidas em toda a Itália? O que está registrado no guia é a viagem que ele fez a Fabriano dois anos depois, em 1210, quando já era mais conhecido. Nessa feita, hospedou-se no eremitério de S. Maria di Valdisasso, um ex-convento de freiras beneditinas a apenas sete quilômetros de Fabriano, próximo ao vilarejo de Valleremita. É para lá que queremos ir.

Um dos pequenos milagres que começam a nortear nossa busca por Francisco deu-se quando abordamos uma moça, parada sob uma arcada na solitária *piazza*, que sabia exatamente como chegar a Valleremita e ao convento de Valdisasso. Além disso, tínhamos estacionado nosso carro bem no sentido da saída, disse ela. Dobrem à direita no próximo sinal e sigam por cerca de cinco quilômetros. E assim fizemos, atravessando uma estreita garganta de vegetação densa até chegarmos ao vilarejo empoleirado na extremidade do vale. No centro da cidade, continuou ela, dobrem à direita e sigam colina acima. E lá vamos nós; mas a ansiedade é grande quando a estradinha dá lugar a uma trilha de terra vermelha que parece não levar a lugar nenhum.

Francisco também penou para encontrar o convento. Tal como relata nosso livro em italiano, ele se viu obrigado a pedir a um camponês que o levasse até Valdisasso. O camponês, ocupado com a lavra de suas terras, inicialmente relutou, mas Francisco por fim conseguiu dobrá-lo. Voltando de Valdisasso, depois de deixar Francisco, o tal camponês encontrou suas terras já completamente prontas para o plantio, e os bois do arado, totalmente descansados.

O local é hoje conhecido como o "Campo de São Francisco", e por certo passamos por ele antes de chegarmos, milagrosamente, ao encantador santuário de Valdisasso. Foi ali, naquele lindo convento de pedras, atualmente reformado, que Francisco ficou pela primeira vez — mas certamente não a última — em que esteve na região na companhia de mais quatro frades. Os franciscanos usariam Valdisasso como base durante os seiscentos anos seguintes, apelidando o eremitério de "a Porciúncula das Marcas".

O portão está trancado, mas é possível contorná-lo e chegar a um gramado que faz as vezes de pátio. De um lado desse gramado, encontra-se um claustro de fachada em arcos e resquícios de afrescos nas paredes e no teto; do outro, o santuário propriamente dito. Além de uma horta muito bem cuidada, flores podem ser vistas por toda parte, nas jardineiras sob as janelas do convento ou nos cestos pendurados nos arcos. Aparentemente o lugar está abandonado, será que haverá alguém? Puxamos a cordinha de um sino, mas ninguém aparece.

Não nos parece que estamos invadindo propriedade alheia. Várias mesas de piquenique podem ser vistas não muito longe do gramado, trilhas se embrenham nas matas vizinhas, uma lata de lixo está cheia até a borda — tudo isso sugere que o local se destina à recreação pública. Como se não bastasse, uma placa em italiano pede aos visitantes que comam exclusivamente nas mesas, não sujem o recinto e façam *silenzio*. Admirando os quilômetros de florestas que se esparramam nas encostas da ravina, ficamos com a sensação de que somos bem-vindos ali.

Por conta própria entramos na capela do convento, original do século XII; segundo informa um texto na Internet, o "teto ali é o que há de mais bonito". O teto arqueado é de fato maravilhoso, mas não mais que o retábulo, uma réplica da coroação da Virgem (o original foi levado para Milão), em que estão presentes os diversos santos medievais que se hospedavam em Valdisasso, incluindo São Bernardino de Sena, São João de Capistrano, São Tiago das Marcas e, claro, São Francisco de Assis. Quanta beleza inesperada no fim de uma estradinha de terra, bem no coração de lugar nenhum!

Percorrendo trechos diários de vinte quilômetros, Francisco e Egídio voltaram à Porciúncula depois de sua primeira visita às Marcas. Tal como Jesus ordenara a seus discípulos, e Francisco aos seus, fizeram todo o percurso desprovidos do que quer que fosse, pagando com o próprio trabalho a hospedagem nas vilas e nas fazendas. Desde o início, Francisco insistia em que os companheiros trabalhassem diariamente, de preferência com as mãos, ou "com um ofício que tivessem aprendido",[7] desde que se tratasse de trabalho honesto e voltado para o bem. "O ócio é o inimigo da alma", ele escreveu aos companheiros, citando a Regra de São Bento, do século VI.

Os primeiros franciscanos logo começaram a colher os frutos dessa dedicação inicial ao trabalho. Por mais bizarros que parecessem, ganhavam credibilidade junto dos camponeses que os viam, de bom grado, trocar a mão-de-obra gratuita nas vinhas e nas lavouras por um simples pedaço de pão e um lugar para dormir. O mesmo acontecia quando trabalhavam com os pobres e leprosos. Eles viviam o que pregavam, e com alegria. "Que não se mostrem externamente como hipócritas tristes e soturnos, mas como trabalhadores alegres, entusiasmados e em constante gratidão ao Senhor", instruía Francisco a seus discípulos numa de suas primeiras regras escritas.[8] Os franciscanos da atualidade ainda se guiam por essa regra. Todos os frades que tivemos a oportunidade de encontrar em nossas inúmeras viagens pela Itália eram decididamente alegres.

Pouco depois de voltar à Porciúncula, Francisco partiu em viagem novamente, agora acompanhado por seis de seus frades. Essa segunda turnê de pregação, substancialmente mais bem-sucedida que a primeira, teve como destino o vale de Rieti, uma linda região no interior da Itália central, entre Assis e Roma, pontilhada de florestas, lagos e colinas. Talvez as belezas naturais e o clima agradável do lugar tenham contribuído de alguma forma para aplacar a desconfiança dos residentes e deixá-los mais receptivos aos recém-chegados franciscanos.

Ao contrário dos habitantes das Marcas, os do vale do Rieti deram ouvidos aos sermões dos penitentes e muitos deles se converteram. Os residentes da cidadezinha serrana de Poggio Bustone — para onde estamos indo agora — se revelaram particularmente receptivos a Francisco e sua mensagem. Talvez seja por isso que ele tenha acrescentado uma nova saudação a seu repertório: *"buon giorno, buona gente"*, frase alegre e melódica em italia-

A PRIMEIRA EXCURSÃO PELAS MARCAS

no. Tão revolucionária foi a saudação — talvez porque as pessoas nunca tivessem sido chamadas de "boas" — que acabou por ser perpetuada num dos muros da cidade; além disso, é celebrada todos os anos no dia 4 de outubro, quando o arauto da cidade percorre as ruas durante a madrugada e acorda os cidadãos com um sonoro *"Buon giorno, buona gente"*.

Em razão da acolhida bem menos calorosa que o grupo havia recebido em outras partes do país, não é de estranhar que ao longo dos anos Francisco tenha passado muito mais tempo no hospitaleiro vale de Rieti do que na região de Assis. Ali, no que hoje é conhecido como o "vale sagrado de Rieti", ele estabeleceria pelo menos cinco eremitérios, quatro dos quais ainda existem.

No entanto, por maior que tenha sido o sucesso de sua primeira empresa apostólica no vale de Rieti, Francisco não estava feliz consigo mesmo naquela época. Aparentemente questionava o propósito de sua missão quando, em 1208, chegou a Poggio Bustone e dirigiu-se a um mosteiro beneditino de mesmo nome, situado bem acima da cidade. O que exatamente ele devia pregar a seu pequeno grupo de discípulos? Qual era a missão deles? Qual era sua própria missão? Como ele podia pregar a pobreza e o desapego quando ele próprio havia levado uma vida de pecado e hedonismo? Como podia incentivar as pessoas a cuidar dos leprosos quando ele próprio passara anos fugindo deles? Deus o perdoaria? Ele, Francisco, perdoaria a si mesmo?

Em contrapartida, a nós só o que preocupa é a rarefação do ar ao atravessarmos a cidade e começarmos a subir a estrada terrivelmente sinuosa e íngreme que conduz ao velho convento. Seguindo as conhecidas cruzes amarelas que sinalizam o caminho para os diversos santuários italianos, vamos subindo e passando por bosques de pinheiros, carvalhos e azevinhos até que, por fim, dobramos uma última curva e chegamos ao convento medieval de Poggio Bustone — e descobrimos que o pequeno estacionamento local está superlotado. Os lacinhos de papel branco que decoram os carros indicam que um casamento está em pleno andamento na igreja do lugar.

A essa altura, já escolados na peregrinação franciscana, não nos surpreendemos nem um pouco com a realização de um casamento nos píncaros do mundo. Ao que parece, todos na Itália querem ser batizados, casados ou velados em alguma igreja associada a São Francisco. E Poggio Bustone *é* Francisco.

Tendo lido tantas biografias, sei que Francisco, não contente com a vertiginosa altitude do convento, escalou mais trezentos metros para chegar ao que hoje conhecemos por Gruta das Revelações, ou Santuário de Cima, a fim de suplicar pelo perdão divino. A pé, tomamos a estrada vizinha à igreja e seguimos os sinais que apontam para o Sacro Speco.

Nosso guia de bolso para os eremitérios do vale de Rieti descreve a estradinha para o Santuário de Cima como uma "trilha íngreme". Não se trata de nenhum exagero. Por quase trinta minutos pelejamos montanha acima, numa estrada de paralelepípedos, parando apenas para recuperar o fôlego e admirar os minicíclames vermelhos que florescem na mata.

Ao longo do caminho passamos por diversos eremitérios de pedra com grades de ferro abertas, cada um deles nos dando a falsa esperança de que chegamos ao Santuário de Cima. Mas não. No interior desses santuários, todos do século XVII, há pedras sagradas, uma das quais, segundo informa uma placa de madeira, contém impressões dos joelhos de Francisco; outra exibe as pegadas de um anjo; uma terceira, uma imagem retorcida do diabo. Continuamos a subir — a igrejinha do convento já se reduz ao tamanho de uma casinha de bonecas — até chegarmos a uma grande rocha que se projeta vertiginosamente sobre o vale. Fincada ali, uma tosca cruz de madeira é ladeada por uma garrafa de plástico contendo uma única papoula vermelha e uma placa que informa: "A cruz: daqui São Francisco abençoou o vale de Rieti."

Por mais que seja motivo de orgulho para os residentes do vale, essa bênção de Francisco não se coaduna com o que dizem os biógrafos. Segundo eles, neste promontório Francisco não fez mais do que se debater com a própria consciência e rezar por dias seguidos em busca de remissão para seus pecados. "Ali ele perseverou por um longo período, temeroso e trêmulo diante do Senhor de toda a Terra", escreve Celano; "com a alma tomada de amargor, pensava nos anos que havia consumido de maneira desregrada e amiúde repetia: 'Oh, Senhor, tende piedade deste pecador.'"9

A PRIMEIRA EXCURSÃO PELAS MARCAS
113

Subo no promontório e tento recriar a tormenta de Francisco, mas o que me assola, além da vertigem, é a beleza do vale que se estende diante de mim. E o silêncio. Nenhum barulho a não ser o ocasional canto de um pássaro e o farfalhar das árvores varridas pelo vento — até que termina a cerimônia de casamento.

Por pouco não vou ao encontro de Deus quando subitamente os sinos da igreja começam a tocar lá embaixo, seguidos de uma sinfonia de buzinas e fogos de artifício. A adrenalina do susto me faz descer do promontório e voltar para a trilha, tão íngreme neste ponto que se confunde com um rasgo na encosta da montanha. E de repente, mal posso acreditar, chegamos a uma igreja muito antiga, empoleirada na beira de um penhasco de greda. Lá estamos nós, sozinhos com Francisco, no que decerto é a porta do paraíso. Mas seguramente não fomos os primeiros a botar os pés ali.

Centenas de cruzes de pequenos galhos feitas à mão foram fincadas na malha que segura o barranco no lugar; um sino sobre a entrada da igreja decerto já foi tocado por milhares de peregrinos exultantes. Entrando pela porta minúscula e destrancada deste santuário estratosférico, deparamo-nos com um afresco de São Bernardino e mais cruzes de galhos espetadas no altar, ao lado de rosas naturais, velas e crucifixos. E nos fundos da igreja quatrocentista, lá está ela: enfeitada com vasos de papoulas, margaridas e jacintos, mais um sem-número de velas e cruzes artesanais, a Gruta das Revelações, a pequena caverna que Francisco ajeitou ligeiramente para dormir antes de retomar suas súplicas de perdão ao Senhor.

E decerto Deus ouviu suas preces, o que é uma bênção para todos os devotos que ele acumularia ao longo dos séculos. É bem provável que Francisco jamais tivesse voltado daquelas alturas caso não tivesse encontrado alívio para suas aflições. Mas encontrou. "Pouco a pouco, indizível alegria e imensa doçura foram se instalando no fundo de seu coração", escreve Celano. "Francisco começou a olhar do alto para si mesmo, e, à medida que se dissipavam os remorsos, dissipava-se também a escuridão resultante do medo do pecado, dando lugar à certeza de que o estado de graça havia finalmente retornado."[10]

O Francisco que por fim voltou à companhia do consternado séquito à sua espera no eremitério "parecia outro homem", observa Celano. E de fato era. Em algum momento de suas reflexões ele havia aceitado a conversão de rebelde a penitente para se transformar no humilde peregrino cuja lenda atravessaria séculos.

Portanto não é de admirar que, antes de nós, tantas pessoas tenham escalado a trilha íngreme até a Gruta das Revelações, ainda que não vejamos vivalma ao nosso redor. As cruzes artesanais e a miríade de flores evidenciam a fé dos peregrinos no poder do perdão e da renovação pessoal, tão bem exemplificado pelo "penitente" de Assis. Testemunho semelhante pode ser encontrado no livro de assinaturas da igreja, o primeiro que vemos em nossas andanças. A maioria das mensagens está em italiano, algumas em alemão e francês, e umas poucas em inglês. "Viemos de muito longe para pedir paz, amor e compreensão entre os homens", escreveu um texano no conturbado outono de 2002.

Voltando ao convento de Poggio Bustone, encontramos mais ilustrações da lenda franciscana no interior da igreja de nave única, agora deserta. Numa das paredes, uma pintura retrata Francisco ajoelhado diante de um anjo no promontório de rocha, enquanto os seis companheiros esperam por ele no eremitério. Outra pintura retrata o célebre encontro de Francisco, já mais velho, com o povo de Poggio Bustone.

Magro e derreado, ele pousa a mão sobre o peito numa postura de contrição. A imagem condiz perfeitamente com o sermão que o alquebrado Francisco proferiu durante uma visita posterior a Poggio Bustone, quando publicamente admitiu ter comido banha de porco durante o período de jejum. Seu "pecado" podia facilmente ser explicado pelo zelo excessivo de um frade cozinheiro, que havia preparado os legumes com um pouco de gordura a fim de convencê-lo a comer. Todavia, Francisco optou por usar o episódio para divulgar a própria hipocrisia e mostrar-se indigno de qualquer espécie de louvor. "Do mesmo modo, muitas vezes ele censurava o prazer que encontrava no que lhe havia sido dado em razão da enfermidade", escreve Celano.[11] Essa autodesvalorização era uma das características mais constantes e comoventes de Francisco. Diante do povo de Poggio Bustone, dizia que era um ser humano como qualquer outro, vulnerável a tropeços no caminho da salvação.

Fazemos um breve passeio pelo claustro do antigo convento situado atrás da igreja; as colunas do século XIII estão intactas, e uma das paredes da igreja original ainda está de pé. Diversas cenas da vida de Francisco são retratadas nas vidraças semicirculares que pontilham todo o corredor do claustro, incluindo a indefectível cena dos estigmas. Mas o que queremos mesmo encontrar é o eremitério original, ou Santuário de Baixo, situado na extremidade de uma trilha não muito longa.

Embora já tenha visto inúmeros eremitérios, nunca deixo de me surpreender com a absoluta falta de conforto desses esconderijos onde Francisco costumava se recolher para meditar e orar. E aquele ali não é exceção. Preexistente a Francisco e cedido a ele e a seus frades pelos beneditinos residentes, o eremitério de Poggio Bustone, atualmente restaurado, não passa de um amontoado de pedras: pedras duras e grandes cercadas pela rocha de uma colina. Não é à toa que Francisco dormia apenas duas ou três horas por noite. O único luxo consiste em duas pequenas janelas, mais tarde aparelhadas com vitrais: um deles mostra Francisco curando um menino de Poggio Bustone, "tão inchado que mal podia ver as próprias pernas"; o outro, um leproso que se curou quatrocentos anos após a morte de Francisco depois de se banhar num poço batizado com o nome do santo, mais acima na montanha.

Francisco voltou do vale de Rieti para Assis, assim como nós, passando pelo esplendoroso lago Piediluco. Ao contrário dele, contudo, hospedamo-nos no confortabilíssimo Hotel del Lago, cuja vista — o lago encravado nas montanhas e abraçado por ciprestes, pinheiros e olmos, de folhagens tingidas pelo outono — é hipnótica. Admirando a bruma matinal que se desprende das águas prateadas do lago, facilmente compreendemos por que Francisco acreditava que tudo, inclusive as paisagens, era presente de Deus. "Rejubilava-se com todas as obras executadas pelas mãos do Senhor, e via em todas as coisas belas o responsável por sua existência", escreve Celano. "Nas coisas belas, via a própria Beleza; para ele, todas as coisas eram boas."[12]

Além disso, Francisco voltou do vale de Rieti com um prêmio a tiracolo: Angelo Tancredi, o primeiro cavaleiro a fazer parte de seu grupo de seguidores. "Usaste o cinto, a espada e as esporas do mundo por tempo suficiente", disse ele a Tancredi de Rieti.[13] "Vem comigo e te armarei cavaleiro do Senhor." A união se revelaria duradoura. "Irmão" Angelo permaneceria ao lado de Francisco pelo resto da vida e, com a ajuda de Leão e Rufino, escreveria *A lenda dos três companheiros* depois da morte de Francisco; além disso, seria enterrado próximo ao mestre na cripta da basílica de Assis.

Prova do extraordinário carisma de Francisco deu-se pouco depois do retorno a Assis, quando mais quatro homens abandonaram suas casas, doaram aos pobres todas as suas posses e se juntaram aos "companheiros" da Porciúncula. Muitos afirmam que o crescimento desse movimento exclusivamente masculino deveu-se sobretudo à alegria e à camaradagem publicamente demonstradas pelos primeiros irmãos. Celano descreve em detalhe o "amor espiritual" entre os membros dessa "sociedade religiosa": "abraços castos, generosidade mútua, beijos puros, conversas agradáveis, risos moderados, olhares de alegria, espírito submisso, língua a serviço da paz, respostas gentis, unidade de propósito, obediência sumária, constante disposição para o trabalho — tudo isso podia ser encontrado neles".[14]

Francisco exigia que seus seguidores fizessem três votos — de obediência, pobreza e castidade —, os quais até hoje são representados pelos três nós que os franciscanos atam na corda que usam como cinto. Eles construíam suas próprias choças de barro e sapê, cultivavam tanto quanto possível sua própria comida e mendigavam o resto. Bater de porta em porta na cidade e pedir comida era particularmente constrangedor para os novos adeptos, que muitas vezes já haviam desempenhado o papel oposto, o de doadores. Não é de espantar que freqüentemente fossem recebidos com escárnio ou descrença por seus vizinhos, cujo raciocínio era mais ou menos o seguinte: ora, se esses malucos não tivessem doado seus pertences aos pobres, agora não estariam pedindo esmolas por aí.

Mas os onze ou doze irmãos permaneceram firmes, e aparentemente felizes, no caminho da pobreza voluntária. Uma vez que não possuíam ou desejavam nada, não tinham nada a perder. "Portanto, sentiam-se seguros em qualquer circunstância, não temiam pelas posses que não tinham, não se deixavam distrair pelas preocupações e esperavam pelo dia seguinte sem ansiedade", escreve Celano.[15]

Mas com o crescimento do séquito de Francisco viria o perigo. Apesar de todo o trabalho benemérito que realizavam, os irmãos ainda eram em grande parte evangelistas leigos que, sem permissão, saíam pelo interior do país a pregar a palavra do Senhor. Não tardaria o dia em que chamariam a atenção da hierarquia eclesiástica em Roma e correriam o risco de serem tachados de heréticos. A Igreja já estava em guerra com diversas seitas dissidentes. O papa já havia tentado, em vão, negociar com os extremistas cátaros que obedeciam às próprias regras, ministrando sacramentos e pregando contra o sexo e a alimentação. Em 1208, no mesmo ano em que Francisco fora para Poggio Bustone, um cátaro mais fanático havia assassinado o emissário enviado pelo sumo pontífice.[16]

O modo de vida que Francisco impunha a si mesmo e aos companheiros era considerado extremo também pelo clero de Assis. O bispo Guido já lhe havia pedido que diminuísse, ao menos em certa medida, a dedicação à pobreza, mas não foi atendido. Afinal, Francisco seguia o mesmo caminho que Jesus havia imposto a seus discípulos. Não tinha a menor intenção de adotar a regra das outras ordens já estabelecidas: os beneditinos, por exemplo, eram proprietários de vastas terras e viviam em grande parte na clausura; os agostinianos, por sua vez, dedicavam-se sobretudo à atividade apostólica nas igrejas e nas universidades.

Francisco estava convencido de que ele e seus seguidores deviam permanecer na condição de peregrinos do Senhor, levando sua mensagem de paz e contrição às pessoas comuns dos pequenos vilarejos e dos campos mais remotos. Mas também desejava o reconhecimento da Igreja. Assim sendo, numa manhã da primavera de 1209, reuniu os companheiros e, ousado, anunciou que eles estavam de partida: seguiriam imediatamente para Roma a fim de encontrar o Senhor Papa.

10 O papa tem um sonho

ROMA, *onde o papa inicialmente confunde Francisco com um guardador de porcos, mas depois se lembra de um pesadelo*

Francisco e seus irmãos andrajosos chegaram, sem qualquer aviso prévio, ao esplêndido Palácio Laterano, na praça de São João de Latrão, um distrito de Roma. O antigo e imponente palácio, com seu salão de onze absides, era a residência oficial do papa desde oitocentos anos antes da chegada de Francisco. Doado ao papa Milcíades em 311 pelo primeiro imperador cristão, Constantino, situava-se ao lado da primeira catedral da cristandade, a igualmente esplêndida Basílica de São João, que Constantino havia construído no lugar de um quartel de cavalaria.

Francisco em nenhum momento se deixou intimidar pela opulência do palácio, que mais tarde o poeta Dante descreveria como obra inimaginável para os padrões humanos. Afinal, Francisco havia se dirigido a Roma para oferecer-se ao papa como humilde arauto dos ensinamentos papais. O problema era como chegar ao sumo pontífice.

E como ele o fez resulta em mais um capítulo fascinante da história franciscana. Tal como relata a biografia escrita por Omer Englebert, *St. Francis of Assisi*, Francisco e seus companheiros maltrapilhos andavam pelos corredores do Palácio Laterano certo dia quando se defrontaram com o papa da época, Inocêncio III. Aproveitando a oportunidade, Francisco solicitou ao papa que sancionasse suas pregações, mas foi sumariamente repelido por Inocêncio, que achou que os descabelados e malcheirosos forasteiros fossem um bando de porqueiros.

"Vai, procura teus porcos", teria dito o papa a Francisco, "e prega a eles o que bem quiseres."[1] Com a docilidade de sempre, Francisco procurou a pocilga mais próxima, pregou a seus ocupantes e apresentou-se novamente ao papa. Nessa versão da lenda, Inocêncio havia ficado tão constrangido pelo tratamento dispensado a Francisco que dessa vez prometeu-lhe uma audiência, desde que ele se lavasse devidamente.

No entanto, muito mais plausível é a história segundo a qual Francisco chegou ao papa recomendado por alguém importante. O bispo de Assis, Guido, casualmente se encontrava em Roma na mesma época e, claro, ficou espantado de ver o conterrâneo ali. Ao saber que Francisco visava obter a sanção papal para a Regra que havia concebido para seus seguidores, o bispo Guido, encantado, apresentou-o ao cardeal João de São Paulo, o bispo de Santa Sabina em Roma, confessor do papa e um dos auxiliares pontifícios mais respeitados. O cardeal, por sua vez, interpelou Francisco duramente sobre as suas intenções e, como tantos antes dele, e tantos depois, sugeriu que Francisco adotasse uma das regras já existentes ou que amenizasse a que contava apresentar ao papa. "Receando a censura do padre a tão nobre proposta, [o cardeal] recomendou caminhos mais brandos", escreve Celano.[2] Mas Francisco fincou pé.

Não tencionava abrir mão da Regra que Jesus havia imposto a seus discípulos e que ele, Francisco, havia reproduzido para seus primeiros seguidores um ano antes em Assis: "Se queres ser perfeito, vai, vende o que possuis, dá-o aos pobres e terás um tesouro nos céus"; "Não leves nada em tua jornada"; e "Se alguém quiser me seguir, que renuncie a si mesmo".

A Regra que Francisco escrevera para apresentar ao papa por certo baseava-se nessas diretrizes bíblicas de extrema pobreza e humildade, muito embora o texto original jamais tenha sido encontrado. Os estudiosos da história franciscana são quase unânimes em afirmar que a Regra de Francisco também incluía uma declaração formal de fidelidade ao papa e à Igreja de Roma, bem como diretrizes específicas para os adeptos: o traje único de um hábito com capuz e cinto de corda; a prática da caridade, obediência e castidade; harmonia, orações, pregação e trabalho não-remunerado. "Júbilo supremo encontrarão quando estiverem misturados às vítimas da lepra, da miséria e demais dissabores", sugere Englebert como mais um item da Regra franciscana.[3]

A despeito de suas reservas quanto à Regra, o cardeal naturalmente ficou encantado com Francisco e logo providenciou uma audiência do grupo de Assis com o papa Inocêncio no Palácio Laterano. A cena só pode ter sido extraordinária: Francisco e seus seguidores, descalços e metidos em trapos, prostrando-se diante do papa e de seu conselho de cardeais, cobertos de cetim, jóias e ouro dos pés à mitra. O contraste serviria de inspiração a sucessivas gerações de artistas, inclusive Giotto, que imortalizaria a cena nos afrescos da basílica de Assis.

Dessa vez foi Inocêncio quem interpelou Francisco; assim como o cardeal João, deixou-se comover pela devoção e pela candura do pregador de Assis. Mas era o rigor da Regra que o incomodava. Ele e muitos de seus paramentados cardeais puseram em dúvida se era humanamente possível viver segundo uma interpretação literal do Evangelho. Ademais, como era possível uma ordem religiosa sustentar-se sem propriedades ou fonte de renda? E quanta humilhação para um padre mendigar por esmolas! Aos poucos, a desaprovação se multiplicou entre os cardeais poderosos.

"Meus jovens, essa vida que escolhestes nos parece excepcionalmente dura e severa", disse o papa à comitiva de Assis.[4] Segundo *A lenda dos três companheiros*, embora louvasse o "grande zelo" dos postulantes, ele advertiu: "É preciso levar em conta aqueles que se afastarão de vós justamente em razão desse modo de vida demasiado severo."

Mas foi então que o papa se lembrou de um sonho desconcertante que tivera poucos dias antes da chegada de Francisco a Roma. A Basílica de São João tombava perigosamente e teria ruído não fosse o esforço de um homenzinho maltrapilho que a sustentava com os ombros. "Ao despertar, assustado e trêmulo, o papa, homem de discernimento e sabedoria, perguntou-se qual seria o significado daquela visão", conta *A lenda dos três companheiros*.[5] E a resposta, também imortalizada por Giotto na basílica de Assis, apareceu-lhe repentinamente na forma de um forasteiro não menos franzino, maltrapilho e zeloso.

Assim, contrariando todas as expectativas, Francisco conseguiu o que queria: a bênção papal e a permissão para pregar a penitência. Não lhe ocorreu, contudo, que as reservas do papa quanto à severidade da Regra eram proféticas e acabariam por provocar ruptura em sua ordem. Tampouco se deu conta de que, naquele momento, ao tornar-se um braço legítimo da Igreja, ele simultaneamente plantava as sementes de destruição do próprio sonho.

Em estado de graça, Francisco ajoelhou-se diante de Inocêncio, jurando-lhe eterna obediência e respeito; os companheiros, por sua vez, fizeram o mesmo diante de Francisco. Os membros da recém-criada Ordem dos Frades Menores, nome escolhido pelo próprio Francisco, permaneceriam em Roma por mais uns dias: raspariam os cabelos à maneira dos clérigos e fariam suas preces nas diversas igrejas da cidade, entre elas a Basílica de São Pedro, onde quatro anos antes Francisco havia doado as próprias roupas a um mendigo, e a primeira catedral de Roma, a Basílica de São João de Latrão.

Estamos na praça defronte da São João, admirando as colossais esculturas de mármore que retratam Jesus, seus apóstolos e diversos santos e adornam o beiral da fachada setecentista. Constantino originalmente havia consagrado a catedral a Jesus Salvador, e as imagens descomunais decerto foram postas ali para afrontar diretamente os deuses pagãos daquela Roma do século IV.

Ao entrarmos na igreja mais antiga da cidade, hoje uma das quatro principais de Roma, logo somos lembrados de seu significado histórico. A inscrição sobre uma coluna informa: *"Mater et caput omnium ecclesiarum urbis et orbis"* ("Mãe e cabeça de todas as igrejas da cidade e do mundo"). De igual importância são as relíquias que ali estão abrigadas: as cabeças de São Pedro e São Paulo, bem como o altar de madeira de onde supostamente São Pedro celebrava a missa.

A catedral sofreu dramáticas reformas desde que Francisco e seus frades estiveram ali, em 1209. Os sucessivos papas se viram obrigados a deixar suas respectivas marcas arquitetônicas no lugar, sobrepondo gigantescas pilastras às antigas colunas de pedra e, com isso, destruindo alguns dos afrescos de Giotto. O complexo da catedral — que incluía o velho Palácio Laterano, também saqueado de quando em quando — foi quase inteiramente destruído por um terremoto no século IX e substancialmente danificado por dois incêndios, separados por um intervalo de cinqüenta anos, no século XIV.

O destino dessa primeira residência papal foi selado no início do século XIV, quando, devido ao clima de tensão em Roma, o papa Clemente V, francês, viu-se obrigado a transferir-se para seu país de origem. A sede da Igreja Católica estabeleceu-se em Avignon, e foi ali que, ao longo dos sessenta e oito anos seguintes, nove papas exerceram seu poder político e eclesiástico. Quando, por fim, o papado voltou a Roma em 1378, o Palácio Laterano e a Basílica de São João encontravam-se em ruínas. Decidiu-se então que a residência papal seria transferida para o atual e mais protegido complexo do Vaticano, do outro lado da cidade, o que acabou por transformar a Basílica de São Pedro, à época um mero destino de peregrinação, no foco principal da presença católica em Roma.

Ainda restam alguns poucos vestígios da Basílica de São João em que Francisco e seus frades entraram para rezar. Ainda podem ser vistos os mosaicos do século IV que milagrosamente sobreviveram às reformas realizadas no século XIX e foram reinstalados na nova abside, bem maior que a original. Sempre sou tomada de certo *frisson* quando deito os olhos em algo que Francisco também viu com os seus, e a emoção é a mesma quando inclino a cabeça para admirar os mosaicos de Jesus e dos nove anjos.

O *frisson* se repete no magnífico claustro medieval, outrora um mosteiro beneditino, que integra o complexo da São João. Francisco certamente buscou refúgio do alvoroço metropolitano na serenidade desse espaço e admirou, assim como eu, as graciosas colunas torneadas de mármore marchetado, e os mosaicos do século XIII. Na verdade, o nome São João deve-se aos beneditinos, que haviam consagrado seu mosteiro a São João Batista e a São João Evangelista; eram eles os responsáveis pelos serviços ministrados na catedral, cujo nome oficial é o longuíssimo Arquibasílica Patriarcal do Santíssimo Salvador em Latrão.

Não há nenhum vestígio do encontro de Francisco com o papa no Palácio Laterano, do outro lado da praça. O palácio original foi destruído nos incêndios do século XIV e reconstruído de maneira bem mais singela no século XVII. Hoje, o prédio de três pavimentos abriga uma parte do acervo do museu do Vaticano, no térreo, e gabinetes reservados ao cardeal vigário-geral de Roma, nos andares superiores.

Mas outros tesouros habitam as cercanias da praça de São João; são anteriores a Francisco e decerto estavam lá quando lá ele esteve. Um desses tesouros é o antigo batistério, também construído por Constantino, junto da catedral. Não é possível que Francisco não tenha visitado esse batistério e admirado os mosaicos dos séculos V e VII nos oratórios ou a pia batismal de basalto verde em que talvez até o próprio Constantino tenha sido batizado!

Também sinto a presença de Francisco na Sancta Sanctorum, a capela medieval de uso exclusivo dos papas, salvada dos incêndios do século XIV que consumiram o Palácio Laterano. Inexplicavelmente transferida no século XVI para o que é hoje uma barulhenta ilhota no meio do trânsito, não muito distante da praça, a capela é alcançada por uma escada de vinte e oito degraus de mármore, conhecida como a Scala Santa. Reza a lenda que esses são os degraus "sagrados" que Jesus subiu para chegar à casa de Pôncio Pilatos em Jerusalém, trazidos da Terra Santa pela mãe cristã de Constantino, Santa Helena. Os peregrinos modernos escalam esses degraus de joelhos, da mesma forma que, imagino, Francisco o fez.

*

O PAPA TEM UM SONHO

Não sabemos ao certo onde Francisco e seus companheiros se hospeda-
ram durante sua triunfal visita a Roma. Em visitas posteriores, Francisco
muitas vezes se alojou numa hospedaria anexa a um mosteiro beneditino
em Trastevere, atualmente espécie de região boêmia da capital italiana. A
cela que ele ocupava ainda pode ser vista na igreja vermelha do convento,
cedida aos franciscanos depois da morte de Francisco e renomeada San
Francesco a Ripa. É para lá que vamos depois de São João de Latrão.

Nossa visita à San Francesco a Ripa, situada na pequena praça de São
Francisco de Assis, é um tanto tensa. Por sorte estamos de bom humor —
depois de um delicioso almoço na companhia de amigos em um restaurante ao ar livre chamado Sabatini —, pois o zelador aparentemente está de
péssimo humor. Agitado, distribui cadeiras adicionais para alguma espécie
de cerimônia e não demonstra muito interesse em abrir a porta à esquerda
do altar, que nos conduzirá à cela de Francisco.

Resmungando, ele finalmente aquiesce e nos conduz por um lanço de
escada a mais uma porta trancada, do outro lado da qual está o cubículo
tisnado onde Francisco se alojava, atualmente conhecido como *la stanza di
San Francesco*. Uma vez lá dentro, o zelador espera impacientemente enquanto admiramos a réplica de um retrato de Francisco, pintado no século
XIV, e um altar elaboradamente talhado e pintado, coberto por um forro
de seda supostamente confeccionado por Clara. Antes um crucifixo de ouro
adornava o altar, mas agora ele está em Assis. Mas a pedra que Francisco
usava como travesseiro ainda está ali. *"Sasso dove pasava ii capo il serafico
padre San Francesco"*, diz uma placa. "A pedra onde repousava a cabeça o
seráfico padre São Francisco."

Diz-se que o altar abriga relíquias de diversos santos, mas não o coração
de São Carlos de Sezze, trespassado por um raio de luz durante as orações.
O coração, anteriormente alojado no andar de cima, foi roubado anos atrás.
Mais recentemente, oferendas deixadas por visitantes também foram rou-
badas, o que explica a sucessão de portas trancadas e a presença obrigatória
do agitado zelador de jaleco branco. "Depressa! Depressa!", diz ele a todo
instante. "Vamos logo com isso." Acabamos sucumbindo à ansiedade dele

e deixamos tanto a cela de Francisco quanto a igreja do mosteiro, depois de admirarmos a orgástica escultura de Bernini da Abençoada Ludovica Albertoni, integrante da Ordem Terceira de São Francisco, situada numa das capelas da igreja e originária do século XVII.

O outro lugar em que Francisco costumava se hospedar em Roma, o *palazzo* da senhora Jacopa de Settesoli, está em ruínas. Mas o papel desempenhado por Jacopa na lenda franciscana é tão importante que por certo merece lugar aqui, com ou sem *palazzo*. Acredita-se que Francisco tenha conhecido o "pio" devoto, uma viúva de vinte e dois anos de idade, durante a assembléia do Quarto Concílio de Latrão, promovida por Inocêncio III em 1215. O papa, naturalmente, precisava alojar as centenas de fiéis idos para a cerimônia na Basílica de São João, e a senhora Jacopa recebeu Francisco em casa como hóspede. A amizade entre os dois duraria até o fim da vida dele.

Francisco freqüentemente se hospedava no *palazzo* quando em Roma e até mesmo dava uma trégua na austera dieta de comida misturada a cinzas ou água para se deliciar com uma das especialidades de Jacopa, os *mostacciuoli*, amêndoas maceradas com açúcar num pilão. Em retribuição, numa de suas visitas ele presenteou a anfitriã com um cordeiro, que acabou se tornando o "inseparável companheiro" de Jacopa. Segundo São Boaventura, o animalzinho acompanhava Jacopa à igreja e era ele mesmo tão devoto que, quando via Jacopa dormir até mais tarde, "sacudia a dona e babia para acordá-la; em seguida, com gestos e meneios da cabeça, apressava-a para a igreja".[6]

Decerto a vida parecia a Francisco tão doce quanto as amêndoas de Jacopa quando ele e os companheiros voltaram a Assis munidos da bênção papal. Haviam se tornado oficialmente homens de Deus, sem nenhuma barreira para os trabalhos de pregação. Agora todas as almas do mundo se lhes apresentavam para serem salvas. Sem pressa, eles seguiram para o norte pela Via Flaminia, que, na maior parte de sua extensão, segue paralelamente a uma das principais rodovias modernas da Itália, a Via A1, passando pelas cidades serranas de Orte e Narni.

Exultante, Francisco pregava a qualquer um ou a qualquer coisa que encontrasse pelo caminho. Acreditando que os elementos da natureza eram criações de Deus, exortava flores, milharais e vinhedos a louvar e a servir o Senhor. Fazia o mesmo com as pedras, as nascentes e "as coisas verdes dos jardins".[7] Francisco pregava à terra, ao fogo e ao vento. E, numa das passagens mais conhecidas de sua vida, parou certo dia para pregar aos pássaros.

11 Busca desesperada por Francisco e os pássaros

PIAN D'ARCA, *o esquivo santuário à beira da estrada onde Francisco pregou aos pássaros.* ORTE *e* NARNI, *onde ele faz escala a caminho de Assis.* CASCATA DE MÁRMORE, *onde gostaríamos de ter ido.* ASSIS, *onde as pregações de Francisco arrebatam Clara*

O pequeno santuário de pedra em Pian d'Arca fica à beira de uma estrada nas cercanias de Cantalupo, a norte de Bevagna, em frente a um posto de gasolina, do outro lado da estrada. Passamos por ele três vezes. Todos a quem pedimos informações — o vendedor que na estrada, próximo a Bevagna, assava um porco inteiro num espeto para o almoço; a mulher que passeava com o cachorro pela estrada de Cantalupo — nos mandam voltar pelo mesmo caminho. O problema é que, depois de termos visto tantos monumentos majestosos associados a Francisco, ficamos à procura de uma enorme construção medieval. Mas o santuário de Pian d'Arca não é nada disso.

O célebre lugar em que Francisco pregou aos pássaros revela-se um santuário ermo, singelo e cercado de árvores, situado não muito longe da estrada, junto de uma plantação. Não há estacionamento, placa, nada. Só quando pulamos a cerquinha de ferro que abraça o lugar e nos deparamos com um retrato de Francisco — pintado com um halo sobre a cabeça, com um pássaro num dos ombros, outro na mão e um terceiro voando na direção dele — é que nos damos conta de que chegamos ao cenário de uma das histórias franciscanas mais conhecidas e cultuadas.

Francisco estava na estrada de Bevagna quando avistou um "bando enorme de pássaros",[1] incluindo pombos, corvos e agácias, pássaros comuns que se assemelhavam a ele próprio na humildade. Correndo na direção deles, espantou-se ao constatar que os pássaros não fugiram em revoada, nem mesmo quando ele se pôs a caminhar entre eles. "Tomado de grande alegria", pediu-lhes que ouvissem a palavra de Deus.

Segundo Celano, Francisco exortou os "irmãos pássaros" a louvar e amar o Senhor. "Ele vos deu plumas para vestir, asas para voar, tudo de que precisais", disse ele ao bando atento. "Deus vos fez nobres entre todas as criaturas e vos deu o ar puro como lar."[2] Os pássaros responderam esticando o pescoço, abrindo as asas e recebendo de bom grado os afagos do pregador; por fim, Francisco abençoou-os e lhes deu permissão para partir.

Essa simpática história é uma das mais reproduzidas pelos artistas, incluindo Giotto, que a retratou na basílica de Assis, e o florentino quatrocentista Benozzo Gozzoli, cuja obra está exposta na igreja-museu de San Francesco, na vizinha Montefalco. Além disso, o sermão aos pássaros mostrou existir uma nova audiência ao próprio Francisco, arrependido por ter, até então, negligenciado os animais. Dali em diante, escreve Celano, "ele dedicadamente exortaria todos os pássaros, todos os animais, todos os répteis e também todas as criaturas inanimadas a louvar e a amar o Criador".[3]

Ao que parece, muitas pessoas também vieram à procura deste humilde santuário de beira de estrada, atraídas pela história dos pássaros. Flores em latinhas e toda espécie de velas votivas parcialmente cobrem a inscrição na base do santuário, que diz: *Questo luogo Santo Francesco insegnò le laudi di dio creatore*. Bolotas de carvalho esparramam-se pelo chão, uma das quais até hoje carrego no bolso do casaco para lembrar-me da imagem de Francisco pregando aos pássaros.

*

BUSCA DESESPERADA POR FRANCISCO E OS PÁSSAROS

Antes de chegarmos ao santuário de Pian d'Arca, passamos por Orte e Narni, as duas cidadezinhas serranas em que, segundo os biógrafos medievais, Francisco fez escala durante seu retorno de Roma a Assis. Celano afirma que ele passou quinze dias num lugar "próximo à cidade de Orte",[4] enquanto outro biógrafo, Juliano de Spira, sugere quarenta dias.[5] Seja como for, o consenso é que Francisco usou seu tempo não só para pregar em Orte mas também para ministrar a seus frades, agora oficialmente reconhecidos pela Igreja, um pequeno curso de reforço sobre a humildade e a abstinência.

Dizem os biógrafos que ele mandou cada um dos frades a Orte, cidadezinha perigosamente localizada num penhasco de rocha vulcânica, com a missão de bater de porta em porta e mendigar por comida. À lição de humildade seguiu-se uma lição de privação coletiva: Francisco instruiu os frades no sentido de que dividissem entre si, "com gratidão e júbilo",[6] o pouco que tivessem conseguido. Quando eventualmente sobrava um pedaço de pão, escreve Celano, eles o escondiam numa "cova deserta e abandonada, de modo que pudessem comê-lo de outra feita".

Ao contrário dos franciscanos, optamos por não esconder nossos sanduíches de *prosciutto* e agrião em lugar nenhum e comê-los num pequeno parque público na parte alta da cidadezinha de pedra. Um garotinho anda para lá e para cá em sua bicicleta com rodinhas auxiliares, o que me traz à lembrança um dos milagres operados por Francisco em Orte. Um pobre menino local era de tal modo deformado que praticamente podia tocar os joelhos com a cabeça, até que, abençoado por Francisco, ele se endireitou. A bênção de Francisco também curou o portador de um tumor "do tamanho de um pão".[7] Sentada ali naquele banco, embalada pelo sol de outono e pela vista bucólica dos campos que cercam Orte, chego a achar que tudo isso é possível.

Francisco continuou sua caminhada de volta para casa passando por Narni, a última cidadezinha medieval para quem atravessa a Úmbria na direção sul, a vinte e quatro quilômetros de Orte. O guia de viagem descreve Narni como "intimista e inconspurcada pelo progresso, de um medievalismo cenográfico". Para chegarmos ao centro desse palco, pegamos a Via Garibaldi, trecho original da antiga Via Flaminia, que decerto trouxe Francisco a Narni; atravessamos a Piazza Garibaldi, em cuja cisterna medieval, hoje sob a fonte, Francisco decerto bebeu; passamos pela catedral, cuja fachada dos séculos XI e XII Francisco definitivamente viu; por fim, atravessamos um arco romano e chegamos à Piazza dei Priori, o pequeno e tranqüilo centro cívico de Narni, cercado inteiramente por velhos *palazzi*. Eu poderia passar semanas inteiras no café a céu aberto defronte ao púlpito externo, elaboradamente talhado em pedra, do qual São Bernardino de Sena, frade franciscano do século XV, proferiu acalorado sermão contra os males da usura.

Enquanto converso com as pessoas no café, inclusive com um médico aposentado de Foligno que nos adverte para não confiar em ninguém de Perugia, sou capaz de visualizar Francisco chegando à praça medieval para pregar. As pessoas se juntam em torno do estranho homenzinho que inicialmente lhes deseja paz para logo em seguida lhes salvar a alma. Francisco é um trovador e diverte a multidão com canções em francês, muitas vezes acompanhando a si mesmo com uma flauta imaginária; é um ator e rodopia para lá e para cá, gesticulando os braços efusivamente enquanto promete redenção aos ouvintes; é um homem de Deus, mas, à diferença dos padres empolados que pregam em latim, dirige-se ao povo na sua própria língua. E parece sincero. Ao contrário dos padres corruptos que condenam o pecado ao mesmo tempo que geram filhos e se fartam de comida enquanto outros morrem de fome, Francisco pratica a mesma pobreza que prega — basta ver que um saco de ossos é que se esconde sob a túnica rota — e claramente está apaixonado — por Jesus.

Não é de espantar que as pessoas lhe atribuíssem tantos poderes sobrenaturais. Celano menciona pelo menos dois milagres operados por Francisco em Narni: a cura de um paralítico que podia apenas "mover a língua e piscar os olhos"[8] e a devolução da visão a uma cega. Outros nativos de Narni também seriam milagrosamente curados depois da morte de Francisco: um órfão aleijado, que recobrou a saúde depois de rezar no túmulo de Francisco; um menino doente, curado depois que a mãe prometeu que o filho seguiria os ensinamentos de Francisco; um homem paralítico durante seis anos, que voltou a sentir as mãos, as pernas e os pés depois que sonhou com Francisco.

A verdade, contudo, é que Francisco não gostava de realizar milagres. Aborrecia-se com a glória que lhe era imputada, uma vez que os poderes extraordinários vinham de Deus, que o usava apenas como instrumento. Exemplo disso deu-se durante outra visita de pregação à diocese de Narni, quando Francisco e três de seus seguidores foram hospedados por um homem de "excelente reputação", cuja mulher, acreditava-se, estava possuída por demônios. Mais do que natural, o anfitrião pediu a Francisco que exorcizasse os tais demônios, mas não foi atendido. "O bem-aventurado Francisco preferiu, na sua simplicidade, ser desprezado a cobrir-se de glória mundana em razão de uma exibição de santidade", explica Celano.[9]

O horror de Francisco à "vanglória" é tema recorrente em todos os relatos medievais. Nesse caso de Narni, contudo, ele acabou cedendo à pressão dos amigos de seu anfitrião. Para que o diabo não pudesse se esconder, distribuiu os demais frades pelos cantos do quarto da possessa e, depois de rezar, ordenou ao diabo que deixasse o corpo da mulher, que "se contorcia e gritava terrivelmente".[10] O resultado revelou-se bom demais para ser verdade. Francisco ficou tão perplexo com a "rapidez e o furor" com que o diabo abandonou o corpo da vítima que chegou a pensar que havia sido ludibriado por ele. Sobrepujar o poderoso demônio não poderia ter sido assim tão fácil. E, envergonhado, Francisco deixou a cidade.

Tão convencido estava de que havia fracassado em seu propósito que, numa visita posterior, recusou-se a falar com a tal mulher, que, por sua vez, passou a persegui-lo nas ruas, beijando as pegadas dele em sinal de agradecimento. Por fim, com a intervenção dos outros frades e de amigos da exorcizada, ele se convenceu de que havia realmente realizado o milagre, e só então consentiu em falar com a mulher.

Francisco ainda é muito cultuado em Narni, de tal modo que podemos atribuir à sorte o fato de termos conseguido reservar um quarto, via Internet, no Hotel dei Priori, próximo à praça de mesmo nome. Uma leva de historiadores franciscanos está prestes a chegar à cidade para uma convenção, depois de ter presenciado as cerimônias de beatificação de Madre Teresa em Roma; a eles se destinam quase todos os quartos disponíveis em Narni, inclusive os do charmoso Hotel dei Priori.

Que eles tenham escolhido Narni para realizar sua convenção não chega exatamente a ser surpresa. Um dos mais importantes eremitérios fundados por Francisco, o de Sant'Urbano, fica bem próximo da cidade. Segundo os biógrafos, Francisco se hospedou no mosteiro beneditino de lá quando esteve em Narni pela primeira vez, em 1209, voltando de sua triunfal entrevista com o papa Inocêncio III. Logo depois fundaria ali um eremitério franciscano. Ele e seus frades pernoitariam em Sant'Urbano durante suas inúmeras viagens a Roma, e pelos trezentos anos seguintes sucessivas gerações de franciscanos marcariam presença no lugar.

Naturalmente estou ansiosa por visitar o mosteiro medieval, mas dessa vez quero saber exatamente o que verei. Em visita a outros eremitérios pude constatar que meu italiano simplesmente não era bom o bastante para que eu pudesse me comunicar com os entusiasmados freis que nos receberam. Assim sendo, com a devida antecedência, enviei um e-mail ao departamento de turismo de Narni para saber se havia algum frade que falasse inglês em Sant'Urbano e, caso não houvesse, se poderíamos contratar um intérprete.

Chegando ao minúsculo departamento de turismo, constatamos que a funcionária local, a única, havia ido muito além de suas obrigações. Sim, havia um frade que falava inglês em Sant'Urbano, ela me informa, e ele está à nossa espera. E para que nossa visita fosse ainda mais proveitosa, ela havia traduzido para o inglês um folheto inteiro sobre a presença de Francisco no mosteiro — e então resolvo ler o texto traduzido, comovida com sua generosidade e o enorme tempo consumido na tradução. Embora o inglês dela fosse infinitamente melhor que o meu italiano, frases absolutamente desconexas não esclareceram coisa alguma sobre as atividades de Francisco em Sant'Urbano. Nossas esperanças recaem então sobre o frade que falava inglês que nos esperava no eremitério. Em vão.

Chegando ao eremitério, situado em meio a uma floresta bem acima da bruma matinal, somos recebidos pelo ansioso padre Paulo. "Ah, Inglese,

BUSCA DESESPERADA POR FRANCISCO E OS PÁSSAROS   135

Inglese", ele diz à guisa de boas-vindas, e nos deixa momentaneamente para buscar o irmão John Lee, um frade natural de Seul que falava inglês. Ocorre que o coreano mal fala inglês. Acho que ele nos diz que é um dos cento e setenta frades franciscanos de um convento em Seul e hóspede dos três frades de Sant'Urbano, mas quem pode saber? O simpático homenzinho me entrega um guia do santuário em italiano, que nem eu nem ele somos capazes de ler. Atrapalhando-se com minhas perguntas, ele corre para buscar um guia do santuário em coreano, que ele esforçadamente tenta traduzir para o inglês. Assim, aos trancos e barrancos, mas de excelente humor, damos início ao nosso passeio guiado pelo convento de Sant'Urbano.

Trata-se de um lugar mágico e histórico, que serviu de refúgio espiritual para inúmeros santos desde o ano 1000. Andando entre os vasos de miniromã que enfeitam o pátio, passamos por uma cisterna antiga, com um balde enferrujado, e chegamos à minúscula capela de San Silvestro. Não é difícil imaginar Francisco e seus frades rezando ali, assistindo à missa na capelinha de pedra com espaço para não mais que umas vinte pessoas. Um pequeno batalhão de santos — incluindo João Evangelista, Silvestre, Girolamo, Catarina de Alexandria (imortalizada pelo mosteiro de Santa Catarina no deserto de Sinai) e, naturalmente, Francisco e Clara — perfila-se nos afrescos restaurados, originais do século XIV.

Viajando adiante no tempo, atravessamos o claustro dos franciscanos, também do século XIV, e chegamos ao refeitório dos frades residentes, de teto e mesas de tábuas. No pavimento de cima ficam as celas do convento, construídas por São Bernardino de Sena, e do outro lado do pátio, a "moderna" igreja quinhentista do santuário, com seu coro, ou *coretto*, de madeira talhada.

Mas fomos ali em busca de Francisco, e, com um enorme sorriso entre os lábios, o irmão John nos leva até a Cisterna dell'Acqua, local de um dos mais célebres milagres franciscanos. A cisterna fica no interior de um salão abobadado, cercada por uma mureta de pedras; numa das paredes desse mesmo salão, um velho capacete enferrujado dá testemunho do *Miracolo del Vino*, ou milagre do vinho. Numa de suas visitas a Sant'Urbano, Francisco, muito fraco e adoentado, pediu por um pouco de vinho, mas foi informado pelos frades de que não havia vinho nenhum. Então pediu por água, que os frades foram colher na cisterna, com o auxílio do tal capacete.

Francisco, que decerto adorou realizar esse milagre, fez o sinal-da-cruz sobre a água e, *presto*, ela se transformou em vinho, salvando-o das garras da morte. "Recuperou-se com impressionante facilidade tão logo bebericou, prova de que o vinho fora concedido pelo generoso Provedor, não para lhe satisfazer o paladar, mas para lhe devolver a saúde", escreve São Boaventura.[11] O poder de cura da água milagrosa, claro, sobreviveria a Francisco. Quatrocentos anos mais tarde, água dessa mesma cisterna seria distribuída entre as vítimas da peste de 1686, salvando muitas vidas.

À época do milagre do vinho, o adoentado Francisco alojava-se na pequena "enfermaria" que seus companheiros haviam construído às margens de uma trilha na floresta, bem acima do santuário. Pedimos para ir até lá, mas, balançando a cabeça, o irmão John aponta para a tela alaranjada que bloqueia o acesso dos visitantes à escada de amplos degraus de pedra construída sobre a trilha original. "Fechado", ele diz. A decepção estampada em meu rosto é tão grande que o frade coreano acaba cedendo e, passando por debaixo da tela, ele nos conduz montanha acima pelo caminho atualmente conhecido como Via Crucis; por fim chegamos a um terreno plano confinado por um íngreme paredão de rocha, um verdadeiro baú de tesouros franciscanos.

Logo à nossa frente está o Sacro Speco (Caverna Santa), uma fenda estreita no seio do paredão, que Francisco ajeitou para rezar. Acredita-se que ele se sentia mais próximo de Cristo em cavernas desse tipo, convencido de que elas eram resultado do terremoto que assolara Jerusalém depois da crucificação de Jesus. Não muito longe da fenda encontra-se a cela que os frades construíram para o doente Francisco, empilhando as lajes quadradas que facilmente podiam ser transportadas da encosta do terreno plano. No interior da cela, protegida por uma grade de ferro, encontra-se a cama toscamente talhada em que Francisco permaneceu confinado durante todo o período de doença.

BUSCA DESESPERADA POR FRANCISCO E OS PÁSSAROS

Próximo à cela-enfermaria está o Oratorio di San Francesco, uma minúscula capela de pedra construída pelos frades para que o acamado Francisco pudesse se juntar a eles nas orações. O portão da capelinha está trancado, mas de onde estamos podemos ver claramente o afresco que retrata um prostrado Francisco recebendo das mãos de um frade a água que milagrosamente se transformaria em vinho. Do lado de fora da capela encontra-se a Colonna dell'Angelo, uma coluna de pedras encimada por uma cruz, erguida no local onde certa noite, em meio a seu sofrimento, Francisco ouviu um anjo cantar.

Teria sido uma lástima se não tivéssemos tido a oportunidade de visitar esse verdadeiro museu de preciosidades franciscanas, mas há um bom motivo para a interdição do lugar aos peregrinos e turistas. A face da montanha está se deslocando, provocando deslizamento de pedras e árvores sobre o terreno plano, o que explica as diversas máquinas pesadas que se misturam à paisagem. No alto do paredão, trabalhadores tentam conter a encosta cortando as árvores cujas raízes fendem a rocha e ajustando a malha de cabos que supostamente deterá um possível desabamento.

Irmão John precisa nos deixar para ir às orações do meio-dia, e um dos trabalhadores gentilmente se oferece para nos mostrar a gigantesca castanheira conhecida como Castanheiro de São Francisco. Mais uma ilustração da lenda franciscana em Sant'Urbano, a árvore supostamente cresceu a partir do cajado que Francisco fincou no chão para celebrar sua recuperação. Que a castanheira tenha oitocentos anos talvez seja uma afronta aos mais céticos, mas... por que não? Ela é enorme e esbanja saúde. O chão ao seu redor cobre-se de castanhas grandes e lustrosas, as quais, fossem outras as circunstâncias, já teriam sido levadas como relíquias pelos peregrinos. Uma vez que somos os únicos visitantes no lugar, o gentil trabalhador enche nossos bolsos com os frutos milagrosos para que levemos de lembrança.

Voltando pela Via Crucis, fico imaginando os frades medievais subindo aquela trilha, como costumavam fazer, carregando tochas flamejantes e cantando hinos de louvor à Virgem Maria e a Francisco. Segundo uma lenda local, anjos foram vistos certa noite, em 1704, subindo aquele caminho para prestar homenagem a Francisco e a seu legado espiritual.

*

Os biógrafos medievais não sabem ao certo qual foi a parada seguinte durante a volta de Francisco a Assis, mas um dos biógrafos modernos sugere que ele e os companheiros fizeram uma pausa na espetacular Cascata de Mármore, no vale do rio Nera.[12] A apenas oito quilômetros de Terni, essa queda d'água de cento e cinqüenta metros foi criada pelos romanos em 271 a.C. como parte de um elaborado projeto de engenharia destinado à drenagem do vale de Rieti, constantemente sujeito a inundações. Vinte e três séculos e muitas alterações depois, a queda alimenta estações hidrelétricas na industrializada bacia de Terni — e pode ser facilmente estancada por um botão.

Francisco e seus companheiros jamais teriam sonhado que aquela cascata pudesse servir de fonte de energia; tampouco teriam olhado para ela como dádiva do Criador, uma vez que era obra do homem. Mas Francisco decerto teria admirado a beleza daquelas águas cristalinas e cintilantes que correm torrencialmente pelo travertino da encosta, bem como teria ficado contente com o abrigo oferecido pelas inúmeras cavernas da região. Contentes também ficamos nós, não por termos encontrado abrigo numa caverna, mas por termos chegado à cascata numa tarde de sábado, em outubro, quando a torrente estava aberta.

Seguimos por um antigo caminho no lado direito das águas, há muito designado como *sentiero natura*, quer dizer, trilha natural. Se Francisco de fato passou por ali, decerto usou essa mesma trilha, admirando as mais de duzentas espécies de plantas nativas e os bosques de bordo, faia e carvalho. Em meio a tanta beleza, posso muito bem compreender por que Francisco instruía seus frades para não cortarem uma árvore inteira, mas deixar pelo menos parte do tronco de modo que ela "pudesse ter esperanças de florescer novamente".[13] E diante dos jardins naturais de ciclâmen e lavanda, também posso compreender por que ele invariavelmente insistia em que seus frades, ao plantarem uma horta, sempre deixassem espaço livre para "as plantinhas de flores perfumadas".

Diz-se que ursos, lobos e gatos selvagens voltaram a viver nas imediações da cascata depois que a floresta foi transformada em parque nacional; portanto, sigo caminhando com olhos e ouvidos bem abertos. Mas a essa altura sinto de tal forma a proximidade de Francisco que sei exatamente o que fazer na hipótese de me defrontar com um lobo. Simplesmente vou dizer a ele para se sentar ao meu lado e ficar bem bonzinho. Tenho certeza de que ele vai me obedecer.

Levando-se em conta a afinidade de Francisco com todas as coisas vivas, não é de espantar que os pássaros tenham se juntado a seu redor para ouvi-lo pregar junto da estrada de Bevagna. Dali são apenas doze quilômetros até Assis, um nada para os andarilhos que voltavam de Roma. O que Francisco e seus companheiros não esperavam, mas que decerto receberam de bom grado, foi a acolhida dos conterrâneos, dessa vez bem diferente.

Munidos da sanção papal para a Regra franciscana e da permissão para pregar, Francisco e os outros frades passaram de alvo de zombaria a solicita-díssimos pregadores. O clero local cedeu-lhes a igreja de San Giorgio, onde Francisco recebera sua precária educação, mas o lugar revelou-se insuficien-te para acolher a pequena multidão que todos os domingos acorria para ouvi-lo pregar. Por fim, os sermões tiveram de ser transferidos para o púlpito de San Rufino, a nova catedral de Assis. Nas noites de sábado, Francisco fazia a caminhada de cerca de trinta minutos — vindo inicialmente de Rivo Torto, e depois, da Porciúncula — para pernoitar numa cabana e preparar-se para a pregação do dia seguinte.

Surpreendentemente, não há nenhum registro do que de fato ele falava. Coube aos biógrafos mais próximos de nosso tempo — como o res-peitadíssimo Paul Sabatier, um pastor protestante francês do século XIX — imaginar o poder carismático das palavras proferidas por Francisco. "Ele pregava como se obedecesse à imperiosa necessidade de acender nos ouvin-tes chama semelhante à que ardia no próprio peito", escreve Sabatier. "Quan-do ouviam-no falar sobre os horrores da guerra, dos crimes do populacho, do desregramento dos poderosos, da ganância que desonrava a Igreja, da eterna viuvez da Pobreza, as pessoas se sentiam repreendidas na própria consciência."[14]

Além de pregar, Francisco continuou a instruir os frades de sua ordem na humildade e na obediência. *I fioretti di San Francesco* descrevem a provação do irmão Masseo, homem bem-apessoado e eloqüente que sempre conseguia para si as melhores doações.[15] Para que Masseo não ficasse muito cheio de si, Francisco achou por bem incluir a contemplação na educação dele e, por um tempo, designou-o como cozinheiro, porteiro e distribuidor de esmolas de Rivo Torto, o que o obrigava a fazer as refeições do lado de fora e sozinho. Só quando os outros frades intervieram, alegando que a desproporcional carga de trabalho de Masseo os distraía das orações, é que Francisco cedeu e reintegrou Masseo ao resto da turma.

Rufino, o primo de Clara, também seria objeto de mais um cruel teste de obediência orquestrado por Francisco. Segundo *I fioretti*, Rufino "tanto se deixava absorver pela adoração ao Senhor (...) que quase não falava com ninguém"; era tímido e não dispunha de "coragem, nem de habilidade, para pregar a palavra de Deus". Provavelmente visando instilar confiança no companheiro, Francisco ordenou a Rufino que fosse à catedral de Assis e pregasse "o que quer que o Senhor lhe sopre nos ouvidos".[16]

O ordálio de Rufino começou tão logo ele suplicou a Francisco que o dispensasse da tarefa. Reprovando a desobediência, Francisco não só confirmou a ordem como também acrescentou um pequeno detalhe: Rufino agora deveria subir ao púlpito usando nada mais que as roupas de baixo. A reação dos fiéis não poderia ter sido outra: o pobre Rufino, que decerto também gaguejava, sujeitava-se à tempestade de gargalhadas quando um contrito Francisco subitamente irrompeu na Catedral, usando, ele também, apenas roupas de baixo. Em seguida, proferiu um sermão tão comovente sobre "a nudez e a humilhação de Cristo" na cruz que as gargalhadas logo deram lugar às lágrimas.

Claro, Rufino se recuperou da dura lição de obediência. Permaneceria leal a Francisco pelo resto da vida e desempenharia um papel central no drama que já começava a se engendrar entre os paroquianos de San Rufino.

Ninguém sabe dizer se Clara Offreduccio estava presente no dia em que seu primo semidespido subiu ao púlpito para pregar. Mas Clara, cuja famí-

BUSCA DESESPERADA POR FRANCISCO E OS PÁSSAROS   141

lia morava perto da igreja, vinha atentamente acompanhando cada palavra de Francisco durante os dois anos desde que ele voltara de Roma, em 1209, e começara a pregar na Catedral de San Rufino.

Ela estava com dezesseis anos à época; Francisco, com vinte e oito. E logo a pacata Assis mergulharia em mais um escândalo de família.

12 Clara foge para Francisco

A PORCIÚNCULA, *onde Francisco recebe Clara*. SAN PAOLO DELLE ABBADESSE, *onde ela é ameaçada pelo tio*. SAN DAMIANO, *onde ela suspira por Francisco, que chama as mulheres de "veneno melífluo"*

Em 18 de março de 1212, Assis amanheceu para mais um domingo de Ramos, como em todos os anos. As famílias compareceram à missa celebrada pelo bispo Guido na Catedral de San Rufino, e, ao final da cerimônia, cada um dos fiéis recebeu uma palma para levar para casa. A única coisa de extraordinário foi que, em vez de se dirigir ao altar para receber sua palma, Clara Offreduccio permaneceu imóvel no banco que ocupava na igreja. O bispo, por sua vez, que supostamente sabia o que estava para acontecer, deixou o altar e entregou a palma nas mãos de Clara.

Mais tarde naquele mesmo dia, no que se revelou uma manobra surpreendentemente ousada, Clara e Pacifica, sua prima e comparsa, arrancaram as pedras e tábuas que bloqueavam a *"porta del morto"* do *palazzo* dos Offreduccio, pularam ao chão e ganharam a escuridão da noite. Andariam através de bosques por cinco quilômetros até a Porciúncula, onde Francisco e seus frades aguardavam por elas.

A chegada das moças por certo foi emocionante. Tomás de Celano, que também escreveu o que ficou como a biografia oficial de Clara, revela que "os irmãos, depois de uma vigília de orações diante do pequeno altar, receberam a virgem Clara com velas nas mãos".[1] Outros biógrafos acrescentam que a floresta vibrava com a cantoria dos frades, alguns dos quais iluminavam o caminho com tochas flamejantes. Uma cena inegavelmente romântica. E o romantismo não pára por aí.

Francisco recebeu Clara pessoalmente e conduziu-a até o altar da minúscula capela, onde ela se tornou a primeira mulher a fazer os votos de pobreza, castidade e obediência da ordem franciscana. Em seguida, ajoelhada diante de Francisco e banhada pelo lume das velas, Clara deixou que ele lhe cortasse os longos cabelos dourados. Restos dessas mechas encontram-se expostos como relíquias na basílica de Clara em Assis; embora a autenticidade dessas mechas seja questionável, não há dúvida de que Clara "recebeu a tonsura".[2] Completando o ritual de iniciação, ela "se despojou dos berloques multicoloridos", diz Celano, e trocou as roupas sofisticadas pelo hábito de lã dos demais franciscanos; assim, renunciou ao mundo e "uniu-se a Cristo".[3]

Em retrospecto, a fuga dramática de Clara é bastante compreensível. Ela já admirava Francisco desde que, diante do bispado de Assis, ele renunciou ao pai terreno em favor de um pai celestial. Contava apenas treze anos à época e supostamente ficou maravilhada com a devoção e a coragem dele. Sabia dos planos que os pais faziam para seu casamento e aterrorizava-se com isso. De algum modo conseguiu evitar isso até os dezessete anos, quando, esgotados todos os estratagemas, viu-se obrigada a aceitar o noivado acertado pelos pais. Certamente desejava ter forças para renunciar ao próprio pai, Favorone, da mesma forma que fizera Francisco, e assim anular a promessa de casamento. Mas Clara não fez nenhum escândalo — dessa vez.

Ao contrário, dedicou-se com fervor à religião. Não sabemos ao certo o grau de toque pessoal dos autores presente em suas biografias, mas ao que parece, ainda criança Clara já dava sinais evidentes de sua vocação para a santidade. Como penitência, usava uma camisa de crina sob as roupas elegantes, era tão modesta que jamais saía de casa exceto para ir à igreja, rezava por horas a fio e guardava os melhores bocados de sua comida para alimentar os pobres. Acredita-se ainda que tenha furtivamente levado carne para fortalecer os frades que reconstruíam a Porciúncula.

A religiosidade de Clara certamente era estimulada pela mãe, a devota Ortolana, que, segundo afirmam os biógrafos, já havia feito três viagens de peregrinação. Omer Englebert, em *St. Francis of Assisi*,[4] revela que, depois de ouvir a mãe contar a história do ermitão Paulo — que usava pedrinhas no deserto para não perder a conta das trezentas orações que se impunha diariamente —, Clara passou a rezar trezentos pais-nossos todos os dias. Até mesmo o nome dela é associado a uma profecia espiritual. Ortolana a havia batizado como Clara em razão de um sonho que tivera durante a gravidez, o de que a filha traria "luz" para muitas almas.

Mas o que Ortolana decerto jamais poderia ter previsto é que sua filha adolescente acabaria se apaixonando pelo pregador de San Rufino. Difícil dizer que espécie de paixão era essa. É possível que Clara tenha se sentido atraída pelo fervor religioso de Francisco, semelhante ao seu próprio fervor; ou que tenha se deixado influenciar pelo exemplo de seu primo Rufino, um dos primeiros nobres de Assis a seguir Francisco; ou que, apavorada com o casamento arranjado, estivesse disposta a fazer qualquer coisa para se livrar dele; por fim, também é possível que ela tivesse se apaixonado como qualquer outra menina de sua idade.

Seja como for, seu desespero era tão grande em 1211 que Rufino se dispôs a intermediar encontros secretos com Francisco, provavelmente nos bosques vizinhos à Porciúncula. Clara era acompanhada por uma solidária criada da família, e Francisco, para garantir ainda mais a integridade moral dos encontros, levava consigo um de seus seguidores, o impecável Filipe, o Alto. O assunto mais urgente dessas perigosas escapadas decerto era a agonia de Clara em relação ao casamento. Por fim, Francisco e Clara chegaram a uma conclusão: ela não se casaria com o noivo, mas fugiria para se casar com Cristo.

A velha igreja de San Paolo delle Abbadesse fica na entrada de um grande cemitério em Bastiola, área suburbana de Assis também conhecida como

Bastia Umbra. É tão modesta e discreta que passamos direto por ela e continuamos a procurá-la cemitério afora, no que se revelou um agradabilíssimo passeio. Dezenas de suntuosos jazigos familiares ladeiam os caminhos de pedrinhas imaculadamente brancas: alguns lembram pequenas catedrais; outros, capelas antigas; e também há aqueles que lembram lojas de Giorgio Armani, ultramodernos, com estruturas de cromo e vidro fumê. Certo mausoléu conta até com uma pequena estufa, guarnecida de ciclamens e gerânios. E por todos os lados vêem-se as fotografias dos mortos, protegidas por relicários de vidro.

Conformados com o fracasso de nossa busca, voltamos na direção do estacionamento e de repente nos demos conta de que a construção relativamente grande — de tijolos, pedras e aspecto burocrático — pela qual havíamos passado no início é justamente a igreja que estávamos procurando. Não há nenhuma placa informativa do lado de fora, mas numa das paredes internas encontramos a inscrição "Santa Chiara". Além disso, uma placa identifica o lugar como a igreja medieval de um convento beneditino exclusivo para mulheres (ou "virgens", como está escrito). Mas não se trata de um convento qualquer: foi ali que Clara temporariamente se abrigou depois de fugir de casa — e sofreu o violento confronto com sua família.

Não havia a menor possibilidade de Clara permanecer na Porciúncula; portanto, tão logo Pacifica voltou para Assis, ela, Clara, foi imediatamente levada para San Paolo delle Abbadesse, onde já era esperada pelas freiras beneditinas. As freiras, por sua vez, jamais poderiam imaginar o tumulto que sobreviria quando os Offreduccio descobrissem a fuga da filha.

O tio de Clara, Monaldo, logo veio no encalço dela — soltava fogo pelas ventas. Seria ótimo se pudéssemos dizer que a família de Clara simplesmente sentia a falta dela, mas no centro de tudo, como era comum entre os parentes e futuros herdeiros dos seguidores de Francisco, estava o dinheiro. Acredita-se que a essa altura o pai de Clara já havia morrido e que ela já havia recebido sua parte na polpuda herança. Se não conseguissem levá-la de volta, os parentes de Clara perderiam para os pobres as terras que tanto cobiçavam. Assim sendo, Monaldo e outros varões da família Offreduccio encontraram Clara e durante muitos dias, segundo Celano, procuraram intimidá-la com "violência, conselhos maldosos e promessas tolas, a fim de convencê-la a voltar atrás e abandonar a miséria em que se encontrava".[5] As freiras, aterrorizadas, fugiram para a clausura — protegida por bula papal contra possíveis invasores —, mas ainda assim podiam ouvir os gritos e vitupérios.

Clara finalmente afrontou o tio diante do mesmo altar de pedra que hoje vemos coberto de gipsófilas e rosas, estas últimas as flores preferidas por Clara. Quem poderá dizer se oitocentos anos atrás também havia flores por ali? Mas Celano afirma que o altar tinha um pano com o qual Clara escondia a cabeça, segurando-o com as duas mãos até criar coragem para expor ao tio os cabelos tosquiados.[6] Monaldo por fim percebeu que a sobrinha havia seguido por um caminho sem volta e, depois de tentar, sem sucesso, convencê-la a lhe vender as terras herdadas, foi embora na companhia dos parentes. Mas a história não termina aí.

Uma semana depois, Catarina, a irmã de quinze anos de Clara, decidiu seguir o mesmo caminho. Vinha visitando Clara diariamente e, numa dessas visitas, resolveu que não voltaria mais para casa. Quando souberam das intenções de Catarina, as freiras de San Paolo ficaram tão receosas de que o tumulto se repetisse que Francisco rapidamente despachou as duas irmãs para outro convento beneditino, em Sant'Angelo Panzo, do outro lado do monte Subásio. Logo ficaria claro que o receio das freiras não era de todo infundado.

Monaldo ficou lívido: duas sobrinhas — e duas heranças — perdidas no espaço de uma semana. Sem mais delongas, partiu para o convento na companhia de doze criados armados. Decerto valendo-se da lábia para entrar no recinto, Monaldo sumariamente ordenou que Catarina voltasse para casa. Ela recusou. E o caldo engrossou.

Um dos criados montados agarrou Catarina pelo braço, arrastou-a para fora do convento e continuou a puxá-la através da floresta na direção de Assis. Berrando, chamando a irmã, Catarina suplicou por socorro, e Clara fez o que estava a seu alcance: ajoelhou-se e começou a rezar. Aparentemente isso de nada valia a Catarina, que ainda era arrastada pelo chão, deixando trilhas de sangue nas rochas e mechas de cabelo nos espinheiros. Mas algo curioso estava acontecendo. O corpo de Catarina ficava cada vez mais pesado. Monaldo ordenou que os cavaleiros a carregassem, mas eles não tinham forças para fazê-lo. "Parece que ela comeu chumbo a noite inteira", disse um dos criados.[7]

Nesse instante, Monaldo perdeu o que ainda lhe restava da paciência e levantou o braço para esbofetear a sobrinha, mas o braço parou no ar. Assustados com o grito de dor do patrão, os criados bateram em retirada rumo a Assis, e logo foram seguidos pelo próprio Monaldo. A pobre Catarina, as roupas em frangalhos, o corpo ensangüentado, foi abandonada no chão. Mal dava fé do que estava acontecendo quando foi encontrada por Clara, mas tão logo foi tocada pela irmã curou-se milagrosamente de todos os ferimentos e voltou, sã e salva, para o convento.

Estava claro para Francisco que, depois de tanta violência, Clara e a irmã precisavam de um lugar seguro para se alojar. E foi então que se realizou a profecia feita durante a reconstrução da San Damiano, a de que o lugar um dia se tornaria um santuário para "as santas virgens de Cristo". Ali ele instalou Clara e Catarina, que adotaria o nome de Inês, e ali nasceu a Segunda Ordem Franciscana, mais tarde conhecida como a Ordem das Pobres Damas.

A relação entre Francisco e Clara seria bastante complicada. Por um lado, ele parecia adorá-la. Chamava-a de "minha florzinha" ou "minha plantinha". "À maneira dos primeiros brotos da primavera, [Clara] exalava o perfume de uma flor luminosa e intocada", escreve São Boaventura.[8]

Por outro lado, Francisco tinha tanto receio de algum tipo de situação comprometedora em sua relação com Clara que raramente procurava por ela. Zelava ardorosamente pela imagem pública de sua ordem, e a última coisa que queria era a suspeita, por menor que fosse, de má conduta. Ciente dos escândalos sexuais que rondavam a Igreja Romana à época — assim como hoje —, estava determinado a salvaguardar a reputação de todos os membros de sua ordem, fossem homens ou mulheres.

A tarefa não era fácil. Uma vez que não convinha às Pobres Damas sair pelos campos a mendigar, Francisco viu-se obrigado a destacar frades para ir até San Damiano e cuidar delas, entregar-lhes a comida. Mas até nisso havia perigo: afinal, os frades também eram humanos. Portanto, diretrizes firmes precisavam ser estabelecidas: "Não quero que ninguém se ofereça para visitá-las, mas ordeno que justamente os irmãos mais relutantes sejam designados para ir ter com elas, desde que sejam homens de espírito elevado, senhores de uma longa e digna vida religiosa", decide o ansioso Francisco, tal como nos informa Celano.[9]

Francisco preocupava-se com o contato dos frades não só com as Pobres Damas, mas também com as irmãs de qualquer outro convento. Celano nos conta a história de um frade que queria levar um presente em nome de Francisco a duas irmãs que ele conhecia, internas num convento não especificado. O frade naturalmente protestou quando Francisco lhe negou o pedido, "repreendendo-o severamente e dizendo coisas que não cabe agora repetir". Francisco então enviou o presente por intermédio de um frade "que se recusara a ir".[10]

Tudo isso poderia ser atribuído aos votos de obediência e castidade que Francisco impunha a seus seguidores ou ao valor espiritual que ele conferia à negação de todos os desejos humanos. Mas a severidade das punições dispensadas aos frades que procuravam qualquer espécie de contato com as mulheres talvez tenha mais a ver com a sexualidade que Francisco ao mesmo tempo reconhecia em si próprio e ferrenhamente procurava combater. Uma ocasião, quando certo frade resolveu por conta própria fazer uma visita de solidariedade a um convento, Francisco ministrou-lhe o mesmo remédio que costumava tomar quando precisava afugentar os desejos da carne: ordenou que o pobre homem "[andasse] nu por vários quilômetros no frio e na neve profunda".[11]

Esse luta de Francisco contra a própria condição humana é uma das coisas que mais atraem nele. Todavia beiram a paranóia os esforços que ele fazia para distanciar tanto aos outros frades quanto a si próprio das mulheres. Referia-se a elas como "venenos melífluos"[12] e alertava os companheiros para o perigo de se olhar uma mulher diretamente nos olhos. "Devemos, em constante vigília, manter a pureza de todas as partes de nosso corpo, pois foi o Senhor quem disse: 'Qualquer um que olhar com luxúria para uma mulher terá, com ela, cometido adultério no coração'", escreveu ele numa das primeiras Regras para os irmãos.[13]

Francisco, que de tão casto costumava dizer que não conhecia outros rostos femininos senão os de Clara e do "irmão" Jacopa, aconselhava seus seguidores a sequer falar com as mulheres. "Afirmava que qualquer espécie de colóquio com as mulheres era desnecessário, a não ser pela confissão ou, como por vezes é mister, algumas breves palavras de aconselhamento."[14] Ainda segundo Celano, quando o próprio Francisco se via obrigado a falar com as mulheres, fazia-o "em voz alta, de modo que todos pudessem ouvi-lo".[15] Mas o contato com as mulheres invariavelmente representava um perigo. "Evitar o contágio ao conversar com elas, a não ser para os mais calejados, era tão fácil quanto andar em brasas sem queimar a sola dos pés", Celano cita Francisco em *Lembranças do desejo de uma alma*.

Até mesmo Celano parece espantar-se com a atitude negativa de Francisco em relação às mulheres e ao "falatório impertinente"[16] delas. "As mulheres o perturbavam de tal forma que poderíamos atribuir o comportamento [de Francisco] não ao zelo ou à necessidade de dar bom exemplo, mas ao medo, ao pavor." Talvez Celano tenha razão. A meu ver, contudo, Francisco não temia as mulheres: ele as amava demais. Passava horas em agonia, suplicando perdão pelos "pecados da juventude", que certamente envolviam os prazeres da carne. E em mais de um sermão afirmou ser indigno de qualquer reverência porque ainda se via capaz de trazer ao mundo "filhos e filhas".

Francisco reverenciava as mulheres, talvez um tanto em demasia. Sempre fora muito ligado à mãe, Pica Bernardone; "casou-se" com a Senhora Pobreza; devoto da Virgem, alojou sua comunidade na igreja de Santa Maria degli Angeli (Porciúncula); e, afinal, foi sua a decisão de receber Clara na ordem recém-fundada.

Sentia-se ameaçado não só por sua fraqueza pessoal, mas também pelo rápido crescimento de adeptas da sua Segunda Ordem e, claro, pela tentação que isso implicava. "O Senhor nos subtraiu as esposas, e agora o diabo nos manda irmãs", ele observou certa vez.[17] Jamais resolveria de maneira cabal o conflito interior que lhe causavam as mulheres, mas, numa história maravilhosa, conseguiria afastar as dúvidas que nutria em relação a Clara.

Segundo *I fioretti di San Francesco*, um agoniado Francisco descansava com Leão junto de um poço, voltando de Sena à noite, quando disse subitamente: "Irmão Leão, o que achas que acabei de ver aqui?" Leão respondeu: "A lua, pai, refletida na água". Ao que Francisco retrucou: "Não, irmão Leão, não foi a irmã Lua o que vi; por graça divina, vi a verdadeira face da irmã Clara, tão pura e tão reluzente que todas as minhas dúvidas se dissiparam."[18]

Clara, por sua vez, aparentemente nunca teve dúvidas em relação a Francisco. Referia-se a ele como o "bem-aventurado Francisco", e a si própria como uma "plantinha do nosso bem-aventurado pai Francisco".[19] Adotou prontamente os votos de pobreza, castidade e obediência assumidos em San Damiano, que Celano descreve como "esse duro claustro". Seu único pesar talvez fosse o afastamento de Francisco.

Francisco havia escrito uma regra bastante sumária para as Pobres Damas logo depois que Clara e suas seguidoras, cada vez mais numerosas, se instalaram no convento da San Damiano. Nesse documento de apenas uma sentença, conhecido como a "Forma de vida de Santa Clara e suas irmãs", Francisco prometia às "filhas e servas do Altíssimo"[20] que elas podiam contar com "os mesmos cuidados e a mesma atenção especial" que ele ordinariamente dispensava aos irmãos. Mas a atenção prometida, embora sincera, não se traduzia em ação: enquanto instruía seus companheiros, com eles orava e jejuava, Francisco abandonava Clara e as Pobres Damas a seus próprios recursos.

Poucas são as ocasiões registradas pelos biógrafos medievais em que Francisco e Clara se encontram frente a frente, todas invariavelmente provocadas por ela. Um desses encontros deu-se quando Clara, sentindo-se solitária, passou a insistir que Francisco fosse um dia partilhar uma refeição no convento das Pobres Damas. Francisco recusou todos os convites até que se

deixou convencer pelos irmãos, que intercederam em favor de Clara. Segundo *I fioretti*, ele não só cedeu ao argumento de que Clara havia renun-
ciado a "todas as riquezas e pompas do mundo"[21] em virtude das pregações
que ele mesmo fizera, como também insistiu, generosamente, em que o encontro se desse na Porciúncula, de modo que ela pudesse "rever a casa de
Santa Maria, onde ela havia recebido a tonsura e desposado Nosso Senhor
Jesus Cristo".

Chegado o dia, Francisco enviou alguns dos frades para buscar Clara e
suas acompanhantes para a tão aguardada refeição. Que jamais se realizou.
Tão logo eles se sentaram no chão para dividir as migalhas que haviam conseguido, Francisco pôs-se a falar sobre Deus de maneira "tão doce e santa e
divina e maravilhosa"[22] que os ouvintes, embevecidos, acabaram por deixar
de lado a comida. O fervor espiritual chegou a níveis tão altos que iluminou todo o céu noturno sobre o vale do Espoleto.

Achando que a Porciúncula e a floresta vizinha haviam se incendiado,
os habitantes dos vilarejos próximos, incluindo Bettona, na extremidade
oposta do vale, prontamente correram para apagar o fogo. Mas, quando se
depararam com o êxtase religioso de Francisco, Clara e seus seguidores,
deram-se conta de que o fogo "era de natureza celestial, e não mundana"[23]
e foram embora "com os corações profundamente apaziguados". (Fomos
até Bettona para conferir a veracidade dessa parte da história e constatamos
que, de fato, a igrejinha de Santa Maria degli Angeli é claramente visível de
lá.) A reunião chegou ao fim quando "mais tarde, depois de longo intervalo", Francisco e suas convidadas recobraram os sentidos, e Clara e suas
acompanhantes retornaram a San Damiano, saciadas da intocada e "abençoada refeição".

Outra história igualmente tocante explica o amor que Clara tinha pelas
rosas. Mais uma vez, é Clara quem ansiosamente busca a companhia de
Francisco, e, mais uma vez, é Francisco quem repele os avanços dela. Ambos voltavam de Spello para Assis — o que é bastante inverossímil, dada a
clausura de Clara em San Damiano — no meio da neve e do frio, ambos
sentindo-se ambos deprimidos. Decerto bateram em inúmeras portas para
pedir água e comida e, por vezes, nas casas em que foram atendidos, viram-

se obrigados a suportar os comentários maldosos a respeito da relação entre eles. Por isso o preocupadíssimo Francisco decidiu que eles deviam completar separados o último trecho da viagem.

Desconsolada, Clara chegou a achar que Francisco havia sugerido uma separação definitiva e, depois de chapinhar sozinha por um bom pedaço de neve, Francisco guardando uma respeitosa distância, ela subitamente se virou e berrou: "Francisco, quando nos veremos outra vez?", ao que ele respondeu: "Quando chegar o verão e as rosas voltarem a florescer."[24] E, em um repente, rosas começaram a brotar das árvores e dos arbustos cobertos de neve. Mesmo sabendo que eles se afastariam um do outro, Clara recolheu um buquê e levou-o até Francisco. E foi assim que as rosas se tornaram suas flores preferidas, rosas que até hoje florescem, todo verão, no minúsculo jardim de San Damiano.

Fiel às suas normas de decoro, Francisco cada vez mais procurou evitar o contato com Clara. Seria possível que ela suspirasse pelos cantos, ressentindo-se da ausência dele? Provavelmente sim. Mas Clara jamais se desviaria do caminho escolhido. Ano após ano, década após década, permaneceria enclausurada em San Damiano, bordando forros de altar, cuidando dos doentes recebidos no convento, rezando, zelando pelas irmãs. Talvez pensando nelas é que mandasse inúmeros recados a Francisco, suplicando que ele fosse a San Damiano para instruir o grupo de irmãs, ela inclusive, sobre a melhor maneira de servir ao Senhor. E Francisco finalmente apareceu em 1221 — mas deixou-as com um enigma.

Clara e as Pobres Damas aguardavam ansiosamente no coro da San Damiano para ouvir Francisco proferir mais um de seus comoventes sermões. Todavia, quando por fim entrou na minúscula igreja, ele se ajoelhou, virou os olhos para o alto e silenciosamente começou a rezar. Depois, em vez de começar seu sermão com o costumeiro fervor, pediu que lhe trouxessem cinzas; espargiu parte delas sobre a cabeça e o resto no chão, formando um círculo ao seu redor. As Pobres Damas mal podiam esperar pela explicação que decerto viria a seguir, mas, em vez de explicar o que quer que fosse, Francisco se pôs a recitar o Miserere, salmo penitencial que clama pela misericórdia divina. Tão logo terminou, foi embora sem dizer palavra.

Ainda que desapontada, Clara certamente compreendeu o significado da pantomima. A interpretação unânime dessa história é que Francisco, como qualquer outro, era um pecador merecedor de cinzas e nada mais. O Senhor só podia ser alcançado pela via das orações, e não por intermédio de alguém, por mais comoventes que fossem suas palavras. Alguns biógrafos sugerem ainda que o combalido Francisco tinha consciência de que estava próximo do fim — ele morreria cinco anos depois do estranho "sermão" — e portanto desejava que as Pobres Damas se livrassem de uma possível dependência espiritual dele. E aparentemente conseguiu o que queria: acredita-se que Clara, depois de vê-lo partir, redobrou o número de horas, que já não eram poucas, consumidas na penitência e nas orações.

Como é fascinante e comovente essa relação entre Clara e Francisco! É muito fácil interpretá-la com malícia, especialmente no que tange à fase inicial, mas inferências desse tipo em nenhum momento chegam a pôr em dúvida a luta perene de Francisco contra a tentação, nem tampouco o sólido compromisso de Clara com a vida espiritual. A relação entre eles não envolvia os nebulosos e proibidos sentimentos de *Os pássaros feridos*. Tratava-se sobretudo de uma compartilhada paixão pelo Cristo.

A devoção que eles tinham em comum acarretaria inúmeros e extraordinários desdobramentos. Juntos, com o exemplo das próprias vidas, conseguiriam amenizar a arrogância da Igreja. Fazendo exatamente o que pregavam, inspirariam a fundação de centenas de missões franciscanas em todo o mundo, muitas das quais continuam em atividade até nossos dias.

A expansão do ideário franciscano deve-se em grande parte a Clara. A certa altura, quando ela já havia se instalado em San Damiano, Francisco viu-se diante de uma encruzilhada: de um lado, queria isolar-se e dedicar-se inteiramente às orações solitárias; de outro, queria pregar e salvar o maior número possível de almas. Para aplacar a "agonia da dúvida", segundo registrado em *I fioretti di San Francesco*,[25] ele enviou Masseo a dois de seus seguidores com um pedido: que nas suas orações eles perguntassem a Deus o que ele, Francisco, deveria fazer, e depois lhe trouxessem a resposta.

A segunda pessoa na lista de Francisco era um frade especialmente devoto, o irmão Silvestre, que vivia em isolamento no monte Subásio. A primeira era Clara. E ambos deram ao irmão Masseo o mesmo recado do Senhor: "A vontade divina é que sigas pelo mundo a pregar; não foste por Ele convocado apenas para a própria salvação, mas para a salvação de muitos", relata *I fioretti*.

Com a revelação, Francisco transformou-se imediatamente. "Tão logo teve sua resposta, ficou de pé e, tocado pelo poder divino, disse com fervor ao irmão Masseo: 'Então vamos, em nome do Senhor.'" E lá foi ele, de novo, rumo aos recantos invariavelmente belos da Úmbria e da Toscana.

13 Boa comida, e os primeiros eremitérios da Toscana

LAGO TRASIMENO, *onde Francisco passa quarenta dias na companhia de um coelho.* CELLE DI CORTONA, *o eremitério onde ele doa seu manto novo.* CETONA, *hoje um albergue e restaurante.* SARTEANO, *onde Francisco afugenta o diabo com esculturas de neve*

A água azul surge no horizonte como uma bênção. Depois de subirmos e descermos tantas montanhas, tantas ladeiras íngremes em cidadezinhas montanhesas, a superfície cerúlea do lago Trasimeno nos provoca uma desmesurada alegria. A apenas dez quilômetros de Perugia, este é o quarto maior lago da Itália: parece um pedaço de mar cravado no interior do país, cercado por cidades tanto novas quanto muito antigas.

Francisco alcançou o Trasimeno, à época conhecido como lago de Perugia, no início da primavera de 1211. Não buscava o lazer e os esportes aquáticos que hoje atraem hordas de veranistas para suas águas rasas e relaxantes. Francisco veio para ali com o objetivo de passar a Quaresma jejuando e rezando secretamente — quarenta dias e quarenta noites — no isolamento de uma das três pequenas ilhas do lago, a Isola Maggiore.

Como era de seu feitio, tomou todas as providências para que não fosse perturbado durante os quarenta dias de vigília.

Não gostava de ser interrompido nessas ocasiões em que se comunicava diretamente com Deus. Assim sendo, segundo está registrado em *Os feitos do bem-aventurado Francisco e de seus companheiros*, convenceu seu anfitrião na costa a levá-lo de barco até a ilha "na véspera da quarta-feira de Cinzas, à noitinha, de modo que ninguém soubesse de seu paradeiro".[1] O homem deveria buscá-lo na quinta-feira Santa.

Quanto a nós, não estamos à procura de alguém que nos leve até a Isola Maggiore, mas da barca de passageiros que de hora em hora parte da cidadezinha balneária de Passignano. O estacionamento público do lugar fica bem distante do píer e costuma ser o indício da multidão que por ali chega nos meses de verão; mas estamos em outubro e, por milagre, encontramos uma vaga para estacionar na própria cidade, quase em frente do píer: talvez um sinal do dia mágico que está por vir.

A neblina da manhã já começa a se dissipar quando tomamos a barca das 11h50 para a viagem de vinte minutos até a ilha. Não há sequer um murmúrio de vento, e a superfície cristalina do lago reflete o movimento das nuvens no céu. As aves aquáticas despencam do alto para fisgar seu almoço, mas só uns poucos barcos pesqueiros pontilham as águas do lago, à diferença das frotas de lanchas que transitam por ali no verão, tornando a natação naquele lugar um esporte de risco.

Ao contrário de Francisco, que ao desembarcar na Isola Maggiore não encontrou mais que uma densa floresta, descemos numa minúscula vila de pescadores, cuja única rua abriga quiosques para turistas, restaurantes e um hotel. "Uma vez que não encontrou nenhuma espécie de alojamento, ele se arrastou para dentro de uma moita densa, em que um espinheiro formava algo parecido com uma pequena gruta", registram *Os feitos do bem-aventurado Francisco e de seus companheiros*.[2] Ali ele passaria os quarenta dias seguintes, "sem comer nem beber", tendo como única companhia um coelho que jamais sairia do seu lado.

Partimos em busca da tal "moita densa", seguindo pela agradável estradinha de terra que circunda a ilha à beira d'água. A rapidez com que nos deparamos com uma imagem de Francisco é quase um anticlímax. Moderna, a estátua retrata Francisco, ainda jovem, levantando a mão num

BOA COMIDA, E OS PRIMEIROS EREMITÉRIOS DA TOSCANA 159

gesto de bênção; a juventude do santo pode ser confirmada pela ausência dos estigmas nas mãos e nos pés. Um tanto decepcionados, continuamos pela estradinha até encontrarmos um santuário de pedra, bem mais antigo, com uma imagem de Francisco, de madeira e bastante surrada, protegida por um nicho, sob a qual um portão de ferro guarda uma gruta. Pronto, chegamos.

Atrás do santuário, uma trilha estreita segue morro acima e conduz a um segundo santuário de pedra, com um portão fechado dando para uma gruta bem maior do que a de baixo. A placa de madeira talhada está quase ilegível, mas não há dúvida de que as últimas palavras são "Francesco d'Assisi". Decerto trata-se do eremitério com duas celas que os frades franciscanos mais tarde construíram na ilha, talvez no mesmo lugar em que Francisco procurou abrigo em 1211. A se acreditar nas histórias locais, Francisco enfrentou uma violenta tempestade durante sua permanência ali, e a segunda gruta é bem mais distante da água, bem mais protegida do que a primeira.

O ar em torno dos santuários tem o delicioso perfume de terra e pinho, e o silêncio é quebrado apenas pelo incessante grito e o bater de asas de um faisão. Demoramos um tempo por ali, admirando o lago, pensando na sorte de Francisco por ter podido passar mais de um mês nesse lugar maravilhoso, sozinho, a não ser pelo coelho.

Todavia, temos de tomar a barca de volta à luta; apressados, continuamos a subir pela mesma trilha rumo ao outro lado da colina, e fazemos apenas uma rápida parada nas imediações de um olival para admirarmos a adorável igreja de San Michele Arcangelo, do século XII. Atrasados, acabamos perdendo a barca das 12h50 por uma questão de segundos. O que é uma sorte. Temos uma hora e meia até a barca seguinte, e o almoço está sendo servido sob os guarda-sóis brancos do hotel Da Sauro, na extremidade da rua principal, pavimentada de tijolos.

Não sei se é adequado interromper a história de Francisco na Isola Maggiore para falar de almoço, mas aquela foi uma das melhores refeições que fizemos durante toda a nossa viagem. Nosso roteiro de visitas é tão apertado que mal temos tempo para desfrutar da rica e pachorrenta cozinha italiana, cujas refeições geralmente incluem múltiplos pratos. Em geral almoçamos num lugarzinho qualquer à beira da estrada, um posto de gasolina, ou num pequeno café, seja lá onde estivermos em nossa busca por Francisco.

Mas nunca somos mal servidos. Nada temos a reclamar de um belo sanduíche de pão fresco com *prosciutto*, *mozzarella* e rúcula, acompanhado de um bom suco de laranja natural e um *cappuccino*. De modo geral, jantamos no restaurante mais próximo do hotel em que estamos hospedados, e embora a comida nunca seja ruim, também não chega a deixar saudade. Mas esse almoço deixa. Nosso passeio maravilhoso alcança as raias da perfeição quando chegam nossos pratos: para mim, sardinhas, ou *latterini fritti*, com salada fresca; para meu marido, um suculento *vitello tonnato* com massa; e tudo isso acompanhado de uma ou duas taças do saborosíssimo vinho branco da casa. Pedimos ao garçom que tire uma fotografia nossa, hoje na minha mesa de escritório como lembrança.

Essa pequena digressão acerca do nosso almoço não é de todo impertinente. A comida, ou ausência dela, é parte integrante da história de Francisco na Isola Maggiore. Diz-se que ele chegou à ilha com dois pedaços de pão — e nada mais. Milagre para alguns, exemplo de absoluta devoção para outros, ele havia comido apenas metade de um pão quando foi recolhido pelo barqueiro quarenta dias depois. E mesmo assim em deferência ao Cristo. "Acredita-se que Francisco tenha comido esse pequeno pedaço de pão apenas para livrar-se do veneno da vaidade e reservar toda a glória de um jejum de quarenta dias a Nosso Senhor", registram *Os feitos do bem-aventurado Francisco e de seus companheiros*.[3]

Por mais louvável que tenha sido, essa atitude de Francisco em nada ajudou seu estado de saúde. Já enfraquecido pela tuberculose óssea e pelas recorrentes crises de malária, ele acabaria sendo acometido por uma gastrite crônica e por uma úlcera gástrica em razão do paupérrimo regime alimentar. Acrescente-se a isso sua relutância em beber água "mesmo quando estava ardendo de sede", como aponta Celano.[4] O cenário estava pronto para a lenta degradação de todos os seus órgãos internos. No contexto do fervor religioso da Idade Média, acreditava-se que a abstinência alimentava a alma, e não havia qualquer preocupação com os danos que ela causava ao corpo.

Deixamos o lago Trasimeno e seguimos rumo ao norte da Toscana, onde Francisco fundaria três eremitérios, nas proximidades de Cortona, Cetona e Sarteano. Os eremitérios franciscanos, como logo temos a oportunidade de descobrir, são muito diferentes entre si. Um número surpreendente deles, como o das Celle di Cortona, constitui-se de conventos ainda em atividade, com frades residentes e missas abertas ao público; vários outros, como o de Cetona, abrigam programas sociais como a comunidade Mondo X, destinada à recuperação de jovens em dificuldade; também há aqueles que não passam de pequenas cavernas ou grutas.

Independentemente do que sejam hoje em dia, esses lugares representavam verdadeiros bálsamos para Francisco. Sempre debilitado, ele precisava de tempo para se recuperar, tanto espiritual quanto fisicamente, de suas prolongadas viagens de pregação. Os franciscanos passavam tanto tempo na estrada que precisavam de refúgios ao longo dos diversos caminhos nos quais pudessem encontrar renovação espiritual como um grupo. Novos adeptos da ordem, que duplicavam a cada ano, também precisavam de uma espécie de sede própria em que pudessem se reunir. Assim, o número de eremitérios só fez crescer.

Nunca sabemos ao certo o que vamos encontrar em nossa busca pelos eremitérios franciscanos; simplesmente circulamos nos mapas a localização aproximada dos santuários mencionados nos textos medievais. Nossa "caça ao tesouro" pelo interior da Itália, contudo, invariavelmente nos leva a lugares encantadores. Como a cidade de Cortona e o eremitério vizinho, cercado pelo mar de vinhedos da Toscana.

As Celle di Cortona aninham-se no fim de uma garganta cobertas de bosques, mais ou menos a meio caminho da crista do monte Egídio. Não há nenhuma placa que indique o caminho até as celas, o que torna ainda mais extraordinária a primeira visão deste extenso conjunto, todo de pedra, ao fim da complicada estrada de montanha, extraordinária. Nada nos havia preparado para este lindo e imaculado convento franciscano, situado à margem de um riacho de boa correnteza, e de uma cachoeira, logo após. O lugar tem jardins, pontezinhas arqueadas e trilhas com cerquinhas de madeira. Esse é o santuário mais "vivo" que visitamos até hoje, muito embora não vejamos ninguém ao nosso redor. Uma placa na entrada informa que há frades residentes, e há um sino para chamá-los, mas a quietude é tamanha que não queremos perturbá-la — nem aos frades. Além disso, milagrosamente encontramos um folheto em inglês num buraco na pedra, e portanto poderemos explorar sozinhos o mosteiro.

Reza a lenda local que Francisco foi enviado a essas paragens por alguém que conheceu em Cortona, a apenas três quilômetros de distância, e que aqui pisou pela primeira vez em 1211, depois de seu jejum quaresmal na Isola Maggiore. Já havia um conjunto de pequenos moinhos ao longo do riacho, mas o que decerto chamou a atenção de Francisco foi um nicho em formato de leque na face rochosa da montanha. Assim como as grutas que ele havia visto em Sant'Urbano, perto de Narni, essa fenda natural tornou-se um dos refúgios prediletos de Francisco. Hoje está incorporada ao prédio razoavelmente grande que abriga a capela do mosteiro, mas partes de sua superfície permanecem expostas.

A presença física de Francisco nas *celle* pode ser rememorada em apenas dois cômodos: a capela de teto baixo do mosteiro, que servia de dormitório aos primeiros frades, e a minúscula cela de pedra de Francisco, atualmente embelezada com cestos de lavanda natural, uma reprodução do famoso retrato executado por Cimabue e uma pintura, de cores um tanto vivas demais, de Nossa Senhora e o Menino. A cela — com a habitual cama de pedra, colchão de tábua e travesseiro de pedra — parece cuidadosamente recriada para evocar Francisco e não faria má figura no acervo do Smithsonian. Até mesmo as cortinas de pano tosco, ou *impanatte*, que cobrem as janelas são fiéis aos tempos pré-vidraças em que Francisco viveu. Mas a pintura de Nossa Senhora não é a original do século XIII, roubada alguns anos atrás; o que vemos aqui é uma cópia. A cela é atualmente protegida por uma cerca, de

BOA COMIDA, E OS PRIMEIROS EREMITÉRIOS DA TOSCANA 163

modo que larápios ou devotos peregrinos não se sintam encorajados a levar fragmentos de gesso ou madeira como lembrança.

A presença espiritual de Francisco, todavia, pode ser sentida em toda parte, ao longo das trilhas ou junto da cachoeira, o que torna plausíveis todas as histórias acerca de sua passagem pelas *celle*. Uma dessas histórias gira em torno do manto novo que seus frades haviam solicitamente providenciado para ele, apenas para ver Francisco doá-lo a um necessitado que por cá aparecera, desolado com a morte da mulher. Esperto que era, Francisco sabia muito bem que o tal homem revenderia o manto, e aconselhou-o a não "entregá-lo a ninguém a não ser que lhe pagassem um bom dinheiro".[5] Mas os frades, vendo o sujeito partir com o manto tão duramente adquirido, reagiram de modo bastante incomum: tentaram tomá-lo de volta, à força, e devolvê-lo a Francisco. Mas o homem "fincou as mãos no manto e defendeu-o como se o tivesse confeccionado ele mesmo". Ao que parece, os frades acabaram por pagar o preço pedido pela devolução, o que também é curioso, uma vez que eles não tinham permissão sequer para tocar em dinheiro.

Mas provavelmente os frades já não sabiam o que fazer para manter Francisco adequadamente vestido. Ele não pensava duas vezes antes de tirar alguma coisa do corpo para doar a quem precisasse, inclusive aos próprios irmãos de ordem — bastava que lhe pedissem. Acreditava-se que qualquer coisa tocada pelo santo homem trazia boa fortuna ao novo portador ou alívio para suas mazelas, uma crença tão arraigada que as pessoas muitas vezes chegavam ao ponto de arrancar-lhe um trapo da túnica, sem sequer pedir, a fim de garantir um precioso amuleto. Francisco constantemente precisava remendar as vestes, mas tanto gostava de "oferecer aos outros as coisas que já havia negado ao próprio corpo, embora lhe fossem extremamente necessárias"[6] que por fim foi obrigado pelo ministro-geral de sua ordem e pelo frade designado como guardião pessoal a não doar nada sem a permissão explícita deles.

Cientes do pendor de Francisco para doar as próprias vestes, os frades que o acompanharam naquela primeira viagem a Cortona decerto ficaram extasiados com a generosidade de seu rico anfitrião. Guido, como o homem era conhecido, prometera custear todos os mantos e túnicas de que os

164 NA ESTRADA COM SÃO FRANCISCO DE ASSIS

franciscanos viessem a precisar no futuro; não sabemos se cumpriu ou não a promessa, pois em pouco tempo converteu-se ele próprio à ordem franciscana; passaria o resto da vida numa gruta nas imediações do riacho próximo das *celle*. Essa gruta também foi incorporada a um dos prédios do convento, atual sede da biblioteca.

As *celle* também estão associadas a um dos frades mais controversos de Francisco, Elias de Cortona. Elias — que em 1221 seria alçado à chefia da ordem, depois da renúncia de Francisco — vivia temporariamente nas *celle*, às quais acrescentou um terceiro pavimento com cinco celas adicionais. Mas não é esse o motivo da controvérsia. A questão ainda em debate é se Elias era o seguidor mais fiel de Francisco ou, como muitos acreditam, seu Judas.

Poderíamos facilmente argumentar que, sem o visionário Elias, não teríamos uma ordem franciscana nos dias de hoje. Francisco era um sonhador, não um empresário de ação. Apenas com muita relutância faria as alterações necessárias para acomodar o número cada vez maior de seguidores — em 1217, por exemplo, abandonaria o improviso com que cumpria sua missão evangélica e aceitaria a divisão de seu rebanho em "províncias", designando a cada uma delas um responsável provincial específico. Mas Elias iria mais longe, bem mais longe.

Foi ele o espírito organizador que traduziu o romântico sonho de Francisco dos "menestréis errantes do Senhor" para uma ordem católica autosustentável, dividindo a ordem em setenta e duas províncias distintas; foi ele o homem de relações públicas que transformou o franciscanismo num movimento global, multiplicando o número de missões fora da Itália; segundo o biógrafo Omer Englebert, também foi ele que, contrariando a predileção de Francisco pelo isolamento e pela adoração hermética, "incitou os frades ao estudo e ao engajamento político";[7] e foi Elias, o pragmático, que pressionou Francisco a relaxar as Regras mais rígidas a fim de atender o incontrolável número de pretendentes a frades. Sob a orientação dele, por exemplo, casas começaram a ser erguidas para abrigar os clérigos e acadêmicos franciscanos que não se dispunham a vagar descalços pelo mundo.

É possível que tudo isso tenha sido necessário para manter a ordem viva, mas esse afastamento do ideal franciscano de pobreza e humildade consti-

BOA COMIDA, E OS PRIMEIROS EREMITÉRIOS DA TOSCANA 165

tuía uma traição para os primeiros adeptos e continuaria a ser interpretada dessa forma pelas sucessivas gerações de puristas que ainda estavam por vir. A situação ficaria pior, bem pior, depois da morte de Francisco.

Elias construiria para si uma casa na região mais sofisticada de Cortona e contrataria os serviços de um cozinheiro de classe internacional; Elias, o brilhante arquiteto e empreiteiro, projetaria e construiria a opulenta basílica de Assis, sem qualquer deferência à simplicidade tão estimulada por Francisco; mediante a solicitação de doações, e à revelia do anátema de Francisco em relação ao dinheiro, Elias, o investidor, financiaria não só a construção da basílica mas também a de um mosteiro anexo, destinado à nova leva de frades (tão luxuoso que os frades pioneiros resmungariam: "Agora eles só precisam de esposas"). Pior ainda, muitos dos frades da primeira leva, infensos às novas iniciativas, seriam espancados ou jogados na prisão. Um deles chegaria a morrer.

Os "pecados" de Elias não ficariam sem punição. Foi provavelmente nestas *celle* que, muito antes de Elias efetuar todas as mudanças acima referidas, Francisco sonhou que ele, Elias, seria banido da ordem e morreria fora dela. Horrorizado com a revelação divina, chegou a ponto de se afastar do companheiro, evitando dirigir-lhe a palavra e até mesmo de encará-lo. Elias, que a seu modo era devotado a Francisco, tanto insistiu que por fim conseguiu convencê-lo a contar o que se passava; ao saber do sonho, chorou com tamanha pungência que Francisco prometeu rogar ao Senhor que o perdoasse. E as preces dele foram atendidas — até certo ponto. Depois de se alinhar com o imperador do Sacro Império Romano-germânico contra o papa, Elias foi de fato excomungado pela Igreja, mas, mediante as súplicas de um frade mais compassivo, foi absolvido e voltou à ordem franciscana em 1253, quando já se encontrava gravemente doente.

Todavia, é o espírito de Francisco, e não o de Elias, que paira sobre as corredeiras ruidosas do santuário de Cortona. O folheto que havíamos recolhido na entrada cita uma crônica de 1705 em que o autor se maravilha diante do "suave perfume que se sobrepõe a todos os cheiros da natureza", tanto no interior quanto nos arredores da cela de Francisco. Seguindo adiante no tempo, o mesmo folheto conta um milagre operado em 1882, quan-

do um pedreiro, esmagado por uma enorme pedra rolante, conseguiu sa-
far-se ileso, "tão forte e sadio quanto antes"; outro milagre, de 1959, deu-se
quando dois homens sobreviveram à queda na torrente do riacho com apenas algumas lesões sem gravidade.

Em vista de tantos milagres, sentimo-nos totalmente seguros quando
retomamos a perigosa estrada das *celle* e, atravessando os vinhedos de Chianti
e os antiqüíssimos olivais da Toscana meridional, seguimos rumo a mais
um eremitério fundado por Francisco — e a mais uma surpresa.

O mosteiro de Cetona é cenário de uma das mais bem-sucedidas em-
preitadas da ordem franciscana desde os seus primórdios: a comunidade
Mondo X. Próximo à gruta de rocha no travertino em que Francisco costumava orar, o Convento di San Francesco, do século XIII, é hoje um
disputadíssimo albergue-restaurante, aninhado nos bosques de uma encosta. O lugar conta com trilhas para caminhadas, uma igreja e uma capela
medievais, claustros e pátios, terraços e jardins, além de sete sossegadíssimos
quartos, todos com banheiro.

Os moços e moças da comunidade Mondo X em Cetona — uma das
trinta e cinco comunidades semelhantes fundadas por um franciscano, o
padre Eligio — trabalharam juntos por doze anos para restaurar o lindo
mosteiro e transformar as celas, outrora reservadas aos frades peregrinos,
em modernos quartos para hóspedes pagantes, decorados com peças antigas. Não há televisão ou piscina, mas sim um restaurante de primeira classe, administrado pela comunidade residente. É nesse restaurante que nos
sentamos para um delicioso almoço de seis pratos, começando com uma
taça de *prosecco* no jardim e dando seqüência aos múltiplos pratos, sempre
preparados com ingredientes colhidos nas hortas locais.

Não temos notícia de nenhuma história franciscana diretamente associada a Cetona, mas isso não chega a nos surpreender. A localização geográfica nem sempre era levada em conta pelos biógrafos medievais, que muitas
vezes omitiam os topônimos usando expressões como "o lugar". Mas Cetona
decerto era importante para os franciscanos da época, caso contrário não
teria a importância de hoje. Em 2002, por exemplo, dignitários da ordem

BOA COMIDA, E OS PRIMEIROS EREMITÉRIOS DA TOSCANA   167

franciscana escolheram três lugares para sediar seu concílio: a Porciúncula, em Santa Maria degli Angeli; Alverne, onde Francisco recebeu os estigmas; e o Convento di San Francesco, em Cetona.

Encantados com o que vimos em Cetona, seguimos com Francisco até Sarteano, cidadezinha toscana a poucos quilômetros de Cetona e linda como um cartão-postal, com castelo e tudo, onde Francisco pregou em 1212. Durante um tempo ele viveu confinado nos muros do tal castelo, original do século X, na companhia de alguns monges locais, ajudando a cuidar dos doentes no hospital de Santa Maria. Mas, como sempre, sentiu falta do isolamento e logo começou a explorar as colinas vizinhas em busca do refúgio perfeito. E acabou encontrando o que queria. Assim como nós, depois de muitas tentativas fracassadas.

Ao contrário de Cetona, o eremitério de Sarteano, a três quilômetros dessa cidade, é rico em histórias bem documentadas sobre Francisco. Foi aqui que ele, sempre ferrenho opositor da propriedade privada, recusou-se a ocupar a cela em que geralmente dormia depois de ouvir certo frade dizer que acabara de voltar da "cela de Francisco". Foi daqui que ele, afirmando poder ver o monte Subásio a sessenta quilômetros de distância, despachou o irmão Masseo até San Damiano para que perguntasse a Clara se a melhor maneira de servir ao Senhor era pela via da pregação ou da contemplação solitária. E também foi em Sarteano que ele teve um de seus épicos embates com o diabo.

Diz a história que, numa noite de muita neve, Francisco, tentado pelo diabo com os desejos da carne, tirou a túnica e com a corda açoitou o próprio corpo nu com tamanha virulência que se viu coberto de lanhos. Mas constatou que os desejos demoníacos continuavam. Foi então que o machucado e despido Francisco enfrentou o desejo saindo da cela para esculpir uma família inteira na neve.

Esculpiu o pai e a mãe, dois filhos e duas filhas, um criado e uma criada para cuidar deles, e em seguida berrou para o próprio corpo: "Depressa, eles estão morrendo de frio, precisam de roupas. Mas se tanto te preocupas em servi-los assim, por que não serves ao Senhor, e ao Senhor apenas?"[8] E com isso, segundo Celano, o diabo foi embora, "confuso", e Francisco voltou à cela, louvando a Deus.

Essa história é tão singular que precisamos de qualquer jeito encontrar o local onde Francisco construiu sua família de neve. Começamos tomando o caminho que nos foi indicado num café, subindo pela Via dei Cappuccini. Ficamos animados quando avistamos uma placa pintada à mão que diz "Celle di San Francesco"; continuamos a subir por uma estradinha de terra, terrivelmente íngreme, até chegarmos a uma encruzilhada em que mais uma placa, igualmente tosca, aponta o caminho para as *celle*. E então a coisa fica feia. Tomamos a direção indicada e continuamos a subir pela tal estradinha, cada vez mais estreita e esburacada, até que os arbustos das margens começam a cobrir o pára-brisa do nosso carro e as rodas começam a derrapar.

O mais prudente a fazer é dar marcha a ré até encontrarmos um lugar para manobrar e sair dali, mas em algum ponto dessa montanha encontra-se o eremitério de Sarteano. Portanto, deixo meu marido se ocupar da manobra e continuo subindo a pé pela estradinha, de tal modo íngreme que preciso improvisar um cajado para não rolar montanha abaixo. E de repente, depois de uma última curva, chego, já quase sem fôlego, a um pequeno terreno plano. À minha frente vejo um enorme paredão de rocha, mais ou menos da altura de um prédio de três andares, na base do qual há um túnel natural, em forma de arco e com aproximadamente um metro de abertura, sobre o qual mais uma placa informa: "San Francesco". Pronto: ali está o eremitério.

Arrastando-me através do túnel, chego a um complexo de covas — que mais tarde fico sabendo tratar-se de túmulos do período jônico — na face posterior da rocha, quase na borda do terreno plano. Tão logo me agacho para entrar numa dessas celas, descubro que definitivamente não sou a primeira a pôr os pés ali. Uma placa de madeira talhada diz: *"Una Notte Chiamo per Francesco"*, e por todos os lados vêem-se velas apagadas, flores ligeiramente murchas e fotografias de famílias e crianças, provavelmente em busca da bênção de Francisco. Quase não acredito em meus olhos, chego a achar que estou imaginando coisas, mas logo meu marido se junta a mim, também de gatinhas, e vê as mesmíssimas coisas.

BOA COMIDA, E OS PRIMEIROS EREMITÉRIOS DA TOSCANA 169

Decidimos então explorar as outras grutas, o que não é nada fácil. Aquele trecho da montanha é estreito demais, coberto de raízes entrelaçadas; além disso, para alcançar as grutas, é preciso escalar uma escorregadia trilha de rocha friável. Mas o perigo vale a pena. Uma das celas tem uma cruz esculpida na própria parede de pedra.

Suponho que poucos leitores farão a difícil viagem até esse eremitério. E com razão. Ali não há nenhum convento ou igreja medieval com esplendorosas obras de arte, tampouco belos jardins ou cachoeiras. Trata-se apenas de um tosco eremitério medieval, que nos dá uma boa idéia da dura realidade que Francisco e seus seguidores buscavam e enfrentavam. "[Francisco] freqüentemente buscava lugares isolados a fim de dedicar os pensamentos e o coração exclusivamente a Deus", escreve Celano.[9] Em nossa viagem não encontraríamos nenhum lugar tão "isolado" e autêntico quanto o eremitério de Sarteano. Em tempo: foi ao redor destas cavernas, no pico do inverno, que Francisco esculpiu sua família de neve.

Francisco tinha plena consciência da dificuldade da vida em lugares assim. Preocupado com o número cada vez maior de frades que optavam por viver em cavernas ou cabanas primitivas no alto das montanhas, ele escreveu, em 1217, uma "Regra dos Eremitérios".[10] Para garantir o vínculo "familiar" entre os membros da ordem, estipulou que cada eremitério devia ser ocupado por grupos de três ou quatro frades, "dois dos quais [deviam] agir como mães, tendo um ou dois filhos aos seus cuidados". Além disso, cada um teria direito a uma cela particular "onde [pudesse] dormir e fazer suas orações".

No entanto Francisco não relaxou consigo próprio. Preocupados com a saúde do "pai" durante um inverno particularmente frio, os frades acharam por bem acrescentar um forro de pele à túnica dele. E Francisco aceitou o presente, mas também pediu que outra pele fosse costurada pelo lado externo de modo que todos pudessem constatar sua hipocrisia.

O caminho de volta do eremitério de Sarteano, claro, é tão mais fácil para nós quanto deve ter sido para Francisco. Ali ele decerto encontrou a renovação espiritual de que precisava para dar seqüência à sua missão: salvar o maior número possível de almas. O que se tornava cada vez mais aparente, contudo, era o sucesso muito acima de qualquer expectativa que ele vinha obtendo com suas pregações. Eram tantos os adeptos que arrebanhava com sua mensagem de paz e redenção que por fim se viu obrigado a repensar a estrutura de seu movimento. A solução lhe ocorreria na pequena cidade de Alviano, na Úmbria — e multiplicaria seus seguidores aos milhares.

14 Andorinhas escandalosas em Alviano

ALVIANO, *onde Francisco silencia as andorinhas e considera a fundação de uma Ordem Terceira Franciscana.* SAN ROCCO, *a Porciúncula da Ordem Terceira, próximo a Montefalco. O minúsculo santuário de* SANT'ILLUMINATA, *perto de* ALVIANO, *onde talvez Francisco tenha formulado todo o projeto*

A viagem até Alviano, mais um cartão-postal em nosso longo itinerário, é simplesmente espetacular. A estrada começa margeando o rio Tibre, segue pela borda de uma impressionante ravina, passa pelo enorme lago artificial de Carbara e culmina no lago e no oásis de Alviano. O "oásis", uma enorme área pantanosa criada pelo represamento do Tibre, atrai cerca de 150 espécies diferentes de pássaros migratórios e é administrado pelo World Wildlife Fund. Funcionários do WWF fiscalizam todas as trilhas do lugar, bem como os "esconderijos" de onde os ornitófilos podem observar garças, águias-pescadoras e gansos. Na tarde de outubro em que ali chegamos havia uns trezentos patos e gansos dentro e fora do lago.

Pássaros de outra espécie são os personagens centrais de mais uma importante passagem da vida de Francisco. Foi ali, dentro dos muros daquela fortaleza com vista para o lago, que supostamente ele criou a Ordem Terceira Franciscana, composta de leigos urbanos. E tudo isso por causa de um bando de andorinhas.

Segundo os biógrafos medievais, Francisco chegou a Alviano em 1212 para pregar, mas deparou-se com um obstáculo da natureza. As andorinhas que tinham ninhos ali faziam tanta algazarra — "berravam" é a palavra usada por Celano — que as pessoas reunidas na praça central de Alviano não conseguiam ouvir o que ele tinha a dizer. Para resolver o problema, Francisco simplesmente conversou com os pássaros: "Irmãs andorinhas, agora é minha vez de falar, visto que vocês já falaram o suficiente."[1] A se acreditar em Celano, a passarada imediatamente se calou.

Segundo *I fioretti di San Francesco*, as pessoas de Alviano ficaram de tal modo impressionadas com o que viram que "se sentiram motivadas a abandonar a cidade e seguir Francisco por onde ele fosse".[2] Francisco por fim conseguiu dissuadi-las, mas com uma promessa: "Ninguém precisará partir atabalhoadamente para lugar nenhum, pois encontrarei outra maneira para que vossas almas sejam salvas." Foi a partir desse momento que ele começou a pensar na idéia de uma Ordem Terceira, destinada à "salvação de todas as pessoas em qualquer lugar".

Uma idéia brilhante. As pessoas vinham seguindo Francisco por onde ele passasse. Recém-casados, pais, mães e viúvas abraçavam seus ensinamentos e logo queriam imitar o estilo de vida franciscano. "Impelidas por inspiração divina, muitas pessoas — nobres e comuns, clérigos e leigos — procuravam São Francisco, desejosas de seguir na batalha sob a liderança e a disciplina dele", escreve Celano.[3]

O problema era que muitos desses novos adeptos tinham obrigações familiares e não podiam se dedicar à pregação itinerante nem filiar-se a um convento ou mosteiro. Queriam seguir Francisco sem quebrar o vínculo com essas obrigações. O resultado disso ainda é motivo de debate entre os historiadores franciscanos. Alguns afirmam que Francisco simplesmente aconselhou a seus seguidores seculares que continuassem a levar vidas puras e castas em suas próprias residências; outros, incluindo muitos dos biógrafos medievais, insistem em que ele fundou o que hoje é conhecido como os Irmãos e Irmãs da Penitência, ou Ordem Terceira Franciscana para adeptos tanto seculares quanto religiosos. "Assim, mediante a profunda devoção do bem-aventurado Francisco à Santíssima Trindade, a Igreja de Cristo fortaleceu-

O corpo de Francisco permaneceu escondido por seiscentos anos nas profundezas da Basílica de São Francisco, em Assis. Aqui se ouve Mozart entre os afrescos de Giotto.

A bela catedral de Espoleto, onde não encontramos a famosa carta de Francisco a frei Leão.

O convento de San Damiano, cuja capela Francisco reconstruiu depois de ouvir a cruz que ali se encontrava. Clara permaneceria enclausurada neste convento durante 41 anos.

Francisco ficou nu e renunciou ao próprio pai bem aqui, diante do palácio do bispado na Piazza del Vescovado, em Assis.

Gúbio é famosa pela história da domesticação de um lobo por Francisco; mais importante que isso, foi aqui que uma família local salvou a vida dele.

A abadia de Vallingegno é hoje um hotel à beira da estrada de Gúbio. Mas na época de Francisco era o mosteiro beneditino de San Verecondo. Os monges locais, nada hospitaleiros, puseram Francisco a lavar pratos.

A capela de Poggio Bustone, onde Francisco se debateu com a própria consciência.

Francisco passou de playboy a penitente, e ao deixar a capela da Gruta das Revelações era um humilde peregrino.

Francisco pregou aos pássaros em Pian d'Arca, santuário singelo e difícil de encontrar, próximo a Cantalupo.

Uma fenda nas rochas de Sant'Urbano, uma das muitas em que Francisco orou, sentindo-se mais próximo do Senhor.

Francisco jejuou aqui, na Isola Maggiore, no lago Trasimeno, nos quarenta dias e noites antes da Quaresma.

Meu marido não quis saber de jejum.

O adorável santuário toscano das Celle di Cortona, onde Francisco fundou um de seus primeiros eremitérios. Aqui ele escreveria o Último Testamento, pouco antes de morrer.

A Virgem Maria, coroada com um halo de lâmpadas, no topo da grande igreja de Santa Maria degli Angeli, perto de Assis, que abriga a pequena capela, a Porciúncula.

Um Francisco nu lutou contra a luxúria demoníaca ao esculpir uma família na neve de Sarteano, outro de seus primeiros santuários. À esquerda, eu me preparo para entrar na caverna de gatinhas.

O moderno porto de Ancona no Adriático, de onde Francisco partiu para a Terra Santa pela primeira vez; um acidente o obrigou a voltar.

O reluzente piso de travertino da Piazza del Popolo em Ascoli Piceno, com a imponente igreja de São Francisco ao fundo. Aqui Francisco foi cercado por uma multidão enquanto pregava.

O inimaginável pico de San Leo, onde Francisco entrou de "penetra" numa festa e recebeu de presente o monte Alverne.

A fugitiva Clara escondeu-se da fúria de seu tio na igreja do mosteiro de San Paolo delle Abbadesse, próximo a Assis. Este é o aspecto atual da igreja.

Um triunfante guerreiro muçulmano em Fariskur, no Egito; aqui, durante a quinta cruzada, Francisco se dispôs a andar sobre brasas a fim de converter pacificamente o sultão. Não conseguiu.

Francisco recuperou-se das agruras sofridas no Egito na Isola del Deserto, na lagoa de Veneza. Aqui ele decidiu renunciar ao posto de superior da ordem franciscana.

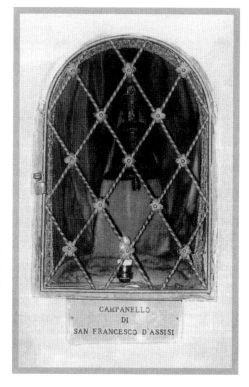

Numa excursão de pregações pelo sul da Itália, Francisco convocou uma multidão em Bari ao tocar este sino, atualmente conservado em relicário na igreja de Santa Maria degli Angeli.

Francisco promoveu a primeira encenação da Natividade numa caverna neste amplo santuário de Greccio, atualmente reconstruído. Também operou diversos milagres aqui.

Francisco recebeu os estigmas entre as rochas do monte Alverne, e desde então padeceu de dores torturantes.

A cama de pedra, coberta por oferendas deixadas por peregrinos, no eremitério de Monte Casale, próximo a Sansepolcro, onde o debilitado Francisco descansou a caminho do monte Alverne.

O papa ordenou que Francisco fosse à importante cidade medieval de Rieti a fim de tratar da doença nos olhos contraída no Egito. Os médicos do papa nada puderam fazer.

A minúscula capela de Madalena em Fonte Colombo, eremitério próximo a Rieti, onde outro médico tentou curar Francisco com uma cauterização das têmporas. Na foto menor, o desenho da letra grega "tau", o nosso "t", símbolo de Francisco, supostamente foi gravado na moldura da janela pelo próprio Francisco.

A Porta Ovile, em Sena, que Francisco cruzou ao ser levado, já moribundo, para o vizinho santuário de Alberino, rumo a Assis.

A igreja medieval de San Stefano, em Assis, cujos sinos dobraram espontaneamente quando Francisco morreu.

se com três ordens novas", diz *A lenda dos três companheiros*. "Cada uma a seu tempo, essas três ordens distintas foram devidamente aprovadas e confirmadas pelo sumo pontífice."[4]

A despeito de qual tenha sido sua composição inicial, a Ordem Terceira se revelaria um enorme sucesso. Francisco havia se beneficiado do renascimento religioso que varria os burgos e as cidades da Itália, renascimento que em grande medida era resultado de suas próprias viagens de pregação. "É fato histórico que por volta de 1215 deu-se nos centros urbanos da Itália um súbito acréscimo no número de penitentes, mesmo entre os casados", escreve G. G. Messerman em seu livro de 1961 sobre a história do movimento penitencial. Esse "inesperado acréscimo", ele continua, "é atribuído a São Francisco de Assis".[5]

Francisco escreveria uma "norma de vida" para os Irmãos e Irmãs da Penitência, supostamente a Carta aos Fiéis em que ele exorta os seguidores seculares a levarem uma vida de penitência, caridade, humildade e oração. "Ah, quão felizes e bem-aventurados tornar-se-ão os homens e mulheres que observarem tal comportamento e perseverarem nele, uma vez que o espírito do Senhor se deitará sobre eles", escreve Francisco.[6] No entanto conseqüências terríveis aguardam os que agirem de outra forma. "Os que morrerem em pecado, a despeito de onde, quando ou como se der a sua morte, terão a alma arrebatada pelo diabo, e só os que já passaram por semelhante infortúnio podem avaliar a angústia e o horror que ele encerra."

Aprovada verbalmente pelo papa Honório III em 1221 e formalmente em 1289 pelo papa Nicolau IV,[7] o primeiro papa franciscano, a "Regra" para os Irmãos e Irmãs da Penitência continha uma cláusula revolucionária: em prol da paz, os membros da Ordem Terceira eram proibidos de pegar em armas e orientados a evitar juramentos de qualquer espécie. Trata-se de um duro golpe para o feudalismo e para a capacidade de governos, comunas e latifundiários de arregimentar exércitos em situações de contenda. A proibição açulou de tal modo os membros mais aguerridos da sociedade da época que outro papa, Gregório IX, precisou emitir uma bula em 1228 para defender o direito dos membros da Ordem Terceira, cada vez mais perseguidos, de não atender às convocações de natureza militar.

Não obstante, a Ordem Terceira nunca deixaria de atrair pessoas extraordinárias, desejosas de adotar o modo de vida franciscano mediante a penitência. A grande amiga de Francisco em Roma, o "irmão" Jacopa, filiou-se à nova ordem, assim como membros de algumas das famílias reais da Europa: a canonizada princesa Isabel da Hungria, a canonizada rainha Isabel de Portugal, o canonizado rei Luís IX da França, e o casal real da Espanha, Fernando V e Isabel I.

De acordo com o site da Ordem Terceira, outros membros ilustres incluem: Cristóvão Colombo; os artistas Giotto, Rafael e Michelangelo; o cientista Louis Pasteur; os compositores Franz Liszt e Gounod; e o poeta Dante, sepultado na igreja de São Francisco em Ravena, supostamente trajando o hábito franciscano. A Ordem Terceira também produziu muitos papas e mais duas santas além daquelas "de sangue azul": Santa Margarida de Cortona, mãe solteira que seguira o caminho da penitência, e Santa Rosa de Viterbo, que converteu um vilarejo inteiro depois de passar três horas, incólume, em meio ao fogo de uma pira.

Comunidades de Irmãos e Irmãs da Penitência se multiplicaram por toda a Itália e logo se espalharam pelo resto da Europa. Algumas reuniam apenas leigos, outras apenas clérigos, passando a ser conhecidas respectivamente como Ordem Franciscana Secular e Ordem Terceira Regular. Homens e mulheres fundavam seus próprios mosteiros, conventos e igrejas, cada qual com seus próprios hábitos franciscanos. Em meados do século XV, ambas as ordens tinham um ministro-geral só para si, além de um da Porciúncula, na pequena igreja de San Rocco, perto da cidadezinha de Montefalco, na Úmbria.

Viemos a Montefalco em busca de San Rocco, onde Francisco fundou um mosteiro em 1215; a se acreditar nas histórias locais, ele também fez brotar uma nascente a fim de garantir o suprimento de água fresca. Mas também visitamos a cidade propriamente dita, com seus prédios enormes (Montefalco é conhecida como o "balcão da Úmbria"), onde se encontra o vibrante ciclo de afrescos quatrocentista sobre a vida de Francisco, executado pelo florentino Benozzo Gozzoli na igreja de São Francisco. Além disso, queríamos nos regalar com o mundialmente famoso vinho local, o tinto

Sagrantino. É tentador imaginar Francisco, que freqüentemente passava por ali, também se deliciando com a produção dos antiqüíssimos vinhedos locais.

Encontramos San Rocco, com não pequena dificuldade, na vizinha e minúscula Camiano. A igreja antiga hoje se encontra numa propriedade particular, uma pequena comunidade protegida por um portão, e jamais teríamos podido visitá-la não fosse por uma mulher que, passando por nós, ofereceu-se para destrancar o portão dizendo que, por lei, qualquer um pode ter acesso a San Rocco. O que ela não disse, contudo, foi que a casa adjacente à igrejinha era vigiada por um cachorro, que imediatamente se irritou com a nossa presença.

Apesar de todos esses percalços, nossa visita a San Rocco — muito antiga, ligeiramente pontuda e quase sem janelas — valeu a pena. Sólida e discreta, ela não lembra em nada a suntuosa Porciúncula de Assis. Exsuda autenticidade e parece um destino mais do que natural tanto para os seguidores medievais de Francisco quanto para os peregrinos de hoje.

A Ordem Terceira Franciscana continua em plena atividade no mundo inteiro e supostamente conta com alguns milhões de filiados. Encontramos vários deles ao longo de nossa viagem — a irmã velhinha e sorridente que administra um albergue para peregrinos em Assis, a moça jovem e bonita que conhecemos num convento nas Marcas, o nova-iorquino que tanta ajuda nos prestou —, e todos eles têm em comum uma espécie de dívida espiritual para com a igrejinha de San Rocco, onde seiscentos anos atrás a Ordem Terceira foi organizada, e também com o milagre das andorinhas em Alviano, onde duzentos anos antes a idéia nasceu.

O milagre é celebrado pelo afresco da capela das Andorinhas, também em Alviano, junto do magnífico pátio do castelo reconstruído no século XVI. O afresco, que retrata justamente Francisco silenciando as andorinhas, tem uma característica familiar: um dos rostos na multidão reunida em torno do pregador pertence a uma mulher conhecida como Donna Olimpia, do século XVII, que encomendou a obra.

*

Já que estamos em Alviano, não podemos deixar de visitar o eremitério de Sant'Illuminata nas cercanias da cidade. Acredita-se que Francisco tenha se hospedado muitas vezes neste mosteiro do século II — herdado pelos franciscanos dez séculos depois —, isolando-se numa gruta com uma singular "cama" de pedra revestida de "veludo". A informação é curiosa o bastante para nos motivar a escalar mais uma montanha. Cientes de que os jovens raramente sabem onde ficam os santuários franciscanos, paramos para pedir informações a uma velha senhora que caminhava sozinha pela estrada e ela nos diz para continuar subindo rumo a Guardia. Depois de vários erros no caminho, avistamos uma plaquinha amarela, com uma cruz, e seguimos por uma estradinha de cascalho por um olival, sem o auxílio de qualquer outra placa; por fim, acidentalmente chegamos a nosso destino: uma pequena gruta na encosta da montanha, com a inscrição: "Cripta di San Francesco".

Depois de visitarmos tantos eremitérios franciscanos, seria bastante razoável que já tivéssemos saciado completamente nossa curiosidade e que fôssemos indiferentes à descoberta de mais um. Mas essas grutas isoladas, e a reverência que continuam a inspirar, nunca deixam de me surpreender. Ali estamos no alto de uma montanha, sem praticamente nada em volta, diante de uma gruta de apenas um metro de largura e três de profundidade, sozinhos na beira de uma estrada; mas ali também estão as latinhas de alumínio com flores frescas do lado de fora da gruta, bem como as velas acesas, no altar, do outro lado da grade de ferro.

O folheto que recolhemos em Alviano nos informa que a pequena fenda na rocha foi provocada por um "furioso" terremoto e é uma espécie de miniatura de Alverne, a fenda bem mais dramática em que Francisco mais tarde receberia os estigmas. Mas fomos ali para ver "a cama de veludo" e, buscando a lanterna no carro, constatamos que a tal pedra de fato tem uma textura porosa, aparentemente aveludada.

Talvez Francisco tenha descansado e meditado ali depois de pregar em Alviano; talvez ali também tenha formulado a idéia de uma ordem secular para seus seguidores. Trata-se de um local adorável e tranqüilo, com uma vista esplêndida para o lago de Alviano. Ao deixar tamanha paz para voltar à dura realidade das pregações, ele decerto sentiu a mesma relutância que

ANDORINHAS ESCANDALOSAS EM ALVIANO

sentia ao deixar cada um dos eremitérios em que freqüentemente se demorava por meses. "[Francisco] às vezes temia que, sob o pretexto de se isolar para rezar, na verdade estivesse tão-somente buscando repouso para as fadigas que acumulava ao sair pregando pelo mundo", diz *A lenda de Perugia*.[8]

Mas Francisco jamais cedeu à fadiga. Ao contrário, pensava em expandir os limites geográficos de sua missão evangélica. Ainda jovem, havia sonhado em se tornar cavaleiro e expulsar os infiéis muçulmanos da sagrada Jerusalém. Em 1212, sonhou novamente em ir para o Oriente Médio, mas dessa vez para converter os infiéis simplesmente com a palavra.

Um sonho que não se tornaria realidade.

15 Novamente nas Marcas — o verde dos campos e o azul do Adriático

ANCONA, *de onde Francisco parte para a Síria.* SIROLO, *onde salva um homem.* ÓSIMO, *onde prega na companhia de um cordeiro.* SAN SEVERINO *e* ASCOLI, *onde arregimenta novos frades.* SAN LEO, *onde lhe dão a montanha em que receberá os estigmas*

Sentados numa cafeteria no agitado porto de Ancona, observamos o descarregamento de enormes navios da frota mercante. Carretas de dezoito rodas, uma atrás da outra, passam diante das janelas com as mais exóticas indicações de rota: Atenas, Sofia, Skopje, Patras, Pireu, Bucareste, Varsóvia. Caminhões e passageiros acumulam-se na linha de carga com destinos também exóticos: Zadar, Dubrovnik, Split, Esmirna e Istambul, Bodrum, Rodes e ilhas gregas. Um dos navios percorrerá todo o caminho até Alexandria, na embocadura do Nilo.

Na Idade Média, o porto de Ancona era igualmente agitado. O comércio da Europa com o Norte da África e o Mediterrâneo Oriental era muito intenso, e as caravelas mercantes passavam regularmente por esses mesmos portos, levando ou trazendo especiarias, tecidos, sal, azeite, ouro, vinho. As embarcações também serviam de transporte para comerciantes, cruzados, peregrinos e missionários. Um desses missionários, em 1212, era Francisco.

180   NA ESTRADA COM SÃO FRANCISCO DE ASSIS

Francisco destinava-se à Síria, determinado, segundo São Boaventura, a "pregar a fé cristã e a penitência aos sarracenos e a outros incréus" — ou morrer tentando fazer isso.[1] O martírio em nome de Cristo era considerado a mais alta prova de devoção pelos fervorosos religiosos medievais, e Francisco, que "ardia com o desejo de se tornar mártir", não era exceção.

Oportunidades não faltavam para que Francisco e demais cristãos se pusessem à prova. Os exércitos muçulmanos dominavam a maior parte do que hoje conhecemos por Oriente Médio, mas que à época era denominado Grande Síria: os atuais Síria e Líbano, Iraque oriental, Arábia Saudita setentrional, e grande parte da Jordânia, de Israel e da Palestina. Mas o prêmio cobiçado por todos, tanto à época quanto agora, era a cidade santa de Jerusalém.

Libertar Jerusalém era um dos maiores sonhos de Francisco, assim como de muitos europeus cristãos. Francisco tinha apenas seis anos em 1187, quando Jerusalém foi tomada dos cristãos pelos exércitos muçulmanos liderados pelo lendário curdo Saladino. Agora ele pretendia se dirigir para lá em missão de paz e obter o sucesso que a tantos outros havia escapado.

Quatro frustradas cruzadas cristãs já haviam partido da Europa quando Francisco chegou a Ancona. A terceira, a mais ambiciosa delas, havia sido liderada entre 1189 e 1192 pelas cabeças coroadas da Europa: o imperador germânico Frederico Barba-Roxa (que caiu do cavalo a meio caminho e morreu afogado), o rei francês Filipe II e o rei inglês Ricardo Coração de Leão. Os exércitos reais de fato conseguiram recuperar a posse de grande parte da costa palestina — incluindo Acre, a capital marítima do Reino Cruzado, que se tornaria um importante baluarte cristão ao longo do século seguinte.

Embora reaberta por Saladino para a peregrinação dos cristãos, Jerusalém permaneceu sob o rigoroso controle dos muçulmanos — e assim continuaria durante a quarta cruzada, que sequer se dirigiu à Terra Santa. Os venezianos, que detinham o lucrativo mandato papal para transportar os cruzados, viraram sua atenção, e suas velas, para a cristã ortodoxa e rebelde Constantinopla. Tamanho era o afã de saquear a capital do império bizantino que os venezianos e sua leva de cruzados, liderados pelo octogenário e cego doge de Veneza, sequer se lembravam de Jerusalém.

Essa vergonhosa cruzada, que deixaria Constantinopla sob o jugo de Roma pelos cinqüenta anos seguintes, terminou em 1204, oito anos antes de Francisco decidir embarcar em sua própria cruzada ou, como acreditam alguns, juntar-se a alguma outra já em andamento.

A chegada de Francisco a Ancona, em 1212, coincidiu com a chamada "cruzada das crianças". A versão romântica e essencialmente trágica dessa "cruzada" (ilegítima porque não contava com a sanção do papa) envolve dois meninos de doze anos, um na França e outro na Alemanha, que mais ou menos simultaneamente tiveram uma visão de Jesus, que os instruíra para libertar Jerusalém mediante uma cruzada de inocentes. Poucas das quarenta mil crianças que se dirigiram à costa do Mediterrâneo por lá chegaram — e nenhuma delas alcançou a Terra Santa. As alemãs em grande parte encontraram seu fim na travessia dos Alpes, e as francesas, que sofregamente conseguiram chegar ao porto de Marselha, logo se deram conta de que as águas do Mediterrâneo não se abririam para elas tal como havia sido prometido. A tragédia culmina com as crianças que de algum modo conseguiram partir de barco: se não naufragaram, foram capturadas por piratas e vendidas como escravas.

A segunda versão dessa mesma cruzada, a que diz respeito a Francisco, é bem menos comovente. De acordo com os lingüistas, a palavra latina *pueri* refere-se tanto a "meninos" ou "crianças" quanto a "servos sem terra". Portanto, para os que seguem essa teoria, as "crianças" dessa última cruzada na verdade constituíam um confuso exército de depauperados que, imbuídos do fervor religioso da época, acreditavam caber a eles, e não aos nobres e cavaleiros armados, a divina missão de libertar Jerusalém. É bem possível que Francisco, símbolo vivo da santa pobreza, se encontrasse entre eles.

E assim ele atravessou as Marcas até Ancona, como tantos outros, na tentativa de chegar à Terra Santa. E como tantos outros também fracassou. Acompanhado de um frade desconhecido, conseguiu tomar um barco, mas levado por ventos desfavoráveis, o barco, em vez de navegar para sudeste rumo a Rodes e de lá seguir para a cidade portuária de Acre, viagem de aproximadamente três semanas, cruzou 95 milhas na direção noroeste e foi dar na costa da Dalmácia, do outro lado do Adriático. Alguns dizem que o navio de Francisco naufragou e que ele se salvou apenas porque contava com a proteção divina; seja como for, o fato é que ele ficou ilhado no porto de Zara, atual Zadar, na Croácia.

Hoje a travessia de Zadar para a Itália não leva mais do que algumas horas; para Francisco, contudo, a viagem de volta revelou-se ainda mais atribulada que a de ida. Segundo São Boaventura, ele não tinha dinheiro para a passagem, e a desalmada tripulação com destino a Ancona não deu ouvidos às suas súplicas no sentido de que o levassem "somente por amor a Deus".[2] Assim sendo, Francisco e seu companheiro de viagem viram-se obrigados a lançar mão do velho truque de se esconder no porão do navio. Certamente teriam morrido de fome não fosse a boa alma, "enviada por Deus ao pobre homem", que chegou ao porto pouco antes de o navio zarpar e furtivamente entregou a um marujo temente a Deus toda a comida de que Francisco e seu amigo precisariam durante a travessia, instruindo-o para alimentá-los "com afabilidade, sempre que tivessem fome".

Mas o problema da fome não se limitaria aos dois clandestinos. Celano conta o que aconteceu depois que uma "terrível tempestade"[3] obrigou os marujos a "pelejar com os remos durante muitos dias". Com o atraso na viagem, o suprimento de víveres minguou até que, a bordo, não havia outra coisa para comer senão o pequeno suprimento milagrosamente providenciado para Francisco — o que deu azo a um segundo milagre. "A comida multiplicou-se de tal modo que bastou para alimentar fartamente todos os tripulantes até a chegada, depois de muitos dias de atraso, ao porto de Ancona", escreve São Boaventura.[4] A essa altura, os marujos desalmados já haviam radicalmente mudado de atitude em relação aos dois clandestinos, dando-se conta de que tinham "sobrevivido a tantas ameaças de morte por intermédio daquele servo do Senhor".

De volta a terra firme, Francisco achou por bem prosseguir salvando almas no próprio país, mais especificamente nas Marcas. Não abriria mão do sonho de converter os sarracenos: tentaria outra vez, e teria igual fracasso, em 1213, depois de adoecer gravemente na Espanha, a caminho do Marrocos. Mas, no ponto em que estamos, ele deixou o porto de Ancona e "pôs-se a caminhar pela terra, plantando as sementes da salvação", escreve São Boaventura.[5] Sua nova excursão missionária começaria em Ancona e prosseguiria pelos burgos na costa e nas montanhas das Marcas, onde "granjearia proveitosas colheitas". Passada a desconfiança inicial, o povo simplório das Marcas havia se tornado mais receptivo do que os habitantes de outras partes da Itália, e em pouco tempo, escreve Celano, "muitas pessoas de bom coração (...) adotaram com fervor o modo de vida e os ensinamentos de Francisco".[6]

Para nós, seguir os passos de Francisco pelas Marcas revela-se uma experiência inesperadamente deliciosa. A leste, a pequena província tem pela frente o ensolarado Adriático e, a oeste, é confinada pelos montes Sibilinos, de cumes cobertos de neves eternas. Entre uma coisa e outra, a terra fértil das Marcas é um belo mosaico de fazendas e vinhedos, e as cidadezinhas montanhesas praticamente não recebem turistas. Não nos faltaram oportunidades para saborear a esplêndida cozinha local: grelhados de peixe fresco; *coniglio in coccio*, coelho cozido em vinho branco e leite; *olive Ascolane*, especialidade das Marcas que consiste em gigantescas azeitonas empanadas e recheadas com carne moída e queijo; tudo isso regado com uma garrafa de Verdicchio, o vinho branco da região.

A primeira e agradabilíssima parada de Francisco, nossa também, foi o minúsculo balneário de Sirolo, a onze quilômetros de Ancona. Acredita-se que ele tenha se hospedado num albergue cravado nos muros da cidade, hoje um sofisticado e exclusivo hotel de sete quartos, o Locanda Rocco, onde também nos hospedamos. E num dos quartos do pavimento superior, ele operou mais um milagre: salvou a vida de um homem que estava prestes a cair do arco adjacente ao albergue e se espatifar na rua de pedra. E também foi nesse quarto que ficamos.

Uma das janelas dá para o tal arco de pedra, ponto de entrada da cidade, encimado pela cruz dos cruzados; uma segunda, para o Adriático; e uma terceira, para o distante, gigantesco e iluminado santuário de Loreto, que abriga, segundo acreditam os fiéis, a casinha original da Virgem Maria em Nazaré, transportada por anjos até a Itália em 1294. Francisco supostamente previu o "vôo" da casinha para Loreto, onde à época vivia uma ativa comunidade franciscana — profecia perfeitamente condizente com o *ethos* das Marcas na Idade Média.

Os habitantes locais, incluindo os primeiros frades franciscanos que ali nasceram, eram conhecidos por sua natureza mística e seu pendor para a poesia. *I fioretti di San Francesco* foi escrito por um frade natural das Marcas e inclui diversas histórias sobre frades locais em estado de êxtase religioso. Um deles, João de Fermo, "corria como se estivesse embriagado, às vezes atravessando o jardim, às vezes o bosque, às vezes a igreja, de acordo com a chama e a força do espírito que o impelia".[7] Posterior a João, outro frade originário das Marcas, o popular São José de Cupertino, protetor dos estudantes em dia de prova, freqüentemente levitava e voava pelos ares. Seus restos mortais encontram-se expostos numa vitrine na igreja que lhe foi consagrada em Ósimo, uma das cidadezinhas montanhesas das Marcas.

Sirolo é mais um repositório desse mesmo misticismo. Na fachada de uma minúscula capela situada na mesma rua do hotel Locanda Rocco, uma placa de pedra talhada reconta a lenda das árvores ainda existentes que Francisco ali plantou em 1212. Em virtude da cor viva das vagens de sementes, essas árvores são chamadas pelos locais de "as cerejeiras de São Francisco".

As tais "cerejeiras" encontram-se no terreno da vila Vetta Marina, hoje uma propriedade particular, onde ficava o convento doado a Francisco por um nobre das Marcas em 1212, ou talvez numa segunda visita à região em 1215. Massimo, caseiro da vila e companheiro de caçadas do proprietário do hotel Locanda Rocco, gentilmente nos mostra as ruínas do antigo convento e em seguida nos conduz por uma trilha de cascalho até o penhasco à beira-mar onde termina a propriedade. Segundo as histórias locais, foi do alto deste vertiginoso penhasco que Francisco pregou para os cardumes que se reuniram nas águas cristalinas do mar, cem metros abaixo, para ouvir as palavras do santo homem.

As lendas das Marcas nos parecem cada vez mais encantadoras. Por exemplo, a saga de Francisco e o cordeiro que nos leva de Sirolo até Ósimo, através de uma estrada cercada de tábuas. De acordo com Celano, Francisco e um de seus seguidores, frei Paulo, caminhavam por essa mesma estrada quando Francisco se deparou com algo que julgou um sacrilégio: um único cordeiro abandonado em meio a um rebanho de cabras. Francisco associava os cordeiros a Jesus e, apesar de todo o amor que tinha pelos animais, nutria um evidente desprezo pelas cabras. "Vês aquele cordeiro caminhando tão humildemente entre tantas cabras?", ele perguntou a frei Paulo. "Pois então: assim também, resignado e humilde, Nosso Senhor Jesus Cristo caminhou entre os fariseus e os sumos sacerdotes."[8]

A fim de poupar o cordeiro de tamanha humilhação, Francisco pensou em comprá-lo, mas ele e Paulo não tinham dinheiro nenhum, e as túnicas puídas que ambos vestiam não valiam o suficiente para um possível escambo. Por milagre, um comerciante em viagem surgiu na cena e ofereceu-se para lhes comprar o animal. Agora Francisco e Paulo tinham um cordeiro, e com ele seguiram para Ósimo, onde visitariam o bispo.

Chegamos em Ósimo numa manhã fria e cinzenta, e a cidade, de ruas muito íngremes, inicialmente pareceu-nos triste e sombria. Talvez porque nela tivemos o primeiro, e único, encontro desagradável de nossa viagem: a caminho da Catedral de San Leopardo, paramos numa lanchonete a fim de nos aquecermos com um bom *cappuccino*, e um bêbado, junto ao balcão, aparentemente nos achincalhou de tal forma em italiano que um freguês tomou nossas dores e o expulsou do lugar.

A recepção a Francisco certamente foi mais calorosa que a nossa, ainda que não totalmente satisfatória. Ele, Paulo e o cordeiro escalaram a mesma ladeira e os mesmos degraus que conduzem ao santuário, onde foram recebidos pelo assustado bispo. Segundo Celano, apesar de "comovido"[9] com a parábola do cordeiro, o tal bispo não se ofereceu para ficar com o animal. Portanto, depois de pregar para a boa gente de Ósimo na manhã seguinte, Francisco deixou a cidade com os dois companheiros, já começando "a se perguntar o que faria com o cordeiro".

A solução por ele encontrada nos faz atravessar cerca de quarenta quilômetros pelas Marcas até a importante cidadezinha medieval de San Severino, onde Francisco doou o inoportuno cordeiro às Pobres Damas ali enclausuradas. Ao contrário do bispo de Ósimo, as Pobres Damas de San Severino receberam o animal como "um belo presente de Deus"[10] e, segundo Celano, "cuidaram [dele] com absoluta devoção"; além disso, com a lã tosquiada confeccionaram uma túnica para Francisco, que a recebeu já em Assis, "com muita reverência e entusiasmo, abraçando-a e beijando-a".

O centro medieval de San Severino, com sua bela praça oval cercada de arcadas, é rico em testemunhos da história franciscana. Francisco oficialmente esteve ali por pelo menos duas vezes, deixando em sua esteira um sem-número de milagres: um menino curado de lepra, um homem ressuscitado depois de esmagado por uma pedra. Pregando, converteu vários filhos de San Severino à sua ordem, inclusive o irmão Masseo, um de seus frades mais antigos e próximos, e o irmão Bentivoglia, cujo corpo está exposto numa das muitas igrejas da cidade (de tão bem preservado, o rosto passou a assustar as pessoas e agora está coberto por uma máscara de cera, mas os pés esqueléticos ainda estão descobertos).

Os entusiasmados frades das Marcas, por sua vez, converteram outros jovens de San Severino, incluindo certo anônimo "muito vaidoso" que, segundo *Os feitos do bem-aventurado Francisco e de seus companheiros*, havia sido um "nobre refinado e lascivo".[11] E também foi ali, no mosteiro por ele mesmo fundado, que Francisco fez uma de suas mais célebres conversões.

Fomos recebidos pelo irmão Fabio na igreja situada no alto de uma colina com vista para a cidade. Fabio é um capuchinho, ramo autônomo da ordem franciscana, fundado nas Marcas no início do século XVI em protesto contra as práticas um tanto seculares dos herdeiros do irmão Elias. É jovem, ostenta a mesma barba dos demais capuchinhos e usa o tradicional hábito marrom de capuz pontudo, símbolo dos trajes que usavam Francisco e seus primeiros seguidores; o capuz pequeno e arredondado de outras ordens franciscanas supostamente simboliza o relaxamento das regras inicialmente estabelecidas por Francisco. (Com seu indefectível senso de humor, os italianos se basearam na cor do capuz dos capuchinhos para dar nome ao atual café *cappuccino*.)

NOVAMENTE NAS MARCAS — O VERDE DOS CAMPOS E O AZUL... 187

Bem, voltando à célebre conversão e ao motivo de nossa visita ao irmão Fabio. Foi nesta pequena igreja do século XII, ele nos diz, que se deu a inesperada e dramática conversão do "Rei dos Versos" Guilherme de Lisciano, laureado poeta da corte do imperador Frederico II. Guilherme, cuja irmã era uma Pobre Clara, assistia a um dos sermões de Francisco, apenas por curiosidade, quando subitamente viu duas reluzentes espadas, dispostas na forma da cruz de Jesus, surgirem no peito de Francisco. "Perplexo com a visão", escreve São Boaventura, ele "imediatamente optou por uma vida melhor".[12]

Irmão Pacifico, como Francisco nomeou o poeta, tornou-se uma eminente figura na primitiva ordem franciscana. Em 1217 foi enviado à França, onde fundou o primeiro braço dos Frades Menores em território francês, e sete anos mais tarde esteve em Alverne, na ocasião em que Francisco recebeu os estigmas. A ele também se atribui a transcrição em versos dos ditos e canções de Francisco. E foi exatamente ali, na igreja de San Severino, que em 1212 ele teve a visão das espadas e foi admitido na ordem.

Naturalmente a igreja mudou muito desde os dias de Francisco. Irmão Fabio nos informa de que ela foi aumentada pelas Pobres Damas no século XIV em comemoração à canonização de Santa Clara; janelas e um arco gótico foram acrescentados. No século XVI, contudo, as irmãs deixaram o lugar, que passou a ser ocupado pelos capuchinhos — com resultados desastrosos. Os austeros frades acharam os afrescos opulentos demais e não hesitaram em cobri-los de estuque. No século XVIII, acrescentaram mais uma janela e um pavimento. "Fizeram tantas mudanças que mal podemos reconhecer a igreja original", lamenta-se o irmão Fabio.

Mesmo assim, admirando o crucifixo do século XIII sobre o altar, posso facilmente sentir a presença de Francisco nessa parte velha da igreja. E em outros lugares também: nos belos jardins do convento; na enorme Porta de São Francisco, no topo da colina, perto das ruínas da igreja do mesmo nome; no extraordinário acervo da Pinacoteca Civica, o museu municipal de San Severino, que inclui o retábulo da Madonna della Pace, executado por Pinturicchio no século XV, além de dois retábulos do século XIV, de Paolo Veneziano, remanescentes do antigo convento das Pobres Damas. Nesse mesmo museu, uma sala inteira abriga fragmentos dos afrescos da velha Igreja de São Francisco: um deles retrata Francisco diante do papa Honório III, e outro, um agoniado Francisco carregando a igreja nos próprios ombros.

Francisco teve sucesso ainda maior em Ascoli Piceno, conseguindo trinta novos frades. A cerca de sessenta quilômetros de San Severino, Ascoli fica à margem da Via Salaria, a antiga mas ainda movimentadíssima estrada dos tempos romanos que corta a província das Marcas, atravessando os Apeninos e ligando o Adriático a Roma. A chegada a essa agitada cidade, repleta de arranha-céus, não parece promissora; mas o centro histórico revela-se uma extraordinária surpresa.

Muitas das praças e calçadas são pavimentadas com a pedra travertina da região, também utilizada nos detalhes arquitetônicos de diversas residências. Tudo rebrilha ao sol — e também na chuva, infelizmente para nós. Mas o mau tempo em nada afeta nosso entusiasmo por essa rica cidade, ao mesmo tempo antiga e moderna, com seus muitos cafés, restaurantes e construções medievais.

Seguindo os passos de Francisco, vamos até a Piazza Arringo, diante da Catedral de Sant'Emidio, onde supostamente ele proferiu o apaixonado sermão que lhe valeu tantos novos adeptos. A praça está sendo repavimentada; um grupo de pessoas cerca o habilidoso pedreiro para vê-lo assentar cada laje, perfeitamente ajustada às demais, e em seguida bater três vezes com o cabo da colher a fim de fixá-la na areia por baixo.

Por séculos, a Piazza Arringo serviu de palco para as assembléias públicas de Ascoli. Políticos, revolucionários e pregadores itinerantes, incluindo Francisco, proferiam seus discursos sob a copa de um olmo. A árvore parece que já se foi, mas a pequena multidão que transita por ali no movimentado horário de almoço talvez seja tão numerosa quanto aquela que recebeu Francisco no século XIII — porém muito mais ordeira.

Francisco era considerado uma espécie de Cristo na Terra, afirmam os biógrafos, e sua chegada a Ascoli por pouco não resultou em tumulto. Uma das versões do episódio é recontada na biografia versificada por Henrique de Abranches a pedido do papa Gregório IX, amigo de Francisco.

> *Tão logo entra na cidade de Ascoli,*
> *É cercado por doentes, que, acotovelando-se,*
> *Tentam ao menos tocar-lhe a barra da túnica.*
> *Aos olhos deles é uma relíquia, e tanto puxam*
> *Que a reduzem a trapos. Pedem bênção para o pão,*
> *Cujas migalhas, salgadas pela fé, aplacam dores,*
> *Curam males e dão alívio aos ferimentos.*[13]

A versão de Celano para a passagem de Francisco por Ascoli é apenas ligeiramente menos dramática. "Ali ele pregou a palavra de Deus com o habitual fervor. Tomadas de devoção e graça, as pessoas se atropelavam na ânsia de ouvi-lo e vê-lo. Trinta homens, clérigos e leigos, receberam das mãos dele o hábito da sagrada religião."[14]

O impacto de Francisco sobre os habitantes de Ascoli é fartamente comprovado pelo acervo dos museus, galerias e igrejas da cidade. Na igreja de San Gregorio Magno, um singelo afresco do século XIII, talvez um dos primeiros retratos de Francisco, mostra-o ainda muito jovem, pregando para os pássaros. Na Pinacoteca Civica, Francisco está entre os diversos santos retratados pelo quatrocentista Carlo Crivelli, que buscou refúgio em Ascoli depois de um escandaloso caso de adultério em Veneza. Uma enorme e escura reprodução de Francisco recebendo os estigmas, escondida num canto mal iluminado, é atribuída a ninguém menos que Tiziano Vecellio, conhecido simplesmente como Ticiano, o genial veneziano quinhentista. O museu também exibe o belíssimo manto bordado no século XIII com fios de ouro e prata e usado por um ilustre filho de Ascoli: Nicolau IV, o primeiro papa franciscano.

A chuva é o pretexto perfeito para que, antes do próximo museu ou igreja, entremos no maravilhoso Caffè Meletti, em estilo *art nouveau*, situado na praça central de Ascoli, a Piazza del Popolo. Ao que parece, a cidade inteira diariamente se reúne em torno das mesinhas de mármore branco de Carrara e nos sofás de veludo vermelho do lugar, seja para uma xícara de café, uma porção de *prosciutto* ou uma taça de *anisetta*, o tradicional aperitivo da casa. E é com enorme prazer que nos juntamos a eles.

190   NA ESTRADA COM SÃO FRANCISCO DE ASSIS

No aconchego do Meletti, aproveitamos para admirar as magníficas construções medievais de mármore da *piazza*, o que preenche fartamente nossa pausa matinal. Uma dessas construções ocupa um lado inteiro da praça: a gigantesca igreja de São Francisco, original do século XIII.

Há muito aprendemos a contratar guias bilíngües quando estamos em importantes centros franciscanos, como Assis, Perugia ou San Severino. Nossa guia em Ascoli — Leila, que traz consigo o filhinho de um ano, Leonardo, e uma amiga bem mais fluente em inglês, Emanuella — aponta para os detalhes no pórtico de travertino entalhado que circunda a entrada principal da igreja, detalhes que de outra forma jamais teríamos percebido: o pico triangular do pórtico representa Cristo falando ao mundo por intermédio das imagens franciscanas que encimam todas as colunas superiores; as doze rosáceas descendentes representam os apóstolos, e a única aberta, a quarta de cima para baixo, representa os quatro evangelistas, Mateus, Marcos, Lucas e João; os setenta e dois losangos representam os trinta e seis primeiros pares de cristãos a divulgar a palavra de Cristo; as imagens de São Francisco e Santo Antônio seguram livros a fim de identificá-los como pregadores. E assim por diante.

Leila chama nossa atenção para o desgaste nas colunas cilíndricas que flanqueiam a porta da igreja; segundo ela, o desgaste deve-se aos peregrinos que golpeiam a pedra com os nós dos dedos para ouvir o som produzido, semelhante ao do tubo de um órgão. Fazemos o teste e constatamos que a semelhança é mesmo real. "Música para os franciscanos próximos de Deus", diz a guia.

Uma missa está sendo rezada na cavernosa igreja, portanto procuramos fazer o menor barulho possível. Algumas das rosáceas contam histórias antigas: Francisco e seu primeiro encontro com o papa Inocêncio III, Francisco pregando em Ascoli. Outras são surpreendentemente modernas: uma retrata o papa Paulo VI discursando nas Nações Unidas em 1965; outra, um homem relativamente jovem, de aspecto professoral, óculos de aros de metal e uniforme de prisão.

Trata-se de Maximilian Kolbe, frade polonês e mártir canonizado que durante a Segunda Guerra Mundial foi enviado pelos alemães para Auschwitz por ter escondido dois mil judeus em seu convento. Kolbe foi assassinado depois de voluntariamente tomar o lugar de um jovem pai condenado, com outros nove, à morte por inanição devido à fuga de três prisioneiros de guerra. Conta-se que Kolbe procurava fortalecer o espírito dos famintos puxando rezas e cânticos, até que se viu como último dos sobreviventes. Os alemães, então, mataram-no com uma injeção de ácido carbólico.

Francisco decerto foi um modelo de coragem e determinação para o irmão Kolbe, o que chega a ser reconfortante em vista dos horrores que ele soube suportar. Tivesse vivido em Ascoli cerca de setecentos anos antes, Kolbe muito provavelmente estaria entre os trinta homens que Francisco converteu à sua ordem, todos os quais, Francisco inclusive, almejariam a condição de mártir.

Depois de uma última e nostálgica xícara de *cappuccino* no Caffè Meletti, deixamos Ascoli através da ponte romana sobre o rio Tronto. Francisco operou um milagre ali, salvando um homem que caíra no rio, mas nossa travessia se dá sem qualquer sobressalto. Nosso destino, passando pela elegante cidade de Urbino (não sabemos se esse também foi o itinerário de Francisco), é a mais importante — e rica em testemunhos — cidade visitada por Francisco nas Marcas: San Leo (São Leão).

Não há como olhar para San Leo sem pensar que se trata de uma miragem. Não parece viável uma cidade existir no topo de um pico que irrompe do chão até quinhentos metros de altura, o equivalente a um prédio de vinte e três andares, formando uma escarpa praticamente vertical. Não foi à toa que Dante espelhou sua versão do purgatório nesse lugar. E ali estamos nós, na base do apavorante espigão, com placas rodoviárias que apontam para as alturas como se San Leo fosse um destino como outro qualquer. Tão logo começamos a escalar a espiral cravada na rocha, tenho crises de vertigem que jamais suspeitava possíveis e logo me arrependo de não ter trazido um pára-quedas.

Em vez de se intimidar, Francisco ficou entusiasmado quando, na primavera de 1213, ele e frei Leão alcançaram a base do pico. Foram informados de que lá no alto, no castelo de Montefeltro, festejava-se a condição de cavaleiro recentemente outorgada a um dos condes locais. O banquete e os torneios haviam atraído nobres de toda a região, o que para Francisco representava uma excelente oportunidade de recrutamento. Segundo *I fioretti di San Francesco*, ele teria dito a Leão: "Subamos a esse festival, pois com a ajuda de Deus lá colheremos alguns bons frutos espirituais."[15]

Então, assim como nós, lá se foi Francisco. Também como nós, ele chegou à cidade pela pequenina praça principal, nomeada em homenagem a Dante. Depois de nos registrarmos no hotel Castello, no sobrado de um restaurante, constatamos que nossa janela dá vista para o olmo e a mureta de pedras, num dos cantos da praça, onde Francisco pregou aos nobres. "E com o espírito em ebulição, ele subiu num muro baixo e começou a pregar", continua *I fioretti*.[16] Falando em vernáculo, como sempre, foi tão eficaz em seu sermão de penitência e redenção que conseguiu calar a algazarra dos nobres, os quais passaram a ouvi-lo "como se ali falasse um anjo de Deus".

Entre os nobre reunidos na praça encontrava-se Orlando, "um importante e rico conde da Toscana" que já admirava a reputação de Francisco. Orlando ficou tão comovido ao ver e ouvir Francisco pessoalmente que o puxou de lado para conversar sobre "a salvação [da própria] alma".[17] Sempre um diplomata, e ciente de sua condição de "penetra", Francisco sugeriu que o conde passasse o resto do dia na companhia dos amigos, "uma vez que és um convidado", e o procurasse à noitinha, depois do banquete.

O Palazzo Nardini, onde os dois se encontraram, fica logo ali, do outro lado da nossa praça. Mas há um problema. Está trancado, e a chave fica sob a custódia do pároco Dom Sergio. Romina, a jovem e simpática proprietária do hotel Castello, telefona a Dom Sergio e marca um encontro conosco, no lendário *palazzo*, para a manhã seguinte, às 8h15. E então começa nossa busca frenética por um intérprete.

Romina infelizmente não pode nos ajudar: a manhã é um horário agitado no hotel em razão dos locais que ali tomam seu café antes de ir para o trabalho. Talvez Francesca, da tabacaria, possa traduzir para nós: ela fica animada com a idéia, uma ótima oportunidade para praticar o inglês que está estudando, mas a loja também é bastante procurada no período da manhã, e o pai doente não pode ficar no lugar dela. Quem sabe, então, o professor de inglês de Francesca? Ela se dispõe a fazer a ligação e perguntar. Se isso não der certo, o plano será visitar o *palazzo* com o padre e depois arrastá-lo até a tabacaria de modo que Francesca possa traduzir as perguntas que porventura me ocorrerem.

Já conheço, das biografias medievais, a história do importantíssimo encontro entre Francisco e o conde Orlando, mas não quero perder nenhuma palavra sobre onde o encontro realmente se deu. A transação efetuada nesse colóquio mudaria não só a vida de Francisco como também a história da religião.

"Irmão Francisco", *I fioretti* citam o conde, "sou proprietário de uma montanha na Toscana, bastante erma e perfeitamente adequada a alguém que deseja se penitenciar num lugar isolado ou que deseja levar uma vida solitária."[18] A tal montanha, que o conde pretendia ceder a Francisco em troca da salvação de sua alma, chamava-se, e ainda se chama, Monte Alverne, onde, onze anos mais tarde, Francisco se tornaria a primeira pessoa na história oficial a receber os estigmas.

Francisco, sempre à procura de recantos distantes para se dedicar à contemplação, deu graças ao Senhor por essa inesperada ocasião e agradeceu a Orlando, dizendo que, uma vez terminado o festival de San Leo, ele mandaria dois de seus frades à residência do conde em Chiusi, a poucos quilômetros da montanha prometida, para examinar se ela de fato era adequada "às orações e à penitência".

Segundo *I fioretti*, os emissários de Francisco ficaram perdidos, mas por fim chegaram ao castelo de Orlando, onde foram recebidos como "anjos de Deus".[19] Para que nenhum infortúnio lhes sucedesse durante a exploração de Alverne, o conde mandou com eles uma escolta de cinqüenta homens armados. Os frades, claro, não viram nada de errado com a montanha e imediatamente se puseram a construir uma pequena cabana de galhos com a ajuda dos guardas e suas espadas.

E assim começou a custódia de Alverne pelos franciscanos, corroborada por um extraordinário documento firmado pelos irmãos e filhos do conde

Orlando depois da morte dele.[20] O documento, datado de 9 de julho de 1274, oficializa a posse vitalícia da montanha verbalmente cedida a Francisco em 8 de maio de 1213, em San Leo. A escritura também promete a devolução aos frades da toalha usada por Francisco, Orlando e seus filhos durante as refeições, da taça de vinho e da tigela de madeira usadas por Francisco, bem como do cinturão de couro de Orlando, que Francisco abençoou e usou para "cingir" o conde ao lhe entregar o hábito, provavelmente o da Ordem Terceira. E tudo isso começou na pracinha bem diante do nosso hotel.

Enquanto esperamos por notícias do intérprete, passeamos pela minúscula San Leo, admirando a igreja paroquial de Santa Maria Assunta, do século IX, com seus pilares romanos e capitéis bizantinos reaproveitados de um templo pagão dedicado a Júpiter. Hoje é domingo e um fluxo constante de famílias italianas passa por aqui, acendendo velas até consumir todo o estoque disponível na igreja. Um coral visitante subitamente começa a cantar um *Nobis Domini Gloria*, que ecoa pela nave.

Não há dúvida de que Francisco esteve nesta igreja de pedra bruta, maravilhosamente singela e iluminada apenas por três pequenas janelas, como decerto também esteve na catedral vizinha, do século XII, atualmente cercada por andaimes e fechada à visitação. Todavia, não esteve no principal ponto turístico de San Leo: a descomunal fortaleza do século XV, ainda mais acima no espigão, encomendada pelo duque de Urbino e posteriormente usada como prisão federal.

O prisioneiro mais célebre do lugar foi o setecentista conde de Cagliostro, intelectual, alquimista e maçom preso por heresia em Roma e condenado à prisão perpétua na fortaleza. Cagliostro sobreviveu por quatro anos numa cela solitária, onde recebia as refeições através de um alçapão no teto de modo que os guardas não sucumbissem a seu irresistível carisma. Por afrontar a hedionda e absolutista Inquisição com seu interesse pela ciência, recebeu o castigo adicional de ocupar uma cela cuja única janela, protegida por tripla grade de ferro, dava vista somente para as igrejas de San Leo. O tema da Inquisição prossegue no museu da cidade, onde se encontram expostos todos os instrumentos medievais de tortura concebíveis: camas de prego, cadeiras de prego, coleiras de prego, cintos de prego para castração — acompanhados de ilustrações bastante explícitas sobre o modo de utilizá-los.

Meu interesse maior é pelo olmo sob o qual Francisco pregou em 1213. A árvore anciã tombou em 1637, data repetida por muitos dos historiadores amadores de San Leo. Os despojos foram levados para o convento franciscano de Sant'Igne, mais abaixo no espigão, onde aos poucos foram desaparecendo, os pedacinhos arrancados por peregrinos em busca de relíquias. A árvore que vemos hoje foi plantada em 1937 numa pomposa cerimônia: a bordo de uma carruagem, subiu pela montanha num cortejo de jovens em trajes medievais e frades franciscanos entoando cânticos gregorianos; o episódio é encenado todos os anos no mês de maio. A árvore é tão querida em San Leo que figura no brasão municipal, o que faz de San Leo a única cidade na Itália — assim me asseguram os historiadores — a homenagear oficialmente a memória de Francisco.

Chego ao Palazzo Nardini pontualmente às 8h15 da manhã seguinte para a visita agendada. Uma névoa densa, que depois percebo tratar-se de uma nuvem, encobre toda a cidade: ouço o carro de Dom Sergio se aproximar mesmo antes de vê-lo. O padre está com tanta pressa que deixa o motor ligado e os faróis acesos. Sem delongas, entramos no *palazzo* e subimos ao segundo pavimento, onde se encontra o Oratorio di San Francesco, mas não encontramos nada em especial que rememore o encontro de Francisco com o conde Orlando. Na parede, uma pintura moderna retrata Francisco cercado de anjos em Alverne; um altar de mármore, que há muito não vê um espanador, cerca-se de cadeiras que mais parecem móveis de escritório. E assim termina nossa visita.

O professor de inglês, Ugo Gorrieri, espera por nós na tabacaria, mas Dom Sergio já desapareceu na névoa, e não há nada para ser traduzido. Ugo não fica surpreso com minha decepção. Explica que, quando a condessa Nardini ainda vivia no *palazzo*, o tal cômodo, anteriormente usado como quarto de dormir, foi convertido numa capela. Equipada com mobiliário medieval e um modesto altar de madeira, essa capela abrigava um pedaço do olmo original e servia de sala para aulas de catecismo. Era motivo de grande orgulho para a cidade. Abria diariamente para quem quisesse visitá-la. Mas foi essencialmente abandonada depois da morte da condessa, vinte anos atrás. Ela legou o *palazzo* e a capela à paróquia de San Leo e o pároco... Ugo arqueia as sobrancelhas e dá de ombros.

O pároco também controla as visitas ao convento de Sant'Igne, fundado por Francisco numa visita posterior a San Leo, quando ele se viu perdido na escuridão. *Igne* significa "fogo" e se refere à luz misteriosa que subitamente se acendeu ao seu redor de modo que ele pudesse encontrar a estrada procurada. Francisco imediatamente fundou um eremitério ali, dando-lhe o nome de Fogo Sagrado. Ao longo dos séculos esse eremitério transformou-se num mosteiro de grandes proporções e considerado muito bonito, mas Dom Sergio sumiu do mapa e o zelador Angelo, primo de Romina, diz que não pode abrir o lugar sem a permissão do pároco. Só nos resta então apertar as pálpebras na tentativa de avistar o mosteiro enquanto voltamos para a planície; no entanto, mal conseguimos enxergar a estrada, quanto mais o convento.

Fico aliviada ao rever a luz do sol a meio caminho. Olhando para o alto e vendo a maravilhosa San Leo completamente encoberta, imagino por um instante que esse lugar mágico jamais tenha existido. Seguindo para Rimini, na costa, no sentido oposto que Francisco tomou para chegar a San Leo, ocorre-me que talvez o lendário "Fogo Sagrado" tenha dissipado uma nuvem semelhante, e não a escuridão em que supostamente Francisco se perdeu.

Nosso passeio pelas Marcas com Francisco termina, infelizmente, em San Leo. (Optei por omitir muitos dos lugares secundários, porém lindos, que Francisco visitou, inclusive o maravilhoso eremitério de Soffiano, localizado na extremidade de uma ravina de encostas verdejantes.) Francisco deixou as Marcas e nos poucos anos seguintes continuou a pregar em outras províncias, salvando almas e conquistando novos frades para sua ordem. Muitos frades. Um impressionante número de cinco mil frades franciscanos reuniu-se na Porciúncula na primavera de 1219, para uma assembléia geral da ordem.

Por mais satisfeito que estivesse com tantas pessoas que haviam atendido a seu chamado, Francisco ainda não dava sua tarefa por cumprida. As missões já se espalhavam por diversos pontos da Europa cristã e os primeiros grupos com destino ao Marrocos começavam a partir.

Mas seu sonho era ainda mais amplo: converter os sarracenos. Ele já havia falhado duas vezes na tentativa de alcançar a terra dos muçulmanos. E só agora conseguiria.

16 À procura de Francisco através do Nilo

EGITO: DAMIETA, *onde Francisco prega aos cruzados e prevê uma desastrosa batalha.* FARISKUR, *onde conquista a amizade de um sultão.* ACRE, *onde recebe notícias terríveis de ASSIS*

A paisagem é hipnótica. Uma das varandas do nosso quarto de hotel dá vista para o Nilo e sua pacata frota de barcos pesqueiros, quase todos de um azul muito vivo. A outra, direcionada para o norte, dá vista para o Mediterrâneo e para o farol que guia os pesqueiros em segurança até a costa. Estamos em Ras el-Bahr, um balneário egípcio próximo a Damieta, no delta oriental do Nilo. Foi muito perto daqui que, em 1219, Francisco aportou na conturbada embocadura do Nilo para juntar-se às tropas cristãs durante a quinta cruzada.

Francisco viera para o Egito como homem de paz. Seu objetivo não era lá dos mais modestos: dar fim ao derramamento de sangue nas areias, pântanos e montanhas da Terra Santa mediante a conversão de ninguém menos que o sultão do Egito, Malik Alkamil, ao cristianismo. A essa altura as tropas do sultão ocupavam-se em defender a cidade-fortaleza de Damieta dos cruzados, ou "Franj", como os árabes chamavam todos os europeus. Caso fracassasse em sua missão, Francisco poderia pelo menos alcançar a cobiçada condição de mártir.

*

Teríamos, nós também, nos tornado mártires na caótica estrada do Cairo a Damieta — as estatísticas afirmam que mais estrangeiros morrem em acidentes automobilísticos no Egito do que em qualquer outro país —, caso não tivéssemos, mais uma vez, contado com a sorte. Um amigo de Nova York nos pôs em contato com um ex-embaixador dos Estados Unidos no Egito, o dr. Abdel Rauf el-Reedy, que mora no Cairo. Ocorre que o embaixador é natural de Damieta e gentilmente se dispõe a fazer com que uma visita aos parentes ali residentes coincida com nossa chegada ao Egito. Fazemos a viagem de três horas e meia até a industrializada Damieta numa minivan alugada, na companhia do embaixador, de sua irmã e do motorista Mahmud; durante todo o percurso, mentalmente agradecemos a Deus por não termos alugado nosso próprio carro e tentado seguir as placas rodoviárias, quase todas em árabe, através do frenético ziguezague de carros, caminhões e ônibus.

Nossa onda de sorte continua quando chegamos em Ras el-Bahr, um minúsculo braço de terra que avança pelo Mediterrâneo a partir de Damieta, e constatamos que o hotel reservado pelo embaixador para nós todos, o Beau Rivage, localiza-se no epicentro do itinerário de Francisco pelo Egito. O embaixador não tinha maiores informações sobre a quinta cruzada e havia escolhido o hotel simplesmente em razão dos proprietários, amigos egípcios que falam inglês.

Esses amigos — Anwar Hamdoun, doutor em cultura islâmica que havia dado aulas na Universidade Estadual de San Diego por cinco anos, e sua mulher Susu, doutora em educação pela Temple University, que aplicava seus conhecimentos na elaboração de programas de pós-graduação na Arábia Saudita — também não têm maiores informações sobre a quinta cruzada. As cruzadas não são lá um assunto muito popular no Egito, e nenhum desses dois simpáticos acadêmicos hoteleiros tem consciência de que seu hotel é quase um milagre para nossa pesquisa.

Os cruzados, uma força de aproximadamente sessenta mil pessoas, montaram acampamento na margem oeste do Nilo, próximo à embocadura do rio. E é nesse mesmo local que fica nosso hotel, na moderna Ras el-Bahr. É bastante possível que os milhares de tendas e pavilhões que formavam

À PROCURA DE FRANCISCO ATRAVÉS DO NILO

o empoeirado acampamento dos cruzados ocupassem o mesmo lugar da organizada malha de casas de veraneio que vemos da varanda do nosso quarto, estendendo-se pela esplanada salpicada de palmeiras ao longo do rio.

O acampamento medieval fervilhava com a movimentação dos cruzados, ao contrário da pacata Ras el-Bahr dos dias de hoje, onde vemos pouquíssimas pessoas ao nosso redor além dos seguranças adicionais que o hotel contratou por sermos americanos. Mesmo no verão poucos são os estrangeiros que visitam esse balneário ocupado sobretudo por cairotas de classe média, realidade bem diferente da comunidade de múltiplas línguas e nacionalidades que por aqui acampou oitocentos anos atrás.

Muitos dos ingleses, franceses, espanhóis, alemães e italianos da tropa de cruzados eram militares — cavaleiros, arqueiros, soldados de infantaria, mercenários levantinos —, mas os demais, cerca de vinte mil, consistiam em agregados, incluindo romeiros, mercadores, parentes dos cavaleiros, cozinheiros, criados, além de um considerável contingente de prostitutas francesas. Muitos dos militares de fato vieram para cá em defesa da causa cristã, mas outros tantos não passavam de ateus e aproveitadores de olho nas riquezas do Egito.

Essa mixórdia da quinta cruzada, programada para partir em 1217, havia sido arregimentada por Inocêncio III, o mesmo papa que aprovara a Regra de Francisco. Ainda se recuperando do fracasso da quarta cruzada empreendida treze anos antes, que terminara com o saque de Constantinopla, Inocêncio havia cooptado os novos cruzados com a verve e o talento de um verdadeiro homem de relações públicas.

Mediante textos escritos e sermões itinerantes, o papa referia-se a Maomé, fundador da fé islâmica no século VII, como "pseudoprofeta", "filho da perdição" ou simplesmente "o monstro".[1] Acusava os sarracenos, os herdeiros religiosos de Maomé que haviam tomado Jerusalém dos cristãos em 1187, de profanar os templos sagrados do cristianismo e de subjugar os cristãos, inclusive mulheres, mediante o "vil encarceramento" ou a "terrível escravidão". E sua cartada decisiva era: promessa de salvação eterna não só para os que se juntassem ao exército de Cristo mas também para os que se dispusessem a pagar por homens "aptos" a segui-los.[2]

O termo "apto" na verdade aplicava-se a qualquer um que concordasse em integrar o exército cruzado. Devido à necessidade urgente de se recrutar o maior número possível de pessoas, "Inocêncio abrira mão do exame de aptidão física anteriormente exigido dos candidatos", escreve um estudioso do franciscanismo.[3] Chegara ao ponto de revogar as indulgências anteriormente outorgadas aos que haviam optado por combater os mouros na Espanha ou os hereges na Provença, com isso aumentando não só o número de candidatos possíveis mas também o incentivo de participação na quinta cruzada.

Francisco por certo ouviu pessoalmente o chamado do papa. Acredita-se amplamente que ele tenha comparecido ao quarto Concílio de Latrão, realizado em Roma em 1215, no qual Inocêncio III incumbiu a todos os cristãos europeus de livrar a Terra Santa dos diabólicos muçulmanos. Embora muitas coisas o solicitassem em Roma — foi nessa ocasião que ele conheceu a anfitriã e futura amiga "irmão" Jacopa, bem como o pregador espanhol Domingo de Guzmán, futuro São Domingos e fundador da Ordem Dominicana dos Pregadores —, Francisco não teria faltado ao sermão do papa. A convocação à guerra santa continuaria com Honório III depois da repentina morte de Inocêncio no ano seguinte em Perugia, enquanto ele tentava persuadir as facções eternamente belicosas da região a apontar suas armas para os sarracenos, e não uns para os outros. Ao que parece, apenas Francisco buscava uma solução pacífica.

Francisco chegou à costa do Adriático, na viagem para a Terra Santa, em junho de 1219, provavelmente no porto de Ancona, acompanhado de um substancial número de frades, ansiosos todos por converter os sarracenos. Todavia, o capitão do navio que consentira em levá-los até o Egito viu-se obrigado a pôr um limite nos passageiros que podiam embarcar. Disse que levaria doze pessoas, não mais. Julgando-se incapaz de decidir quem iria e quem ficaria para trás, Francisco recorreu a um garoto que estava por perto, pedindo-lhe que apontasse os onze frades que o acompanhariam até o Egito. Em Ósimo, numa igreja originalmente consagrada a São Francisco e mais tarde a São José de Cupertino, um enorme afresco retrata o processo de seleção do tal garoto, com a cúpula da Catedral de Ancona bem visível ao fundo. Portanto, o mais provável é que ele tenha mesmo partido de Ancona, apesar da eterna disputa entre todas as regiões — e portos — da Itália pelo legado histórico de Francisco.

A viagem de seis semanas que se seguiu foi marcada por tempestades, fome, sede, doenças e até mortes. Além dos franciscanos, o navio levava mercenários e padres, criminosos e miseráveis em busca de salvação mediante o cumprimento das ordens do papa. Alguns relatos falam de tumultos e mesmo de assassinatos a bordo. Mas, dessa vez, na terceira tentativa, Francisco alcançaria a terra dos sarracenos.

Também não sabemos ao certo se o navio aportou primeiramente em Acre, baluarte cristão na costa da Palestina, onde enormes salões utilizados pelos cruzados foram recentemente encontrados em escavações. Um contingente de franciscanos já se encontrava em Acre, liderado pelo controvertido frei Elias, que portava o imponente título de Guardião da Síria. Mas Francisco jamais permaneceria em Acre, que Julien Green, em *God's Fool*, diz lembrar "a atual Granada, em todo o esplendor de sua beleza mourisca".[4] Acre, a atual Akko, na região setentrional do Estado de Israel, contava com fontes e jardins suspensos, aléias de ciprestes e arejadas casas de chão de cerâmica, amenidades que decerto apeteciam a Elias, mas que desagradavam à austeridade de Francisco. O que ele queria mesmo era encontrar-se com o sultão no fulcro do conflito entre cristãos e muçulmanos, em Damieta, cerca de trezentos quilômetros a sudoeste de Acre.

Quando Francisco alcançou o acampamento cristão, no verão de 1219, já fazia mais de ano que os cruzados e seus acompanhantes lá estavam. Naturalmente ficou horrorizado com a vida dissoluta no acampamento, especialmente entre os cavaleiros que ele havia idealizado a vida inteira. Diante de tanta selvageria e promiscuidade, postergou os planos de converter o sultão e temporariamente dedicou-se à conversão dos cristãos que haviam seguido pelo mau caminho. Tamanho foi o sucesso da empreitada que o bispo de Acre chegou a reclamar das baixas sofridas em sua equipe de colaboradores em favor da ordem franciscana. Mas o objetivo principal de Francisco ainda era a conversão do sultão, cujas tropas defendiam a fortaleza de Damieta, na margem oriental do Nilo, com sua população de oitenta mil muçulmanos.

NA ESTRADA COM SÃO FRANCISCO DE ASSIS

A aparentemente inexpugnável Damieta, com suas camadas duplas e triplas de muralha, baluartes altos e cem torres avermelhadas, cercava-se de defesas naturais: o Nilo de um lado e, do outro, o lago Manzalé, uma área pantanosa que em tempos de paz era, e ainda é, um movimentado refúgio para garças, cegonhas, pelicanos e flamingos em migração. Pujante centro comercial, Damieta ficava a três quilômetros da foz do Nilo, e para protegê-la de um possível ataque pelo rio, os egípcios haviam engenhosamente bloqueado o acesso fluvial mediante a instalação de uma enorme corrente de ferro que se estendia dos baluartes da cidade até a fortaleza de uma ilha próxima à margem oposta do rio.

A se acreditar nos historiadores, essa fortaleza podia ser facilmente avistada a partir de Ras el-Bahr; isso significa, inacreditavelmente, que a vista de nossa varanda inclui a área onde a gigantesca corrente bloqueava o rio. Para incrementar ainda mais as defesas de Damieta durante uma das cruzadas precedentes, os egípcios haviam bloqueado a foz do Nilo com enormes pedras arrancadas da pirâmide de Zosa, a mais antiga pirâmide em degraus do mundo. O sultão da época havia considerado retirar pedras das pirâmides maiores de Giza, mas acabou optando por Zosa, em Sakkara, cujas pedras ainda se encontram submersas no rio. Isso explica por que os barcos que partem diariamente para a pesca precisam atravessar um estreito canal a fim de alcançar as águas navegáveis do Nilo.

As defesas de Damieta já haviam frustrado sucessivas investidas por parte dos cruzados quando os cristãos por fim conceberam um engenhoso plano de ataque: com os cascos de dois navios, construíram uma espécie de torre aproximadamente da mesma altura da fortaleza. E em agosto de 1218, um ano antes da chegada de Francisco, transportaram a torre rio acima, invadiram a fortaleza com o auxílio de escadas e cortaram a corrente. Com esse golpe, não só tornaram Damieta mais vulnerável como também franquearam a navegação até o Cairo. Mas o exército de Alkamil continuou a defender Damieta com sucesso.

Em vista do sofrimento e da devastação que encontrou ao chegar no acampamento cristão, Francisco convenceu-se de que o único caminho para

À PROCURA DE FRANCISCO ATRAVÉS DO NILO

paz era de fato a conversão do sultão. Cruzados e muçulmanos haviam se debatido em numerosas escaramuças, com significativas baixas para ambos os lados. Enchentes haviam matado boa parte dos cavalos dos cruzados e arruinado o estoque de alimentos; disenteria e outras doenças haviam solapado cristãos e muçulmanos em igual medida, as febres altas deixando suas peles escuras,[5] e um surto de escorbuto havia aniquilado cerca de dez mil cristãos.[6] Mesmo assim, o derramamento de sangue dos ataques e contra-ataques prosseguiu pelo verão de 1219.

Francisco fez o que pôde, cuidando dos doentes e feridos, consolando os moribundos e rezando pela alma de todos. Sua própria saúde, já frágil, deteriorou-se ainda mais. O acampamento quente e imundo era infestado de mosquitos, o que contribuía para o alastramento das doenças, e Francisco não foi poupado. Contraiu uma infecção nos olhos, supostamente tracoma, que resultava em constante lacrimejar, dolorosa sensibilidade à luz e turvamento da visão. Teve icterícia e pelo resto da vida sofreria de hepatite.

Além disso, doía-lhe a perigosa cisão que se produzira entre os comandantes militares e o representante do papa, o cardeal Pelágio, arrogante e teimoso espanhol que vestia de vermelho a si próprio e ao cavalo, e constantemente criticava as estratégias militares do rei João de Jerusalém, reconhecido por todos, menos por ele, como o comandante supremo dos cristãos.

Em 29 de agosto de 1219, a disputa entre os dois resultou num desastre que Francisco já havia previsto. As tropas acampadas, que não queriam outra coisa senão voltar para casa, estavam à beira de um motim. Acreditando que uma ação militar bastaria para revigorar os ânimos, Pelágio ordenou ao relutante rei João que mandasse o exército cristão atacar o acampamento de Alkamil em Fariskur, a uns cinco quilômetros de distância.

Na noite anterior à investida, Francisco não fez mais que rezar e, pela manhã, segundo Celano, viu-se diante de um dilema. "O Senhor me disse que, caso essa batalha se realize..., o resultado não será nada favorável aos cristãos", disse a frei Iluminato.[7] "Mas se disser isso a eles serei tomado por um parvo, e se me calar terei de enfrentar minha consciência. Para ti, então, qual parece ser o melhor caminho?" Iluminato aconselhou-o a seguir a própria consciência e "temer a Deus mais que aos homens". No entanto, como já era previsto, ninguém deu ouvidos a Francisco, que foi ridicularizado e tachado de covarde não só pelos demais cristãos como supostamente pelo próprio Pelágio.

Mas a visão de Francisco revelou-se correta, pois o cerco resultou numa fragorosa derrota para os cristãos. Alkamir espertamente havia escondido seus guerreiros num bosque de palmeiras próximo ao acampamento muçulmano e só ordenou o contra-ataque quando os cruzados, sem qualquer resistência contrária, entraram em Fariskur. Francisco permanecera no acampamento cristão e, ansioso, mandava Iluminato ao campo de batalha para colher notícias. Mas Iluminato só teria o que contar depois da terceira viagem. "De repente, o exército cristão foi surpreendido e precisou bater em retirada, dando vergonhoso fim à batalha", escreve Celano.[8]

Por um triz a história não terminou com a morte do próprio Francisco. Apavorados com a emboscada dos inimigos, os cristãos que sobraram vivos deram meia-volta ali mesmo e fugiram em disparada. Os cavaleiros espanhóis chegaram a esboçar uma tentativa de resistência, mas a maioria morreu na batalha. Faltou pouco para que as tropas muçulmanas dominassem o acampamento cristão e matassem todos que ali estavam. Foi preciso uma reação de última hora do septuagenário rei João, que, auxiliado por um pequeno contingente de cavaleiros, afugentou os sarracenos e salvou o acampamento.

A profecia de Francisco, de que o resultado da batalha não seria "favorável" aos cristãos, foi na verdade muito branda se comparada à realidade dos fatos. Seis mil cruzados foram mortos ou capturados no confronto. Francisco compungiu-se "sobretudo com o triste fim dos espanhóis, cuja impetuosidade quase os dizimou por completo", diz Celano.[9] Não satisfeitos com a vitória, os muçulmanos decapitaram cinqüenta cavaleiros de cada uma das ordens militares e expuseram as cabeças cortadas no alto de estacas ao longo de todo o caminho para Fariskur, o que levou Adrian House, historiador inglês, a perguntar se o cardeal Pelágio se dava conta de que a data de suas intempestivas ordens de batalha coincidia com a data da decapitação de João Batista, séculos antes.[10]

A terrível carnificina fortaleceu ainda mais a convicção de Francisco de que um encontro com o sultão era o único meio de dar fim ao violento embate entre as diferentes crenças. Francisco acreditava que, tão logo vislumbrasse a luz, Alkamil abraçaria os ensinamentos de Jesus, salvaria a própria alma e terminaria com as hostilidades. (Acreditara na mesma coisa um ano antes, na sua malfadada tentativa de alcançar o Marrocos e converter o *miramamolin*, como era conhecido o sultão ou comandante local.) Dessa vez, logo depois do massacre e com o relutante consentimento de Pelágio, ele partiu com Iluminato para o acampamento de Alkamil.

Agora estamos no gabinete do governador de Damieta, o dr. Abdel Azir, amigo do embaixador el-Reedy. O governador não conhece os detalhes da quinta cruzada e jamais ouviu falar de Francisco de Assis. É a sétima cruzada, ou a Guerra dos Franj, que todos em Damieta conhecem, a cruzada que em 1250 terminou com uma estrondosa vitória para os muçulmanos. Mais uma vez os cruzados haviam cercado Damieta, forçando o sultão da época a reconstruir, no fim do século XIII, a cidade-fortaleza em outra localidade menos vulnerável, seis quilômetros para o interior, onde agora tomamos uma xícara de café.

O fracasso cristão na sétima cruzada é motivo de grande orgulho para a população da província de Damieta. Os muçulmanos não só aprisionaram o rei Luís IX da França como também dizimaram boa parte dos dez mil combatentes cristãos. A vitória muçulmana é celebrada perto da cidade de Mansurá, onde a casa em que o rei Luís foi encarcerado junto com dois irmãos foi orgulhosamente restaurada para abrigar pinturas que mostram ora o martírio dos cruzados, ora o rei francês acorrentado. Ao entrar no gabinete do governador, não pude deixar de perceber um elaborado baixo-relevo em madeira que retrata Luís IX ajoelhado diante de guerreiros muçulmanos brandindo cimitarras; fico um tanto apreensiva, mas o governador se mostra muito simpático — e útil.

O dr. Abdel Azir reúne um grupo de especialistas locais na sala de conferências vizinha para dizer-nos o que eles sabem a respeito da quinta cruzada. Em torno da mesa sentam-se dois homens do Departamento de Antiguidades Egípcias; um escritor egípcio e historiador das cruzadas, Mahmud Al Zalaky; e um bispo copta, Abdel Masih. (A Igreja Copta egípcia, fundada por São Marcos por volta de 61 d.C., ainda é uma florescente religião cristã ortodoxa, com seu próprio papa.) Na sala também se encontram repórteres, fotógrafos e uma equipe de televisão para gravar nosso encontro.

Abdel Masih revela um fato desconcertante. Durante a quinta cruzada, conta ele, os combatentes da Igreja Católica Romana mataram vinte mil cristãos coptas, na margem ocidental do Nilo, porque temiam que eles se juntassem às forças muçulmanas. Mas é bem mais simpático quando fala dos franciscanos, que obtiveram permissão do sultão para estabelecer um mosteiro em Damieta no ano de 1250, quando se deu o sangrento fim da sétima cruzada. Hoje — revela o bispo — o mosteiro é uma escola cristã para duzentos alunos de ambos os sexos, administrada por uma freira francesa.

Somos convidados a visitar Fariskur. Mahmud Al Zalaky, o historiador, supõe ter identificado o local do acampamento de Alkamil, para onde Francisco se dirigiu. E assim, depois de mais cafés, troca de presentes e fotos para os jornais, partimos em companhia do embaixador, do historiador, do bispo e de um destacamento de guardas armados para visitar rapidamente a tal escola e, dali, retomarmos nossa busca por Francisco.

A viagem de Francisco pelos cinco quilômetros até Fariskur foi infinitamente mais arriscada que a nossa. Os acampamentos inimigos eram de tal modo próximos, diz São Boaventura, que "ir de um a outro implicava sempre o risco de morte".[11] O perigo agravava-se, ele continua, com o "cruel decreto" do sultão que oferecia "uma moeda de ouro para todos que trouxessem de volta a cabeça de um cristão". A fim de fortalecer o espírito enquanto faziam a perigosa travessia, Francisco e Iluminato recitavam o Salmo 23, que diz: "Ainda que eu atravesse o vale escuro, nada temerei, pois estais comigo."

O calor do mês de agosto decerto agoniava Francisco, bem como a luz intensa que lhe machucava os olhos. Apesar disso, lá foram eles, Francisco e Iluminato, envergando seus trapos marrons. Até que os sentinelas de Alkamil, "feito lobos",[12] avançaram sobre ambos, espancando-os, insultando-os e acorrentando-os. "Sultão, sultão", os dois repetiam, o que talvez lhes tenha

À PROCURA DE FRANCISCO ATRAVÉS DO NILO

poupado a vida. Alkamil costumava enviar emissários para sondar a possibilidade de um acordo de paz, e talvez as sentinelas sarracenas os tenham tomado por um desses emissários, voltando a Fariskur com uma resposta.

Essa Fariskur para a qual Francisco e Iluminato foram levados era bastante diferente da cidade tentacular para a qual nos trouxe o historiador egípcio. O que Francisco encontrou foi um oceano de tendas de cores terrosas, um acampamento com aproximadamente três quilômetros quadrados de área. Quanto a nós, atravessamos um movimentado pólo urbano até chegarmos ao tranqüilo santuário erguido no local onde supostamente ficava a tenda de Alkamil, dominado por uma enorme mesquita de cúpula de azulejos verdes e brancos. Somos recebidos por uma pequena multidão de escolares curiosos que repetem *"good morning"* um sem-número de vezes — talvez a única expressão que conheçam em inglês. Francisco e Iluminato foram recebidos pela guarda do sultão, hoje representada pela graciosa série de estátuas eqüestres de guerreiros muçulmanos que flanqueia a entrada da cidade.

É difícil imaginar o que de fato se passou entre Francisco e o sultão. Que espécie de idéias preconcebidas Francisco tinha a respeito do governante muçulmano? Considerava-o um bárbaro? Um "monstro"? Um árabe ignorante? E o que terá pensado o sultão ao ver aquele homem franzino e maltrapilho trazido a seus aposentos? Seria um mendigo? Um espião? Um desertor? Ou quem sabe o emissário de paz, de aspecto improvável, que ele tanto esperava?

Os biógrafos medievais dão conta da compreensível curiosidade do sultão. "Quando o comandante dos sarracenos perguntou por quem e por que eles haviam sido enviados, além de como haviam chegado lá, o servo de Deus, Francisco, respondeu com bravura de espírito que não havia sido enviado por homem algum, mas pelo Altíssimo, a fim de mostrar aos sarracenos o caminho da salvação e anunciar-lhes o evangelho da verdade", escreve São Boaventura.[13]

O sultão naturalmente ficou intrigado. Longe de ser um bárbaro ou árabe ignorante, Alkamil era um intelectual, ex-estudante de medicina, que se deliciava em recitar poesia e debater a lógica de Aristóteles ou a origem do universo. Tolerava outras religiões monoteístas, como a maioria dos muçulmanos, e contava com cristãos coptas entre seus conselheiros mais próximos. Francisco, cujos sermões comoviam tantas pessoas, evidentemente era inteligente e articulado, apesar das lacunas na educação.

Uma empatia logo se instaurou entre os dois. A despeito da virulência de suas tropas, Alkamil era um homem de paz que se vira obrigado a defender suas terras dos invasores cristãos. Tinha boas relações com a comunidade cristã, desde muito estabelecida no Egito, e com os comerciantes europeus; queria apenas que os cruzados empacotassem suas tralhas e dessem o fora dali. Embora também fosse partidário da paz, Francisco mantinha-se firme no juízo de que converter o sultão era a melhor maneira de alcançá-la. Seu sincero proselitismo por pouco não lhe custa a vida.

Alkamil convocou um grupo de teólogos para ouvir os argumentos de Francisco em favor do cristianismo. Seguramente não tencionava se converter, o que equivaleria a um suicídio político, mas nutria certo interesse intelectual pela tese do hóspede. Além disso, precisava de um escudo para travar qualquer espécie de diálogo com um doutrinador tão desavergonhado quanto Francisco, uma vez que o proselitismo era proibido pelo Islã. Durante os vários dias que os teólogos levaram para se reunir, Francisco e Iluminato permaneceram no acampamento do sultão na qualidade de convidados.

O encontro com os teólogos, retratado por quase todos os artistas interessados na vida de Francisco, Giotto inclusive, deu-se sob o pálio de Alkamil. A fim de testar a sinceridade do cristão, os conselheiros sarracenos haviam providenciado um tapete, bordado com cruzes douradas, que conduzia ao trono do sultão. Se pisasse nas cruzes, e portanto desonrasse Cristo, Francisco seria desmascarado como um farsante; se, por outro lado, recusasse atravessar o tapete para cumprimentar Alkamil, seria acusado de afrontar o sultão. Mas Francisco habilmente contornou o impasse.

Alheio à armadilha, atravessou o tapete e cumprimentou o sultão. Diante da zombaria dos teólogos, retrucou que os cristãos carregavam a cruz de Cristo dentro do próprio coração, e que as tais cruzes no tapete eram as dos ladrões crucificados naquele mesmo dia em Jerusalém. Vitória para Francisco no primeiro *round*.

O segundo *round* seria mais difícil. Depois de ouvirem Francisco expor os pilares do cristianismo e reiterar seu desejo de salvar a alma de Alkamil, os conselheiros do sultão acusaram-no de proselitismo e votaram pela decapitação de Francisco e Iluminato. Mas Alkamil opôs-se a eles, alegando as boas intenções da dupla cristã.

Por sorte não houve um terceiro *round*. Diferentes lendas sugerem que Francisco, ou o sultão, propôs um desafio para testar a fé de cada um. Ainda que bastante improvável, tal desafio é citado por São Boaventura e retratado por diversos artistas. Segundo São Boaventura, foi Francisco quem sugeriu a Alkamil que ele, Francisco, e os sacerdotes do sultão atravessassem "uma enorme fogueira";[14] caso ele saísse vivo, e os muçulmanos morressem no fogo, o sultão se renderia ao poder de Jesus e se converteria ao cristianismo.

Alkamil objetou em favor dos sacerdotes, depois de ver um deles "afastar-se sorrateiramente após ouvir as palavras de Francisco". Então Francisco fez nova proposta: ele atravessaria a fogueira sozinho; se saísse vivo, o sultão e todo o seu séquito se converteriam. Mais uma vez Alkamil objetou. Disse que mesmo assim não se converteria porque "receava a revolta de seu povo". Uma explicação mais generosa para a recusa do sultão é a de que ele absolutamente não queria ver o novo amigo queimado vivo.

E de fato ele tinha Francisco na conta de amigo. Chamava-o de irmão Francisco e admirava-o tanto pela coragem quanto pela firmeza da fé. Francisco, por sua vez, admirava o sultão pela racionalidade e pelo humanismo. O mais importante, no entanto, é que Francisco amenizou a veemência com que defendia o cristianismo como o único caminho para a salvação. "Durante o convívio com os muçulmanos, ao perceber que Deus generosamente os havia acolhido na diversidade de sua religião e cultura, abençoando-os com tantos dons, concluiu que ele também deveria aceitar a diversidade dos muçulmanos e, por amor a Deus, tratá-los com o merecido respeito", escreve o dr. J. Hoeberichts em *Francisco e o Islã*.[15]

Quando chegou a hora de Francisco voltar ao acampamento cristão, Alkamil tentou presenteá-lo com "diversos objetos de valor", os quais, segundo São Boaventura, foram repelidos "como se fossem imundícies".[16]

Difícil acreditar que Francisco tenha se comportado de maneira tão rude; sequer podemos afirmar cabalmente que ele tenha recusado os presentes do sultão. Entre as relíquias expostas na basílica de São Francisco em Assis há um chifre em prata e marfim que supostamente ele trouxe dessa viagem ao Egito. Alkamil o presenteou com algo muito mais valioso: um salvo-conduto para todos os lugares santos que porventura ele quisesse visitar. Não sabemos se Francisco se valeu do presente para visitar Jerusalém ou Belém; sabemos, contudo, que ele e Iluminato foram escoltados por uma guarda de honra até o acampamento dos cruzados — gentileza de Alkamil, que além disso pediu para ser incluído nas orações do cristão.

Francisco era outro homem, mas o cardeal Pelágio continuava o mesmo. Alkamil tinha dificuldades cada vez maiores para prosseguir na defesa de Damieta: estava sobrecarregado com uma tentativa de golpe no Cairo, com a fome que se espalhava pelo Egito e com nova investida por parte dos exércitos mongóis de Gengis Khan. Além disso, uma epidemia se alastrava por Damieta, e ele se preocupava com a capacidade defensiva de seus homens na hipótese de novo ataque dos cruzados. Em outubro de 1219, quando Francisco estava acamado no acampamento, Alkamil enviou dois cavaleiros cativos até Pelágio com uma extraordinária proposta: dispunha-se a ceder Jerusalém, Belém, Galiléia e Nazaré caso os cristãos abandonassem o cerco a Damieta e deixassem o Egito.

O rei João de Jerusalém, que já havia evitado que o acampamento cristão fosse aniquilado por obra da intempestividade de Pelágio, aconselhou o cardeal a aceitar a oferta, tal como fizeram diversos outros nobres europeus. Mas Pelágio recusou-se a negociar com os infiéis. (Contava com o apoio dos gananciosos venezianos, interessados em ter Damieta como entreposto comercial.) E Pelágio sumariamente recusou a oferta do sultão.

Embora não haja nenhum indício de que tenha se envolvido nas manobras de paz de Alkamil, Francisco seguramente teria apoiado a devolução voluntária de Jerusalém. Decerto se entristecia com a carnificina e as pilhagens que já havia presenciado em nome de Cristo. E, como temia o sultão, a situação ficou ainda pior.

Pouco depois de recusar a proposta de paz, Pelágio enviou um destaca-

À PROCURA DE FRANCISCO ATRAVÉS DO NILO

mento a Damieta com a missão de avaliar as condições em que se encontravam os inimigos; recebeu a notícia de que os muros externos estavam desguarnecidos. Em 5 de novembro de 1219, três meses depois da chegada de Francisco a Damieta, os cruzados invadiram a cidade e dominaram-na sem quase nenhuma resistência. Pelágio conseguiu o que queria, mas Damieta revelou-se um cenário de horror. As ruas ficaram desertas: a maioria dos habitantes já havia fugido ou morrido. Cadáveres apodreciam em covas improvisadas, cercadas por abutres. A população original de oitenta mil havia minguado para algo em torno dos três mil.

Teria Francisco testemunhado a pilhagem da cidade, o estupro das mulheres e a venda dos prisioneiros como escravos? Pelo menos as crianças de Damieta foram poupadas, enviadas para a cidade de Jafa, de domínio cristão, e convertidas ao catolicismo. Mas a anarquia entre as tropas cristãs e as disputas pela divisão dos espólios de guerra continuaram por cerca de três meses, até que a cidade voltou a uma situação de relativo controle.

Francisco e seus frades — outros tantos haviam chegado de Acre — receberam uma casa para exercer seu ministério. Desnecessário dizer que os militantes cristãos precisavam urgentemente de aulas de reforço sobre os ensinamentos de Jesus, mas talvez os alunos mais atentos dos franciscanos fossem os "infiéis" que desde o início eles contavam converter. "Os sarracenos ouviam com prazer a pregação dos frades menores enquanto eles explicavam a fé em Cristo e a doutrina dos Evangelhos", escreve no século XIII Jacques de Vitry, bispo de Acre, em sua história sobre as cruzadas na Terra Santa. "Mas tão logo começavam os ataques a Maomé, abertamente tachado de mentiroso e traidor, esses mesmos homens davam vazão à sua fúria, afugentando os pregadores com golpes de toda espécie."[17]

Seguros em Damieta, os cruzados transformaram-na numa cidade cristã, empossando um católico romano como bispo, para grande desgosto dos coptas locais, e convertendo a bela mesquita da cidade, a segunda mais antiga no Egito, na Catedral da Virgem Maria. Francisco por certo rezou nessa catedral, cujas ruínas inacreditavelmente ainda estão aqui. O edifício está sendo reconstruído como mesquita, condição readquirida dezoito meses após a conversão em catedral católica. E mais uma vez por causa de Pelágio.

214 NA ESTRADA COM SÃO FRANCISCO DE ASSIS

Acredita-se que Francisco tenha seguido para Acre em fevereiro de 1220, deixando para trás um Pelágio cada vez mais belicoso: depois de conquistar Damieta, o cardeal decidiu marchar rumo ao Cairo e conquistar o Egito inteiro em nome de Cristo. O fracasso da nova missão consumou-se em agosto de 1221, marcando o fim da quinta cruzada. A enchente anual do Nilo havia transformado a estrada que levava ao Cairo num vasto lamaçal.[18] Além disso, o sultão havia destruído os diques que represavam as águas do rio, deixando as forças cruzadas completamente ilhadas e vulneráveis às tropas sarracenas. Forçado pelas circunstâncias, Pelágio viu-se obrigado a devolver Damieta e assinar uma trégua com validade de oito anos. Depois de três anos de penúria e ao custo de muitas vidas, os cruzados se viram de mãos completamente vazias: nada de Jerusalém, Nazaré, Belém ou Cairo — nem mesmo Damieta. Pelo menos ainda estavam vivos: em vez de trucidá-los, o sultão deixou que tomassem seus navios de volta para casa, o que ele queria desde o início.

A pergunta ainda sem resposta é onde Francisco esteve no período entre o fim do inverno de 1220, quando deixou Damieta com o rei João, e o verão seguinte, em que comprovadamente esteve em Acre. Ninguém sabe. A tese mais romântica é a de que ele usou o salvo-conduto que recebera de Alkamil para visitar Jerusalém e a Igreja do Santo Sepulcro, o templo mais sagrado de toda a cristandade, construído pelo imperador Constantino no Gólgota, sobre os locais onde Cristo foi crucificado e sepultado para depois subir aos céus. Mas os biógrafos não teriam deixado de registrar uma passagem tão importante na vida de Francisco.

A tese mais plausível é a de que Francisco estava em Acre, adoentado não só do corpo mas também do espírito, pois havia falhado nas duas missões que o haviam conduzido ao Egito: converter o sultão e transformar-se em mártir. Presenciara chacinas, estupros, saques e epidemias, o que decerto abalara sua fé nas táticas e na infalibilidade da Igreja. "Além disso, dera-se conta de que (...) o muçulmano Alkamil se revelara mais humano e mais inclinado à paz do que o adversário cristão, Pelágio", escreve Adrian House.[19]

As notícias trazidas de Assis por um jovem frade em julho de 1220 deixaram-no ainda mais deprimido. Na Porciúncula circulavam rumores de

À PROCURA DE FRANCISCO ATRAVÉS DO NILO

que Francisco havia morrido no Egito, e os dois ministros deixados no comando da ordem imediatamente se incumbiram de implementar mudanças que a deixavam mais parecida com outras ordens tradicionais, relaxando os preceitos de jejum e extrema pobreza nos quais Francisco tanto insistia. Chegaram ao ponto de apagar da regra o mandamento evangélico "Não levarás nada em tua jornada".

Clara e as Pobres Damas também sofriam pressões no sentido de abandonar a regra de extrema pobreza e, à maneira dos beneditinos, aceitar a propriedade de terras. Além disso, os frades anteriormente destacados para cuidar das Pobres Damas e colher óbolos para elas agora sequer podiam vê-las ou dirigir-lhes a palavra. A Ordem Terceira também agonizava, correndo o risco de cisão. Seria possível que todos pilares erguidos por Francisco estivessem caindo por terra?

Sua permanência de um ano na Terra Santa chegou a um fim repentino. Francisco deixou Acre na primeira galé veneziana, na esperança de salvar suas ordens e reconduzir seus seguidores à "vida da igreja primitiva", tal como definiu Jacques de Vitry.[20] Mas seria atropelado pelas frenéticas rodas da modernização: jamais veria concretizar-se o sonho de frades alegremente seguindo seu exemplo de simplicidade, humildade e pobreza por amor a Cristo.

17 Atravessando a lagoa de Veneza

A "ILHA DESERTA", *onde Francisco recupera o ânimo.*
BOLONHA, *onde ele dá vazão à sua fúria.* ASSIS, *onde ele*
renuncia ao posto de líder da Ordem Franciscana

O *vaporetto* corta as águas azuis da lagoa de Veneza,
rumo à ilha de Burano. Atrás de nós, na cidade,
reluzem pelo menos três edifícios que Francisco decerto
avistou ao chegar de Acre em 1220: o Palácio Ducal na praça
de São Marcos, o enorme campanário que à época
funcionava como farol, e a tradicionalíssima Basílica de São
Marcos. O que não se mostra aos olhos, contudo, é o
passado mais ou menos sombrio da basílica. No ano de 828,
os venezianos roubaram de Alexandria o corpo de São
Marcos Evangelista, fundador da Igreja Copta egípcia, e para
abrigá-lo construíram a mais famosa igreja de Veneza.
Quatrocentos anos mais tarde, roubaram da Turquia, durante
a quarta cruzada, os cavalos de bronze que encimam a
entrada da basílica. Além das quatro esculturas de tamanho
natural, diversos outros tesouros foram levados para Veneza
depois da pilhagem de Constantinopla em 1204.

Francisco também figura nas histórias que cercam a
Basílica de São Marcos. Segundo uma fonte medieval,
Kinship of St. Francis (*Semelhança com São Francisco*), um
abade veneziano chamado Joaquim previu o nascimento dele

com anos de antecedência e, na basílica, pintou um retrato em que Francisco já aparece trajando o costumeiro hábito com cinto de corda. Como se isso não bastasse, incluiu estigmas nos pés descalços, insistindo em que se tratava de "um homem santíssimo, que deveria ser adorado por todos".[1]

Por mais adorado que tenha sido ao chegar a Veneza, Francisco decerto se sentia exausto. Segundo um dos biógrafos modernos, ele passara muito mal durante a viagem de volta à Itália, sofrendo do fígado e tendo febres muito altas em razão da malária.[2] A infecção nos olhos havia piorado, o que lhe causava dores terríveis. Talvez por isso tenha procurado um refúgio que lhe proporcionasse o isolamento necessário para recuperar as forças e encontrar a melhor maneira de retomar as rédeas de sua ordem. Tal refúgio é vagamente identificado nas biografias medievais como uma "ilha deserta" na lagoa de Veneza.

Hoje sabemos que se trata da Isola del Deserto, que desde 1233 abriga um mosteiro franciscano. É para lá que estamos indo.

Em Veneza, a luz da tarde se reflete na água de modo mágico: as cores das marolas na superfície da lagoa se alternam entre o rosa e o dourado enquanto lentamente, num barquinho de pescador, atravessamos um conjunto de estacas para redes de pesca rumo à ilha de quatro acres. A Isola del Deserto fica muito próxima da multicolorida Burano, ilha famosa por suas rendas, onde, sob recomendação dos frades locais, contratamos Alessio para nos transportar em seu barco. O motorzinho de vinte e cinco cavalos proporciona tempo suficiente para que o falante ex-carteiro de Burano nos delicie com diversas histórias sobre o mosteiro franciscano da ilha.

Antes, o mosteiro abrigava uns trinta ou quarenta frades, ele nos diz, mas agora há apenas sete. Os *frati* administravam uma escola, mas não mais. Quando criança, durante e depois da Segunda Guerra Mundial, Alessio costumava nadar de Burano até a ilha, segurando as roupas sobre a cabeça, para conseguir um pouco de comida: "Ninguém se lembra mais da fome que as pessoas passavam."

Aproximando-nos de nosso destino, constatamos que a tal Isola del Deserto é tão mágica quanto as águas que a cercam. O campanário do mosteiro é o único sinal de habitação que vemos do barco, pois a ilha é quase totalmente cercada de ciprestes muito altos, além de uma estradinha à beira d'água. No entanto, tão logo aportamos num pequeno cais coberto, avistamos um considerável conjunto de prédios. Caminhamos na direção deles através de uma trilha de cascalho, passando por uma tosca cruz de madeira e um muro de tijolos bem alto, até chegarmos à igreja de San Francesco del Deserto, onde somos recebidos por frei Antonino.

Se tivesse sido clonado, o finado ator Walter Matthau teria ressurgido na pele desse simpático frade, atualmente com oitenta e dois anos. Frei Antonino carrega consigo um roteiro em inglês sobre a história do mosteiro, que ele se delicia em ler rapidamente, de maneira histriônica e virtualmente incompreensível. Estamos na companhia de uma amiga italiana, Angela Seriaccholi, que também está fazendo pesquisas para um livro sobre Francisco, e ela implora ao frade que fale em italiano (dispõe-se a traduzir para nós), mas frei Antonino está embalado e não parece disposto a abrir mão de sua performance. Assim, desinformados mas entretidos, obedientemente seguimos os passos dele: de um claustro do século XIII para um do século XV; das capelas da Madona e de São Bernardino, ambas do século XV, para a sacristia do século XIII, cujo piso original pode ser visto sob uma proteção de vidro; e por fim ao Oratório de São Francisco.

Este foi o lugar escolhido por Francisco para fazer suas orações durante a estada de um mês na ilha. À época, o oratório ficava a céu aberto, mas depois de alguns anos foi coberto e fechado por uma grade de ferro, através da qual vê-se uma escultura em tamanho natural de Francisco rezando de joelhos. Segundo frei Antonino, o lugar ganhou um telhado logo depois da morte de Francisco, por ordem de Santo Antônio. "Depressa! Depressa!", diz ele, arremedando as ordens do santo. "A gente precisa construir uma igreja e colocar um altar, caso Francisco seja canonizado. Vai ser a *primeira* igreja consagrada a ele!"

Em meio à divertida encenação do frade, paro um instante para admirar uma pintura de Francisco cercado de pássaros venezianos. Segundo São Boaventura, Francisco e um "irmão" caminhavam pelos "pântanos de Veneza" quando se depararam com um "enorme bando de pássaros cantando entre os juncos".[3] No que veio a se tornar um conhecido episódio, Francisco, que desejava rezar as horas canônicas com o companheiro, pediu aos "irmãos pássaros" que interrompessem a cantoria de modo que os dois pudessem se ouvir. Os pássaros aquiesceram até que o "santo homem de Deus" lhes deu permissão para continuar, e então "voltaram a cantar como faziam sempre".

Próximo à pintura estão os restos de mais uma árvore milagrosa, que crescera no local em que Francisco fincou seu cajado quando ali esteve, vindo de Acre. Um pinheiro sobreviveu por 481 anos até o século XVIII, quando por fim tombou. O cepo da *"giganta"*, como diz o frei Antonino, está dentro da igreja. E do lado de fora — próximo à horta e ao pomar do convento, em que vemos pés de repolho, *radicchio*, berinjela, erva-doce, maçã, pêra, damasco, cereja, figo e caqui —, uma enorme gruta cobre o lugar onde antes ficava a árvore, escorada por cabos de aço durante seus últimos anos.

A ilha é adorável e, logo descobrimos, bem movimentada. Frei Augustino, mais jovem que nosso cicerone oficial, informa que o convento não só é aberto à visitação pública como também oferece concorridos retiros espirituais durante os fins de semana, aconselhamento pré-nupcial, acampamentos de uma semana para jovens durante o verão, além de um curso de pintura de imagens com duração de dez dias durante o mês de julho. Em sintonia com o espírito de Francisco, especialmente depois que ele se encontrou com o sultão, o convento também costuma realizar encontros entre representantes de diferentes religiões.

Não é difícil compreender por que Francisco procurou a serenidade desta ilha antes de enfrentar os problemas que o esperavam. Começou por escrever uma carta em defesa de Clara, que se debatia com a Igreja pelo "direito" de viver na extrema pobreza. "Eu, este pequeno irmão Francisco, desejo imitar a vida de nosso Altíssimo Senhor Jesus Cristo e perseverar na pobreza até o dia de minha morte. Rogo e sugiro que, vós também, busqueis a santidade da pobreza. Cuidado ao vos desviardes dela por aconselhamento ou instrução de quem quer que seja."[4]

Francisco prosseguiu em sua "linha dura" ao deixar a ilha rumo a Bolonha. Nossa disposição é bem mais serena quando tomamos o barco de volta a Burano, e vamos atropelando as sombras negras que os ciprestes projetam na água. A noite já está fria quando embarcamos no *vaporetto*; e pensamos em Francisco preparando-se para voltar a seu rebanho dividido.

Bolonha é um pesadelo para nós — como o foi para Francisco. Nosso problema é com a hospedagem. No nosso caso, os participantes de uma feira internacional de beneficiadores de couro ocupam todos os quartos de hotel num raio de muitos quilômetros. (Por fim encontramos um quarto absurdamente caro num hotel nos subúrbios da cidade, apinhado de comerciantes de couro paquistaneses.) No caso de Francisco, o problema não foi exatamente a escassez de alojamento.

Uma das versões dessa passagem de Francisco por Bolonha revela que, tão logo ele chegou à cidade, constatou que o convento fundado anos antes por frei Bernardo havia sido transformado numa elegante e confortável residência conhecida como "a casa dos irmãos".[5] Furioso, não hesitou em expulsar dali todos os frades — incluindo seu querido amigo frei Leão, adoentado à época.

Embora também estivesse doente, e por certo mais irritadiço, Francisco foi demasiado severo em sua reação. O convento fora cedido a Bernardo ainda nos primeiros anos do movimento franciscano por um juiz que presenciara a humilhação por ele sofrida enquanto pregava na praça principal da cidade. "Puxavam-no pelo capuz de um lado para o outro; alguns jogavam pedras, e outros, terra", contam as *Fioretti*.[6] Comovido com a paciência de Bernardo, vendo-o obrigado a usar farrapos depois de ter estudado direito na Universidade de Bolonha, o tal juiz ofereceu-lhe uma casa em que poderia "servir a Deus mais adequadamente". O convento, o primeiro fundado pelos franciscanos, até então fora motivo de grande orgulho para todos, mas agora, aos olhos de Francisco, representava uma afronta ao sagrado ideal de pobreza.

Outra versão sobre os dissabores de Francisco em Bolonha é um tanto mais complexa. Ele teria descoberto que o superior franciscano em Bolonha, sede da mais famosa universidade da Itália, havia fundado sua própria biblioteca e centro de estudos — sem a sua permissão. Isso representava uma dupla ofensa, uma vez que o tal superior havia infringido não só os votos de obediência mas os de pobreza também. Francisco opunha-se com veemência a que seus frades tivessem livros, pois estes, que precisavam ser copiados à mão sobre pergaminho, eram muito caros e inflavam o ego dos proprietários. "Depois de possuíres um saltério", ele admoestou um jovem frade, "desejarás um breviário; sentarás no trono da autoridade, como um importante prelado, e dirás a teu irmão: traz cá meu breviário!"[7]

Francisco também reprovava que os frades estudassem ou ensinassem nas universidades, pois achava que as atividades intelectuais os desviavam das orações e da relação espiritual com Deus. Havia esses dois motivos para censura em Bolonha.

Francisco ficou tão enfurecido que ordenou a destruição da biblioteca. Quanto ao superior, ou ignorou a ordem ou reconstruiu o centro de estudos logo depois da partida de Francisco, o que nos leva a uma história absolutamente terrível. De acordo com *Kinship of St. Francis*, Francisco lançou uma maldição sobre o ministro recalcitrante, que imediatamente adoeceu. Mesmo diante das súplicas de dois outros frades, ele fincou pé e se recusou a revogar a maldição. O que para o superior foi o fim. Enquanto ele agonizava, "uma gota flamejante de enxofre tombou do alto e perfurou-lhe o corpo até a cama em que jazia. E assim ele morreu, em meio a um cheiro horrível".[8]

É difícil dar crédito a essa história no ambiente da Piazza Maggiore de Bolonha, enorme e cercada de palácios, onde Bernardo suportou tantas humilhações em nome de um Francisco muito mais compreensivo e generoso. Infinitamente mais fácil de imaginar é o milagre que Francisco operou aqui, curando um menino quase cego ao fazer o sinal-da-cruz sobre ele. Igualmente fácil é pensar no sermão que ele proferiu nesta praça, o único a contar com uma testemunha ocular.

Um dos mais respeitados biógrafos de Francisco, o oitocentista Paul Sabatier, situa o sermão de Bolonha em 1220, fazendo-o coincidir com a passagem de Francisco por ali depois da estada em Veneza. Ao que parece, ele havia recuperado parte da saúde: a testemunha ocular, um arcediago da

Catedral de Bolonha, confere-lhe a tradicional descrição de "um homem comum (...), de trajes pobres, ar nada imponente e feições nem de longe graciosas".[9] No entanto, as palavras de Francisco sobre "os anjos, as pessoas e os demônios" não foram recebidas com a mesma indiferença pelos que tiveram a oportunidade de ouvi-las, "quase todos os filhos da cidade", inclusive "muitas pessoas de alta instrução".

Francisco não ameaçou os presentes com palavras duras e implacáveis, mas falou com "sabedoria e eloqüência". "Orava como se conduzisse uma conversa; o teor do discurso limitava-se sobretudo à abolição das inimizades e à necessidade de alianças pacíficas", relata o arcediago. Francisco, claro, continuava tão carismático quanto antes. Não só conseguiu dar fim às querelas vigentes entre os nobres que o escutavam, restaurando "a paz e a harmonia", como também deixou os bolonheses de tal modo comovidos que eles passaram a "persegui-lo como um rebanho", tentando "tocar-lhe a barra do hábito".

Francisco é homenageado em Bolonha mediante uma enorme catedral do século XIII, não muito distante da Piazza Maggiore. Embora o guia de viagem a descreva somente como "um monumental edifício de tijolos no estilo gótico", trata-se na verdade de um importante centro cultural e religioso. É frei Antonio Ranzini que orgulhosamente nos mostra a biblioteca de três mil volumes (que Francisco decerto teria mandado destruir) e o busto do padre Martini, renomado organista e compositor franciscano que deu aulas a ninguém menos que Mozart. A biblioteca recentemente havia servido de auditório para uma apresentação da orquestra do Conservatório de Bolonha, à qual compareceram duzentas pessoas; número ainda maior é esperado para visitar o presépio mecânico ainda em fase de montagem na sacristia da igreja.

A noite vai caindo, junto com um chuvisco, enquanto visitamos o belo claustro do convento, emoldurado por uma cerca viva; numa das onze capelas cavernosas da catedral, admiramos uma impressionante arca de cerâmica em tons de branco, azul e dourado, retratando cenas da vida de Francisco: recebendo a sanção do papa Inocêncio III para a Regra de sua ordem e pregando para a multidão reunida na Piazza Maggiore. Está escuro e deixamos a cidade para voltar ao nosso hotel no subúrbio. A passagem de Francisco por Bolonha em 1220, embora dramática, foi curta, assim como a nossa.

Francisco tinha muito no que pensar enquanto seguia para Orvieto a fim de se encontrar com o papa. Sabia o que infelizmente precisava fazer para evitar o desmantelamento de sua ordem. A resposta lhe viera na estrada, quando sonhara com uma galinha preta que em vão tentava esparramar as asas para proteger os diversos pintinhos. (Várias representações desse sonho podem ser vistas em pinturas no sul da Itália; em muitas casos a galinha é substituída por um gigantesco clérigo que protege os frades pequeninos sob o manto preto.) O movimento franciscano já contava com pelo menos seis mil seguidores e, para sobreviver, precisava de proteção formal por parte da Igreja. O que começara como um movimento espontâneo de "companheiros" estava prestes a se tornar uma ordem oficial da Igreja, sujeita à lei canônica.

O papa Honório III assentiu em receber Francisco e, a pedido dele, nomeou Ugolino, o bispo de Ostia, como protetor oficial do que havia começado meramente como os Penitentes de Assis. "A doce anarquia evangélica dos primeiros tempos chegara definitivamente ao fim", escreve Julien Green em *God's Fool*.[10]

Francisco obteve algumas importantes concessões de Ugolino e do papa. Honório formalmente aprovou a secular Ordem Terceira Franciscana e informalmente revogou o "privilégio" de propriedade imposto a Clara. Clara, por sua vez, também conquistou certas concessões de Ugolino: um pequeno grupo de frades agora tinha permissão para, sem alarde, voltar a recolher óbolos para as Pobres Claras, permitindo que as irmãs retomassem os trabalhos de caridade nas cercanias de seus respectivos conventos.

Entretanto, não havia lugar para Francisco e sua zelosa liderança na ordem agora oficial. Enquanto ele se reportava apenas a Cristo, a nova ordem teria de se reportar ao papa. Francisco tinha consciência de que precisava abdicar a fim de abrir espaço para outro líder mais eficaz, preferencialmente um advogado. Tanto o papa quanto o bispo Ugolino sabiam disso também.

"Doravante podeis todos vós dar-me por morto",[11] Francisco anunciou ao perplexo grupo de frades reunido em Assis, no dia 29 de setembro de 1220, para a assembléia anual dos franciscanos. "Mas apresento-vos meu irmão Pedro de Catânia, a quem agora devemos total obediência." Dito isso, Francisco abriu mão da liderança do movimento que fundara doze anos antes, com seus dois primeiros convertidos.

Francisco, contudo, manteve certo grau de autoridade. O papa e Ugolino lhe haviam permitido escrever a nova Regra oficial da ordem. Tarefa que por pouco não lhe partiu o coração.

18 Pobre Francisco

ASSIS, *a Regra de Francisco é rejeitada*

Pobre Francisco. Doente e definhando, ele agora se
encontra aos pés do superior-geral do capítulo de
Pentecostes, prestes a apresentar a nova Regra aos trezentos
freis e superiores provinciais reunidos na Porciúncula.
Estamos em maio de 1221, um ano depois do último
capítulo. Para Francisco, não foi um bom ano: a saúde
piorou e o amigo Pedro de Catânia morreu apenas seis meses
após assumir a direção da ordem. O novo superior-geral é
frei Elias, sem a permissão do qual Francisco sequer pode ler
a Regra que elaborou. Segundo um dos biógrafos, ele chegou a
ponto de precisar puxar a barra do hábito de Elias para
chamar-lhe a atenção e pedir permissão para falar.[1]

Na nova Regra, Francisco incluiu muitas das concessões
exigidas pelo papa e pelo cardeal Ugolino. Concordou com a
exigência de um ano de noviciado para todos os candidatos a
frade, ao contrário da prática anterior de receber na ordem
qualquer um que, "por desejo ou inspiração divina [se
dispusesse a] aceitar o novo modo de vida".[2] Ainda que de
mau grado, também concordou com a posse de livros pelos
franciscanos, mas apenas de livros "necessários ao
cumprimento de seu ofício";[3] da mesma forma, os irmãos
leigos que soubessem ler agora poderiam "possuir um
saltério", ou livro de salmos.

Além disso, quando não estivessem jejuando, os frades poderiam comer "o que quer que lhes fosse oferecido",[4] liberdade muito contrária aos hábitos rígidos de Francisco, que muitas vezes fingia mastigar depois de esconder a comida no colo. Quanto às roupas, os frades agora poderiam possuir duas túnicas, uma delas com capuz, ao contrário dos companheiros originais que, segundo Celano, "se contentavam com um hábito só, por vezes remendado de ponta a ponta".[5]

Ainda assim muitos dos noviços reclamam que as diretrizes de Francisco são pouco razoáveis. Alguns querem fazer a cavalo as viagens de pregação, levando todas as provisões necessárias. Porém, Francisco mais uma vez recorre aos Evangelhos para insistir em que seus frades "não carreguem nada: nem alforjes, bolsas, pão, dinheiro ou cajado"; quanto aos cavalos, "só por motivo de doença ou grande necessidade".[6]

A propriedade de bens imóveis permanece proibida: "Os irmãos devem evitar (...) tomar posse de qualquer lugar."[7] Essa advertência, contudo, já vinha sendo negligenciada havia muito. Superiores da ordem vinham adquirindo casas por toda parte, e certos frades, como Francisco tivera a oportunidade de constatar em Bolonha, levavam uma vida de inquestionável conforto. Além disso, tornara-se chique entre certos membros da hierarquia eclesiástica hospedar frades que presumivelmente dormiam em camas e participavam das refeições da casa. Em face de tantas tentações, um número cada vez menor de frades — à exceção dos companheiros originais e outros tantos nas Marcas — se dispunha a prosseguir na vida de peregrino e a residir em cabanas, que segundo Francisco deviam ser construídas com barro e ripas de madeira.

Assim sendo, a nova Regra de Francisco é reprovada e lhe pedem que a reescreva. Alegam que é longa e vaga demais. No íntimo, contudo, consideram que as diretrizes inspiradas nas Sagradas Escrituras são demasiadamente penosas, muito duras. Pobre Francisco. "Jamais passara por momento mais pungente em toda vida", escreve Julien Green em God's Fool.[8] "Acreditava de todo coração que havia recebido sua Regra de Deus. Ao contrário do que pensavam os homens."

19 Seguindo Francisco pela bota da Itália

APÚLIA: BARI, *onde Francisco transforma dinheiro em cobra.*
BRINDISI, *de onde talvez ele tenha partido para o Egito.*
LECCE, *onde ele opera o milagre dos pães.* GAETA, *onde o*
assédio dos admiradores o obriga a pregar dentro de um barco

A luz é diferente na província de Apúlia, no calcanhar da bota italiana. Comparada à luz cortante dos montes da Úmbria e da Toscana, é mais branda e dá a impressão de carregar em si a própria sombra. A refração decorre do sal que se mistura ao ar, proveniente das águas do Adriático, a leste, e do Tirreno, a oeste.

Vamos a ambas as costas, como supostamente também fez Francisco durante a viagem missionária de dezoito meses entre a rejeição da Primeira Regra, em 1221, e o término da nova versão, em 1223. Difícil acreditar que ele tenha encontrado forças para percorrer todo o caminho ao longo da costa do Adriático até a Apúlia, mas diversas fontes confiáveis — sobretudo *St. Francis of Assisi, Omnibus of Sources (São Francisco de Assis — Todas as fontes)* — apontam o sul da Itália como o destino de Francisco em 1221 e provavelmente 1222. Muitas das datas citadas não passam de estimativas e, ao modo das pesquisas eleitorais, contam com uma margem de erro de muitos pontos percentuais; no entanto, nunca havíamos estado na Apúlia antes e, acreditando piamente nas *Omnibus*, seguimos para o sul, nós também.

Procuramos por vestígios de Francisco na cidade portuária de Bari; acredita-se que ele tenha se hospedado no castelo de Svevo, imponente edifício à beira-mar originalmente erguido no século XII. O ponto turístico principal de Bari é a maravilhosa Basílica de São Nicolau, do século XI (São Nicolau é o padroeiro das crianças e, claro, fonte de inspiração para o nosso Papai Noel; seus ossos sumiram misteriosamente da Turquia em 1087 e ainda estão na cripta da basílica). Não é lá, contudo, que encontramos Francisco, mas na igreja oportunamente consagrada a Santa Maria degli Angeli, em frente ao castelo.

Na entrada da igreja, uma placa de pedra celebra a passagem de Francisco pelo castelo, e, numa das paredes da nave, um nicho forrado de veludo e trancado a chave abriga o sininho, ou Campanello di San Francesco d'Assisi, que Francisco tocava para convidar as pessoas a seus sermões. Com a permissão de Dom Filippo, o padre secular da igreja, tocamos a preciosa relíquia, emocionados por termos nas mãos algo que o próprio Francisco talvez tenha segurado.

Ainda no encalço de Francisco, seguimos por uma estrada que margeia o Adriático até o porto de Brindisi, de onde supostamente ele partiu para o Egito. Dando asas à imaginação, decido que foi nesta mesma estrada, num ponto identificado vagamente por Celano como "perto de Bari",[1] que ele ministrou ao jovem frade que o acompanhava uma lição bastante explícita sobre a natureza demoníaca do dinheiro. Diz a lenda que, encontrando uma sacola de moedas pelo caminho, o jovem frade sugeriu a Francisco que o dinheiro fosse recolhido e doado aos pobres. Mas Francisco suspeitou tratar-se de uma armadilha do demônio. Em vez de embolsar as moedas, "afastou-se um pouco e concentrou-se em orações". Em seguida, pediu ao companheiro que abrisse a sacola — e, em vez das moedas, "uma cobra enorme arrastou-se para fora". Uma lição da qual o jovem frade jamais se esqueceria. "Irmão", disse-lhe Francisco, "para os servos de Deus o dinheiro não passa de um demônio, de uma cobra peçonhenta."

Padre Salvatore, um franciscano de quarenta e um anos absolutamente moderno, de calças jeans e barba por fazer, recebe-nos na igreja e convento local. Acompanha-nos pela Provinciale San Vito, rota medieval de peregrinação que leva ao movimentado porto comercial de Brindisi, passando pela

Fonte Tancredi, do século XII, da qual os cruzados e possivelmente Francisco beberam antes de embarcarem para a Terra Santa. Nos dias de hoje a peregrinação se faz por via aérea: é de Brindisi que partem os aviões com ajuda humanitária que a UNESCO manda para o Iraque e o Afeganistão.

Até esse ponto de nossa visita à Apúlia não achamos nenhuma indicação de que Francisco tenha pregado por ali em 1221 ou 1222. A maior parte da história medieval relacionada com as passagens dele por essa região da Itália tem a ver com as cruzadas. Em Brindisi fica o *ospedale*, ou hospital de Santa Maria del Casale, abrigo original do tempo das cruzadas recentemente restaurado. Padre Salvatore nos leva a visitar o impressionante edifício que peregrinos e cavaleiros decoraram com belos afrescos retratando cenas da época: homens a cavalo brandindo escudos e estandartes com a cruz de Jerusalém. A associação de Francisco com o lugar deve-se ao fato de o *ospedale* ter sido construído sobre a pequena capela em que ele costumava rezar e que continha a pintura de Maria de que ele mais gostava. Um convento franciscano foi fundado depois da passagem de Francisco por ali, e as ruínas do claustro ainda podem ser vistas perto do Santa Maria del Casale, sombreadas por palmeiras.

Deixamos o jovial padre Salvatore, que trabalha em uma estação de rádio local chamada Irmão Sol, Irmã Lua, e prosseguimos na direção sul, rumo à cidade de Lecce, barroca e rebuscada. Ao que parece, cada centímetro quadrado dos diversos palácios e igrejas medievais é complexamente talhado com santos, cavaleiros, flores, animais, o sol e a lua. Essa exuberância da arte escultural — possível em razão do arenito cor de mel, facilmente modelável, que há na região — acaba por justificar nossa visita à cidade, apesar das seguidas frustrações.

A primeira delas tem a ver com a infrutífera busca de meia hora pelo hotel onde temos reservas no centro histórico, o B and B, um *palazzo* do século XVI engastado em algum lugar no labirinto de ruas da velha cidade. Habituado com hóspedes perdidos, o jovem proprietário do hotel, Mauro Bianco, sempre oferece seu número de celular aos que fizeram reserva. Depois de muitas voltas, por fim nos rendemos e humildemente seguimos a motoneta de Mauro através de um sem-número de ruelas até chegarmos ao misterioso B and B. Nosso quarto, de um pavoroso vermelho, fica no último pavimento, ao cabo de cinqüenta e dois degraus de escada.

Resolvida essa frustração, passamos à seguinte. A se acreditar nas histórias locais, Francisco operou o milagre da "multiplicação dos pães" em Lecce, no *palazzo* da família Perrone. Quando ali bateu a fim de pedir pão para seus monges, como são chamados os frades na Apúlia, foi informado pela criada de que não havia nenhum. Francisco então insistiu em que ela verificasse a despensa mais uma vez e... lá estava um pão fresquinho, ainda quente. Para celebrar o milagre, a família mandou talhar na fachada do *palazzo* a figura de um anjo segurando um pedaço de pão e, sobre a porta de entrada, uma inscrição descrevendo o episódio. Todavia, no endereço que Mauro havia localizado num guia de palácios medievais de Lecce, hoje existe um edifício de apartamentos relativamente moderno, e sem nenhum entalhe na fachada.

Nossa última esperança de encontrar algum vestígio de Francisco é a pequena cela em que ele diz que ficou durante sua visita à cidade. Sem maiores dificuldades encontramos a igreja de São Francisco, do século XIII, na qual, próximo à uma capela com maravilhosos afrescos sobre a vida de Francisco, uma abertura no chão, protegida por cordas, dá vista para uma pequena cela de pedra, com aproximadamente dois metros de comprimento e um de largura. No entanto, o entusiasmo de nossa descoberta vai-se embora quando o zelador da igreja atribui o ano de 1219 à passagem de Francisco pela tal cela. Pela data, trata-se de mais um evento relacionado com as cruzadas, o que parece corroborar a hipótese de que Francisco tenha embarcado para o Egito a partir de Bari ou Brindisi, parando para descansar em Lecce a caminho de um ou outro porto.

Deixamos a Apúlia um tanto desapontados e seguimos na direção norte rumo ao porto de Gaeta, no Tirreno. Apesar de todos os encantos da Apúlia — entre eles, as peculiares e antiqüíssimas *trulli*, casas de telhado cônico construídas, sem argamassa, com as pedras cinzentas e finas da região —, as datas não batem com a excursão missionária de Francisco pelo sul da Itália. Nossa última esperança é Gaeta, onde, segundo São Boaventura, Francisco se viu obrigado a terminar um sermão a bordo de um pequeno barco em razão do excessivo entusiasmo dos ouvintes reunidos na praia, os quais "avançaram na direção dele na esperança de tocá-lo".[2]

Finalmente! Tal como somos informados pelo professor Fernando Robbio, historiador e ex-professor de inglês, foi em algum momento durante o inverno de 1222 e início da primavera de 1223 que Francisco proferiu seu sermão à beira-mar. "Não sabemos o que o trouxe para cá, mas as datas estão certas", diz ele. Também não se sabe onde Francisco se alojou: sua cela jamais foi encontrada, mas o professor Robbio supõe que esteja enterrada em algum lugar no mosteiro fundado por Francisco, perto do local onde a igreja de São Francisco posteriormente seria erguida, no alto de um penhasco à beira-mar.

Andamos de um lado a outro pelo corredor do claustro do velho convento, acompanhados pelo professor Robbio, para quem não há dúvida de que Francisco também andou por ali em 1222. O mosteiro atualmente é um centro comunitário para jovens (Oratório Don Bosco), o que torna difícil imaginar um contemplativo Francisco em meio ao furor juvenil provocado por uma iminente partida de futebol. Mas o entusiasmo do dr. Robbio é, compreensivelmente, contagiante.

Gaeta tem presença marcante nas biografias medievais de Francisco. Foi ali que ele se enfureceu com dois frades que haviam deixado a barba crescer, censurando-os pelo mau exemplo dado. A julgar pela desmedida reação diante de transgressão tão inocente, o episódio se deu à época da inesperada insurgência em sua ordem. Segundo Celano, Francisco disse: "Por vós, Santíssimo, por toda a corte celestial, e por mim, vosso pequenino filho, que sejam amaldiçoados todos aqueles que pelo mau exemplo destruam o que erguestes antes, e continuais a erguer mediante a santa irmandade desta religião!"[3]

Francisco também realizou milagres em Gaeta: além de curar um paralítico cujo estado havia se agravado com a intervenção de um médico, devolveu a saúde a certo Bartolomeo, cujo pescoço fora atingido por uma viga durante a "construção da igreja do bem-aventurado Francisco".[4] Bartolomeo se recuperou depois de uma visão em que Francisco e onze irmãos lhe traziam um cordeiro. E na manhã seguinte voltou ao trabalho como se nada tivesse acontecido, para grande surpresa dos colegas que o haviam deixado "semimorto" na igreja.

A igreja do século XIII, que por pouco não matou Bartolomeo, foi encomendada pelo imperador Frederico II e substituída no século XIX por uma bela catedral gótica, encomendada por outro imperador, Ferdinando II, com a intenção de celebrar a fuga do papa Pio IX para Gaeta em 1848, durante uma revolução em Roma. De todas as igrejas consagradas a Francisco, esta de Gaeta, com sua fachada cor de coral, é a minha predileta, apesar de uma imperfeição.

Em 9 de fevereiro de 1999, um vendaval arrancou do pedestal a pesada cruz da fachada externa da igreja e jogou-a sobre o telhado, deixando ali um buraco. Desde então a nave se encontra aberta aos elementos e fechada ao público, para desgosto das diversas famílias, de todas as partes da Itália, que com meses de antecedência haviam reservado a igreja para casamentos e batizados. Compreendo a popularidade do lugar quando o professor Robbio, que lidera um movimento de coleta de fundos para o conserto do telhado, gentilmente destranca a porta e nos deixa visitar o tristonho e comovente interior.

Esculturas em tamanho natural dos doze apóstolos emolduram a nave, cobertas com lascas de telhado. Uma fina camada de estuque cor de coral cobre os bancos e pedrinhas misturadas a uma areia muito fina formam um tapete sobre o chão de mármore. Ainda assim esse espaço desolado, habitado por pombos e vigiado por uma imagem de São Francisco num oratório de vidro, é espetacular. A luz que atravessa os vitrais azuis, verdes e amarelos das janelas laterais, finas e compridas, incide sobre o coral das gigantescas colunas e o branco dos ornatos, banhando a nave numa espécie de brilho laranja. Comovida, imediatamente faço uma doação ao fundo de reconstrução.

Não se sabe ao certo qual foi a praia em que Francisco se viu obrigado a buscar refúgio dentro de um barco para terminar seu sermão. Nosso hotel fica nas imediações do porto, não da praia, e da janela podemos avistar o *La Salle*, um navio da Sexta Frota da marinha dos Estados Unidos. Todas as manhãs acordamos com a transmissão do hino americano pelos alto-falantes. A imensa praia de Gaeta, em forma de meia-lua e cercada de hotéis, fica

SEGUINDO FRANCISCO PELA BOTA DA ITÁLIA

na face meridional de um promontório rochoso e pode muito bem ter sido o local onde Francisco pregou em 1222.

Outra possibilidade é a vizinha Grotta del Turco, no pé do monte Orlando, onde piratas sarracenos aterrorizavam os navegantes no século IX. Essa impressionante gruta esculpida pelas ondas é alcançada por degraus muito altos, através de uma fenda estreita, bem ao gosto de Francisco, e termina no mar, na pequena Capela do Crucifixo. A capela se aninha entre duas pedras monumentais, separadas uma da outra, acredita-se, durante o terremoto que abalou a montanha inteira no momento em que Jesus morreu.

Francisco, como bem sabemos, acreditava nessa história. E no início da primavera de 1223, depois de deixar Gaeta, seguiu para o vale de Rieti, onde buscaria refúgio numa fenda igualmente dramática, no verdejante eremitério de Fonte Colombo. Foi nesse local histórico, conhecido como o Monte Sinai Franciscano, que ele passou os quarenta dias da Quaresma, buscando inspiração divina para reescrever a Regra rejeitada.

20 O belo vale de Rieti

FONTE COLOMBO, *eremitério em que Francisco escreve a Regra de 1223, que se perde misteriosamente.* GRECCIO, *eremitério onde ele encena a Natividade*

O silêncio é absoluto quando entro na fenda impossivelmente estreita do santuário de Fonte Colombo. Sinalizada apenas por uma tosca cruz de madeira, essa fenda não tem mais que um metro de largura e talvez uns três de comprimento. Ali não há nada para distrair nossa atenção, nenhum lugar para onde possamos ir, nada para olhar exceto o estonteante paredão que se descortina através de uma abertura na rocha. Posso sentir a presença de Francisco nesse extraordinário isolamento, rezando para que o Senhor o ilumine no momento de escrever a nova Regra.

Bem ao lado da fenda fica a caverna totalmente branca onde Francisco rezou e dormiu por quarenta dias. Subindo por uma trilha muito íngreme, chegamos à minúscula Capela de Madalena, do século XII, onde Francisco ouvia as missas rezadas por frei Leão. Capaz de acomodar no máximo umas dez pessoas, a capela ainda ostenta uma cruz de Santo Antão, supostamente pintada por Francisco no vão da janela.

Francisco viera para Fonte Colombo na companhia de seus frades mais chegados — Leão, Rufino e Angelo —, além de Bonizzo, bolonhês especialista em direito canônico.

Acredita-se que Leão tenha ocupado outra gruta, conhecida como a Gruta de Irmão Leão, ao longo da trilha íngreme na encosta da montanha. Há ainda uma terceira gruta, identificada como Capela de São Miguel, onde talvez os frades se reunissem para rezar enquanto Francisco permanecia isolado.

Em razão da demora na elaboração da nova Regra, os superiores da ordem já começavam a se impacientar. Mas Francisco, que não se orientava pelo tempo dos homens, continuou a rezar, jejuar e conversar com o Senhor no desconforto de sua gruta. Os companheiros sabiam que não deviam importuná-lo. Esperaram e esperaram e esperaram. Até que ele apareceu.

Na trilha que leva à capela há uma azinheira de trezentos anos, muito semelhante à árvore sob a qual Francisco se sentou em 1223 para ditar a frei Leão a Regra que o Senhor lhe havia inspirado. (A árvore original tombou com uma forte nevasca em 1622 e a madeira foi usada por um mestre escultor na confecção de uma réplica da cena. O elaborado entalhe, recontando toda a história, está exposto numa igreja do século XIII na entrada de Fonte Colombo.)

A nova safra de superiores franciscanos subitamente decidiu que a Regra ainda em elaboração seria inaceitável. Decerto era longa demais, caso contrário Francisco já a teria entregado. E, sem dúvida, demasiadamente severa. No que se configura um verdadeiro motim, vários dos superiores acharam por bem partir para Fonte Colombo e enfrentar Francisco, usando como porta-voz um relutante frei Elias, o superior-geral da ordem.

Francisco levou um susto ao se deparar com frei Elias e o grupo de superiores que nem sequer conhecia. "Quem são estes irmãos?", perguntou. "São superiores que souberam que estás escrevendo uma nova Regra", respondeu Elias. "Temem que será severa demais e dizem, publicamente, que se recusarão a observá-la. Que ela se aplique somente a ti, e não a eles."[1]

Não é difícil imaginar a dor que isso causou a Francisco. Olhando para o alto, ele exclamou: "Senhor! Eu não disse que não acreditariam em mim?" E, de repente, reza a lenda, a voz de Deus se fez ouvir por toda a floresta: "Francisco, não há nada de ti nesta Regra; tudo que está nela veio de mim.

E meu desejo é que seja observada da seguinte forma: ao pé da letra, ao pé da letra, ao pé da letra. Sem glosas, sem glosas, sem glosas." O pronunciamento divino teve o efeito esperado e os superiores bateram em retirada, "aterrorizados e confusos".

A Regra de 1223, que Elias misteriosamente perdeu, obrigando Francisco a escrevê-la mais uma vez, foi amplamente editada por frei Bonizzo, pelo cardeal Ugolino e até pelo papa Honório III. É bastante sucinta: tem apenas doze capítulos, metade do que constava na Regra rejeitada em 1221. Não cita passagens das Escrituras, como a primeira, e é consideravelmente mais branda.

Nenhuma menção é feita ao trabalho junto aos leprosos, exigência fundamental e inegociável para os primeiros frades. Nenhuma menção é feita à diretriz de Lucas de que os missionários não levassem nada consigo nas andanças de pregação. Os frades, antes descalços, agora poderiam usar sapatos "caso forçados pela necessidade".[2] No que se refere às mulheres, pelo menos a linguagem foi abrandada. Enquanto na Regra antiga o capítulo sobre o assunto tinha como título "Relações demoníacas com as mulheres devem ser evitadas", na nova Regra o capítulo análogo prescreve tão-somente: "Aos frades é proibido entrar nos conventos de freiras."

O espírito geral da Regra, contudo, ainda é o mesmo. Permanecem os votos de "obediência, pobreza e castidade" e um capítulo sobre a excomunhão em casos de "fornicação" foi eliminado. Os frades devem evitar o ócio, recusar dinheiro e mendigar por comida. "Esse é o ápice da louvabilíssima pobreza; é isso, caros irmãos, que vos faz herdeiros do reino dos céus, pobres nas coisas temporais, ricos na virtude", diz a nova Regra.

Permanece a severa diretriz de que os frades "não devem se apropriar de nada: casas, terrenos ou o que seja", muito embora já se tivesse encontrado uma maneira de contorná-la. Pouco depois de Francisco expulsar os frades do convento de Bolonha e amaldiçoar o superior possuidor de livros, o cardeal Ugolino tornou-se proprietário do lugar e convidou todos os frades a voltarem na qualidade de hóspedes. A prática de se "emprestar" imóveis aos franciscanos teria enorme longevidade; foi exatamente isso que fez lorde Ripon em San Damiano no século XIX.

240   NA ESTRADA COM SÃO FRANCISCO DE ASSIS

Em todo caso, a Regra foi sancionada. Parada ali, no exato local em que Francisco a ditou para Leão, olhei para a fenda em que ele recebeu as instruções do Senhor e fiquei perplexa ao lembrar que essa é a Regra que ainda hoje governa a ordem franciscana.

Francisco protagonizou mais um último e grandioso ato público pouco depois de o papa aprovar a nova Regra em 25 de novembro de 1223. O Natal estava chegando e ele decidiu passar a data num de seus refúgios prediletos, Greccio, também no vale de Rieti. Ainda jovem, costumava ir a Greccio para "relaxar ou passar pequenas temporadas", segundo nos informa *A lenda de Perugia*.[3] Tinha tanto apreço pelos habitantes humildes e devotos do lugar, e eles por Francisco, que pediu a um garoto local para arremessar uma varinha em qualquer direção; onde quer que a varinha caísse, ele estabeleceria um novo eremitério. Por milagre, a tal varinha aterrissou a aproximadamente dois quilômetros de distância, na escarpa de uma montanha. O nobre Giovanni Velita, espécie de suserano local, imediatamente cedeu a Francisco a tal montanha, com suas várias cavernas interligadas. E é para essas cavernas, desde então convertidas num importante santuário franciscano, que estamos indo.

Olhando da estrada, o complexo nos parece tão enorme quanto gravitacionalmente impossível: construções de três ou quatro andares de altura, todas de pedra aparente, brotam do paredão como se sustentassem a montanha que lhes fica atrás. Ao dobrarmos as últimas curvas, fechadíssimas como sempre, percebi que a estrada em si já pode ser tomada como indício de que não se trata de um eremitério comum: é larga o bastante para facilmente acomodar ônibus de turismo.

Greccio recebe cerca de cem mil visitantes anualmente. Nossa chegada coincide com a de um ônibus de italianos de Campobasso, e, juntos, num silêncio reverencial, visitamos o santuário. Embora já devesse ter me acostumado desde muito, mais uma vez fiquei impressionada ao constatar o desconforto que Francisco e seus primeiros seguidores almejavam para si. A cela de Francisco, de rocha dura, não tem mais que um metro quadrado, e os demais frades decerto dormiam sentados ao longo de um estreito corre-

O BELO VALE DE RIETI

dor do lado de fora da cela, sob cruzes esculpidas na parede para demarcar suas respectivas "camas".

Entre as tantas histórias que atraem visitantes a Greccio está a de uma lição que Francisco ensinou a seus discípulos. Contrariado ao vê-los confortavelmente sentados em torno de uma mesa para a ceia da Páscoa, ele se disfarçou de andarilho miserável e entrou na sala, pedindo comida. Imediatamente reconhecido pelos companheiros, recebeu seus bocados e optou por comê-los junto do fogo, sentado no chão. "Bem, agora estou acomodado como um frade de verdade", disse aos demais.[4] A história, relatada na *Compilação de Assis*, não revela o que aconteceu depois, mas não seria de todo fantasioso supor que, envergonhados, os frades tenham se juntado a Francisco no chão para terminar seu magro repasto de Páscoa.

Greccio também conta com sua parcela de histórias envolvendo animais, como a do "irmão Coelho" que no último minuto Francisco salvou da panela, ou a do rebanho poupado da peste quando um fazendeiro "surrupiou" a água de banho de Francisco e espargiu-a sobre os bois. "Daquele momento em diante, por graça divina, a peste contagiosa desapareceu e nunca mais voltou à região", escreve Celano.[5]

Outra célebre história de Greccio dá conta de que, recolhido às orações no isolamento de sua cela, Francisco sentiu a presença de um frade que havia caminhado dez quilômetros desde Rieti para vê-lo; nesse instante, emergiu para abençoar o homem que, desapontado, já se preparava para voltar. Outro episódio tem a ver com mais um entrevero de Francisco com o diabo, que se escondera no travesseiro gentilmente oferecido por Giovanni Velita para aliviá-lo durante uma de suas doenças.

Impossibilitado de dormir ou rezar pelo constante tremor da cabeça e dos joelhos, Francisco finalmente pediu socorro a um irmão. "Acredito haver um diabo neste travesseiro sob minha cabeça", disse.[6] O frade recolheu o funesto travesseiro e já ia embora quando subitamente ficou paralisado. Por meia hora esteve assim, incapacitado de falar ou de largar o que segurava. Só quando algo milagroso levou Francisco a chamar por ele foi que o frade recobrou os sentidos e pôde deixar cair o travesseiro.

A explicação de Francisco para a investida do diabo, tal como está registrado na *Compilação de Assis*, é maravilhosamente complicada. A solerte criatura sabia que não era capaz de atingir Francisco por meio da alma, protegida por Deus, mas sim pelo corpo, impedindo-o de dormir e recuperar as forças para ficar de pé e rezar. Tudo isso foi demoniacamente concebido, disse Francisco, "para aplacar a devoção e a alegria do meu coração e fazer com que eu reclame de minha doença".

Francisco também não estava bem quando chegou a Greccio em 1223, supostamente pela primeira vez depois de voltar do Oriente. Seu estado é reproduzido numa comovente pintura no santuário, em que ele aparece enxugando os olhos doentes e lacrimejantes com um pano branco. Trata-se da única obra que retrata a doença ocular de Francisco, encomendada antes da morte dele pelo "irmão" Jacopa de Settesoli, a devota viúva de Roma enterrada ao lado dele em Assis. O original se perdeu, mas essa reprodução do século XIV mostra o triste aspecto de Francisco em seus últimos anos de vida.

O entusiasmo, contudo, era grande no Natal daquele 1223. Planejando uma surpresa, Francisco pediu ao amigo Giovanni que fizesse no eremitério algo especial que "trouxesse de volta à lembrança o Pequenino nascido em Belém e, de alguma forma, pusesse diante de nossos olhos mundanos as duras condições enfrentadas pelo recém-nascido, toscamente acomodado no feno de uma manjedoura, ao lado de um boi e um burrico".[7] E assim se deu a primeira, ou pelo menos a mais célebre, encenação da Natividade de todos os tempos.

A descrição de Celano para a procissão dentro da caverna, desde então incorporada pela Capela da Crèche, é tão vívida quanto comovente. Frades vieram dos mais diversos santuários. Homens, mulheres e crianças vieram do vilarejo. Camponeses deixaram suas terras e subiram a montanha carregando velas e tochas. "Dos bosques vinham as vozes jubilosas da multidão, ecoando na parede de rocha", escreve Celano. "Os irmãos pagavam sua dívida de louvor a Deus com cânticos de regozijo, que ressoavam noite afora."[8]

Francisco decerto exultava com a oportunidade de recriar o nascimento de Jesus para tantas pessoas. Sequer sonhava que dava início a uma tradição que por séculos se reproduziria em todo o mundo cristão — e ainda se reproduz em Greccio nos dias de hoje. A Natividade é encenada quatro vezes na época do Natal, atraindo cerca de trinta mil pessoas que por ali chegam cantando e segurando velas acesas. O episódio também é rememorado na parede de pedra da Capela da Crèche, mediante dois lindos afrescos adjacentes: o primeiro retrata Francisco e o presépio-vivo realizado em Greccio; o segundo, Maria e José com o filhinho em Belém, cidade gêmea de Greccio. Essas duas obras, de cores ainda muito vivas, foram produzidas pela escola de Giotto e rivalizam em beleza com as que se encontram na basílica de Assis.

Francisco tinha tanta reverência pelo Natal e pelos animais presentes no nascimento de Cristo que chegou a pensar em pleitear ao imperador que decretasse uma espécie de anistia para os animais no dia de Natal. O decreto não só pouparia os animais de serem capturados ou mortos como também lhes garantiria uma farta ceia de Natal. A vontade de Francisco era de que, por lei, trigo e outros grãos fossem espalhados pelas estradas da Itália no dia do Natal "de modo que nossas irmãs cotovias e outros pássaros tivessem o que comer em tão importante ocasião".[9] Da mesma forma, bois e burros, os animais que estavam ao lado de Jesus na manjedoura, deveriam ser presenteados com "generosas porções da melhor forragem". Quanto aos humanos pobres, estes também deveriam ser "fartamente alimentados pelos ricos".

Não há nenhum registro de que Francisco de fato tenha levado seu pleito ao imperador, mas a idéia de se recompensar os animais durante o Natal, além de simpática, é particularmente observada na Itália, onde o gosto pelas caçadas só não é maior que a paixão pelo futebol.

Lentamente continuamos a caminhar por Greccio, como também fazia Francisco. Acima da caverna da Natividade há uma minúscula capela do século XIII, com estrelas azuis e vermelhas pintadas na abóbada; acredita-se que essa tenha sido a primeira igreja consagrada a Francisco depois de sua canonização em 1228, ao contrário do que reivindicam os frades da Isola del Deserto. E próximo à capela fica o dormitório de madeira, original do século XIII, construído pelos frades pouco depois da morte de Francisco em 1226, com pedaços de galho ainda visíveis nas paredes de barro e páginas de livros medievais tapando buracos no telhado.

Por mais desapontado que tenha ficado com a institucionalização de sua ordem e com o comportamento lamentável da nova safra de frades, Francisco decerto deixou Greccio com entusiasmo. Fizera o que melhor sabia fazer: encher o coração das pessoas com a alegria de Cristo. E decerto também se sentia aliviado, não só com a conclusão da Regra oficial, mas ainda por se afastar da liderança da ordem. Agora poderia voltar à pregação dos Evangelhos, que norteavam sua própria vida, e passar mais tempo no isolamento da natureza, onde se sentia mais próximo de Deus. Assim, no fim do verão de 1224, ele fez a viagem ao santuário de Alverne, na Toscana, que tantos frutos daria. Jamais voltaria a ser o mesmo.

21 Tocado por um anjo em Alverne

A montanha sagrada onde Francisco recebe os estigmas

A ansiedade só faz crescer à medida que subimos a sinuosa estrada para Alverne, o principal santuário franciscano. Estamos na Toscana, seguindo na direção daquela "rocha entre o Tibre e o Arno",[1] tal como a descreve Dante em seu *Paraíso*, onde Francisco atingiu o ápice de sua relação com Deus: os estigmas.

Talvez seja por isso que tudo relacionado ao caminho para Alverne tenha um quê de superlativo, desde a estrada, mais larga que a de Greccio, até a paisagem que nos cerca, bem mais selvagem. Os pinheiros e as faias são maiores; os paredões de rocha, mais rachados e rugosos. Através das árvores vêem-se tantos penhascos, cumes e cavernas que toda a montanha parece uma parábola do lendário terremoto de Jerusalém. Não é de admirar que Francisco tenha vindo a Alverne com tanta freqüência durante os onze anos que se passaram desde que fora presenteado pelo conde Orlando com a montanha em San Leo.

Ali não havia mais que algumas cabanas de madeira e junco construídas pelos companheiros de ordem quando começaram as viagens, além de uma pequena capela consagrada à Virgem Maria, que o conde Orlando construíra para Francisco em 1213. A capela tem o mesmo nome, Santa

Maria degli Angeli, e as mesmas dimensões modestas da Porciúncula; em estilo, assemelha-se mais à igreja de San Damiano. Nada mais justo que o conde Orlando tenha sido sepultado neste segundo lar espiritual que criara para Francisco.

Foi numa visita anterior a Alverne que Francisco mais uma vez deu mostras de sua condição humana, com a qual já havia conquistado tantos corações. Certo frade havia acidentalmente provocado o incêndio de sua cabana enquanto cozinhava e os companheiros acorreram para ajudá-lo a debelar o fogo; Francisco, por sua vez, retirou-se para o bosque. Não só respeitava o irmão Fogo a ponto de não querer destruí-lo como também possuía uma pele de raposa que lhe servia de cobertor nas noites de frio, a qual levou consigo para o bosque. Apagado o fogo, voltou à cabana e, envergonhado, confessou aos frades: "De hoje em diante não quero mais esta pele; por causa de minha avareza, não quis que o irmão Fogo a consumisse."[2]

Apesar de toda a beleza rústica de Alverne, Francisco recebeu diversas visitas de "demônios" ali. As investidas, por vezes virulentas, supostamente se deram durante o período de cizânia em sua ordem. Por causa delas, Francisco disse: "Se os irmãos soubessem quanto sofro com esses ataques do diabo, decerto seriam mais compassivos e piedosos."[3] Ainda assim, ele se sentia mais próximo de Deus nesta região, especialmente entre as rochas de Alverne, que ele associava ao Senhor. "Sempre que precisava escalar uma escarpa, caminhava com temor e reverência Àquele que se denomina 'A Rocha'", registra a *Compilação de Assis*.[4]

A viagem de Assis até Alverne no verão de 1224 não foi fácil para Francisco e seus companheiros mais chegados: Leão, Masseo e Angelo. Todos estavam aborrecidos com os problemas na ordem e com a diluição das diretrizes espirituais que eles haviam abraçado desde o início. Leão encontrava-se de tal modo consumido que começou a duvidar da própria fé, discutindo o assunto com Francisco durante a longa e calorenta jornada e provocando a carta que mais tarde Francisco lhe escreveria no santuário da montanha.

Essa carta — um dos dois únicos exemplares de manuscritos franciscanos, conservado em Espoleto (ver capítulo 3) — merece ser repetida aqui, no contexto da rebelião na ordem e do desespero de Leão. "Repito aqui, brevemente, e [a título de] recomendação, todas as palavras que trocamos na estrada", escreveu Francisco, em parte, a Leão. "Seja qual for a melhor maneira de agradares ao Senhor e de seguires nos passos e na pobreza d'Ele, faze-o com a bênção de Deus e em obediência a mim. E se achares necessário ao bem-estar de tua alma, se precisares de consolo e quiseres vir a mim, Leão, que venhas!"[5]

A viagem para Alverne não foi apenas espiritualmente difícil para Leão mas também fisicamente extenuante para Francisco. Quando por fim eles alcançaram o pé da montanha, escreve Celano, os frades persuadiram um camponês a emprestar-lhes o burrinho para que Francisco pudesse prosseguir no lombo do animal.[6] Com certa relutância, o camponês começou a puxar o animal montanha acima, mas o calor era tanto, e o caminho tão íngreme, que dali a pouco ele "foi ao chão, vencido por uma sede tremenda". Foi então que Francisco operou mais um milagre, também reproduzido por Giotto na basílica de Assis: depois de rezar, alçando "as mãos na direção dos céus", instruiu o camponês para se dirigir a uma rocha próxima, que subitamente começou a produzir um "fluxo de água".

Outra pausa na escalada fez-se à sombra de um carvalho, onde Francisco e os companheiros pararam para descansar. Segundo I fioretti, foi ali que "uma grande variedade de pássaros voou para junto do bem-aventurado Francisco, alegres, cantantes, batendo as asas com visível entusiasmo".[7] Eram tão dóceis que alguns "pousaram na cabeça dele e outros, nos ombros, nos joelhos e nas mãos". Essa cena também é reproduzida numa infinidade de pinturas e estátuas de jardim, inclusive na pia de passarinhos que adornava o jardim de minha avó. Além disso, é celebrada pela Capela degli Uccelli (dos Pássaros), erguida no século XVII à margem da estradinha íngreme que sobe a montanha a partir do vilarejo de La Breccia.

Mas Francisco ainda não havia chegado aonde queria. Tão logo alcançou o patamar onde os frades haviam construído suas cabanas, insistiu em seguir sozinho, atravessando um tronco sobre o abismo, até uma solitária caverna no paredão da montanha. Neste lugar isolado, "separado dos companheiros",[8] ele jejuaria por quarenta dias em louvor a São Miguel, o que fixa as datas em 16 de agosto de 1224, uma quinta-feira, e 29 de setembro, um sábado.[9]

Francisco deixou instruções muito claras para seus frades, dois dos quais, Rufino e Silvestre, já se encontravam em Alverne. "Nenhum dos companheiros tinha permissão para procurá-lo, exceto Leão", informam *I fioretti*.[10] Leão fora incumbido de levar pão e água todas as manhãs e voltar mais tarde para as orações noturnas — mas com uma condição. Deveria "se aproximar e dizer apenas 'Senhor, abri meus lábios'".[11] Caso Francisco respondesse "'e minha boca Vos louvará'", Leão poderia atravessar o tronco sobre o abismo e acompanhá-lo nas noturnas. Na ausência de uma resposta, teria de voltar.

Mas Leão trapaceou. Ficou de olho em Francisco, com ou sem permissão, e sorrateiramente viu coisas extraordinárias. Cumpre lembrar que *I fioretti* foram escritas por um frade das Marcas, onde o êxtase espiritual era ocorrência comum; em todo caso, a se acreditar no que está escrito ali, Leão viu Francisco "levitar tão alto que só seria possível tocar-lhe os pés". Noutra ocasião, "subiu tão alto que mal era possível vê-lo".[12]

Essa rotina estendeu-se por um mês, durante o qual Francisco conquistou a amizade do falcão que ocupava um ninho próximo à sua cela. Segundo São Boaventura, o falcão ficou tão habituado aos horários das orações noturnas de Francisco que "se antecipava a elas com seu grito e seus cantos".[13] Francisco, por sua vez, sentiu-se grato ao atencioso falcão, pois "tamanha atenção servia para espantar qualquer propensão à preguiça". Por outro lado, quando se sentia "mais debilitado que de costume pela doença", agradecia ao falcão pelo silêncio observado.

O milagre dos estigmas deu-se em etapas, conforme *I fioretti*. A primeira delas surgiu durante uma das visitas noturnas de Leão à cela de Francisco. Leão não obteve resposta quando gritou "Senhor, abri meus lábios", mas prosseguiu assim mesmo e, encontrando a cela vazia, embrenhou-se no bosque à procura do mestre. Num primeiro instante, deparou-se com uma cena nada incomum: Francisco rezando ajoelhado, braços estendidos para o alto, o rosto voltado para os céus. "Quem sois Vós, Senhor caríssimo, e quem sou eu, um verme e vosso servo?", repetia Francisco. Mas então, à luz da lua, Leão viu "uma lindíssima labareda descer das alturas e pairar sobre a cabeça de São Francisco" e ouviu o fogo falar com ele.[14]

"Recuando assustado", Leão tentou fugir, mas foi pilhado por Francisco, que ouviu "seus passos sobre os galhos espalhados no chão".[15] Francisco, então, explicou ao curioso Leão que o fogo era Deus, e que Deus lhe havia pedido três coisas. Ficou confuso, contou ao companheiro. Não tinha nada para oferecer a Deus, senão "um hábito, um cinto de corda e um par de calças",[16] os quais foram imediatamente oferecidos. A resposta divina, repetida três vezes, foi: "Põe a mão no bolso e dá-me o que encontrares ali." A cada vez Francisco encontrou uma moeda de ouro e por fim se deu conta de que "a tripla oferenda simbolizava a áurea obediência, a mais louvável pobreza e a santíssima castidade"; tratava-se, portanto, de uma confirmação da "santa virtude que Deus me deu".

Mas Deus lhe havia dito algo mais. Dali a poucos dias, contou Francisco, o Senhor realizaria naquela montanha um "extraordinário milagre, que deixará o mundo inteiro boquiaberto". É pouco provável que tenha dito algo tão imodesto; seja como for, em seguida disse a Leão que voltasse à própria cela, "com a bênção de Deus".

Algumas noites depois, em 14 de setembro, uma luz muito forte, mais brilhante que a do sol, subitamente iluminou o céu, despertando não só os frades mas também os pastores que cuidavam de seus rebanhos no vale e muitas das pessoas nos povoados vizinhos. A luz deslocou-se na direção de Francisco e logo pôde ser discernida, tal como revela Celano, como "um homem pairando acima dele, feito um Serafim de seis asas, braços abertos e pés unidos, fixados numa cruz".[17] Tomado de medo, contrição e alegria, Francisco ficou de pé, sem saber ao certo o que significava aquela visão; logo teve a resposta que procurava. Semelhantes às do homem crucificado, "as marcas dos cravos começaram a lhe aparecer nas mãos e nos pés (...), e o flanco direito dava a impressão de ter sido perfurado por uma lança". Tão logo a luz se dissipou, Francisco tornou-se o primeiro homem deste mundo a receber as cinco chagas de Cristo.

Segundo Celano, as marcas nos pés e nas mãos eram "arredondadas por dentro, mas alongadas por fora; fiapos de carne assemelhavam-se a cravos vergados, puxados para trás, destacando-se do resto do corpo".[18] São Boaventura vai além, afirmando tratar-se de cravos reais, e não de arremedos feitos de carne: "As cabeças dos cravos eram redondas e pretas; as espigas, oblongas e tortas, como se puxadas por um martelo, emergindo das carnes e destacando-se delas."[19]

Os biógrafos modernos, naturalmente, são céticos quanto aos estigmas. Adrian House, escritor britânico contemporâneo, propõe diversas explicações racionais para o fenômeno em seu livro *Francis of Assisi: A revolutionary life*. De acordo com a pesquisa de House, os estigmas podiam ser seqüelas tanto da lepra tuberculosa quanto da tuberculose linfática, também conhecida como escrófula ou "mal do rei". Explicações de natureza mais psicológica apontam para uma espécie de "hiperatividade neural",[20] ou simplesmente histeria.

Francisco inadvertidamente contribuía para o mistério, escondendo as chagas de todos, a não ser dos amigos mais próximos. "Não queria se valer [delas] para, num ato de vaidade, atrair o interesse das pessoas", escreve Celano.[21] "Ao contrário, tentava escondê-las quanto possível, de modo que o favor humano não lhe subtraísse a graça concedida." Desde então Francisco passou a cobrir as mãos com ataduras ou a escondê-las nas mangas. Leão ajudava-o com os curativos tanto nos pés e nas mãos quanto no flanco, "de onde", escreve São Boaventura, "o santo sangue muitas vezes escorria, manchando-lhe o hábito e as roupas de baixo".[22]

Para os biógrafos medievais, contudo, não havia dúvidas de que Francisco era o "servo crucificado do Senhor crucificado".[23] Frades franciscanos quase todos, esses biógrafos naturalmente tinham uma meta: configurar o fundador de sua ordem como o escolhido de Cristo e, portanto, incomparável a qualquer outra figura religiosa da época. E conseguiram.

Os estigmas praticamente garantiam a Francisco, por muitos considerado santo ainda em vida, a canonização depois da morte. Mesmo antes dos procedimentos formais, o cardeal Ugolino, que em 1227 seria eleito papa com o nome de Gregório IX, havia pedido a frei Tomás de Celano que escrevesse *A primeira vida de Francisco*, bem como autorizado a construção da basílica de Francisco em Assis.

O padre Roy vem ao nosso encontro no refeitório de Alverne, onde por dezesseis dólares fazemos uma refeição bastante razoável, a única possível, que

TOCADO POR UM ANJO EM ALVERNE

inclui um prato de frango com massa, vinho, sorvete e café. (Trata-se do único eremitério franciscano a servir comida, em razão do impressionante volume de turistas e peregrinos que passa por Alverne todos os anos: cerca de um milhão.) Um amigo na vizinha Arezzo providenciou para que o padre Roy nos mostrasse o santuário de Alverne, o que se revelou uma agradabilíssima experiência. Roy, um croata de 33 anos, que fala inglês, nos delicia com as histórias locais. Entre elas, a milagrosa saga de um suicida que, depois de largar o chapéu e o cachimbo na beira de um penhasco próximo ao local dos estigmas, pulou em busca da própria morte. Em vão. De algum modo, pousou seguramente nas rochas abaixo, escalou o penhasco de volta, recuperou o chapéu e o cachimbo ainda em brasa e voltou para casa.

O padre Roy, que acabou de pôr um fim em sua tese sobre o equilíbrio franciscano entre a oração e a contemplação, é de tal modo simpático que, pelo menos para mim, é difícil tentar reviver o monumental episódio que aqui se deu oitocentos anos atrás. Em vez disso, momentaneamente abandono Francisco e cedo à exuberância do croata enquanto ele nos mostra as diversas capelas, igrejas e mosteiros que foram brotando em Alverne ao longo dos séculos.

A extraordinária obra em cerâmica do quatrocentista Andrea della Robbia, espalhada pelos prédios do santuário, por si só configura um bom motivo para uma visita a Alverne, com ou sem Francisco. Segundo o padre Roy, Della Robbia foi escolhido pelos franciscanos antigos para homenagear este local tão importante porque sua obra em terracota esmaltada "não condizia com a grandiosidade das igrejas, mas era barata e adequada ao espírito de pobreza dos franciscanos".

Os paupérrimos franciscanos não tinham idéia do tesouro que legariam ao mundo. Os afrescos que no passado adornavam as paredes de Alverne, quando não desapareceram, precisam de incessantes reparos em razão da umidade da montanha; por outro lado, os retábulos de Della Robbia, nos tradicionais azul e branco e com as multicoloridas bordas de maçãs, limões e laranjas esmaltadas (incluindo o maior retábulo por ele criado, com seis metros de altura e quatro de largura), dão a impressão de terem sido concluídos ontem. E são maravilhosos, apesar do erro em latim que se reproduz nas inscrições sob cada um deles, tal como maliciosamente nos mostra o padre Roy.

Retomamos o contato com Francisco na paisagem dramática, quase surrealista, que cerca Alverne. Descendo por uma escada muito íngreme na parte externa do santuário, chegamos a uma garganta que conduz a um amontoado de pedras enormes, entre árvores, cobertas de musgos, precariamente equilibradas umas sobre as outras. A ponta da pedra superior projeta-se sobre a garganta num aparente desafio à gravidade, e, confiante, vou seguindo os passos do padre Roy até o local popularmente conhecido como Sasso Spicco (Pedra Protuberante). Depois de passarmos por várias cruzes arranhadas nas paredes de rocha pelos peregrinos, chegamos ao lugar inacreditavelmente ermo para o qual Francisco muitas vezes se retirava a fim de rezar. "Esta é uma montanha ferida", diz o padre Roy. "Francisco acreditava estar penetrando nas chagas de Cristo."

Vista de baixo, a paisagem parece ainda mais surrealista. A montanha dá a impressão de estar claramente partida em duas metades, unidas lá no alto por uma pequena ponte, construída em substituição ao tronco que Francisco usava para alcançar o isolamento desejado durante o jejum de São Miguel, quando recebeu os estigmas. A saliência em que ele se alojou, visitada apenas por frei Leão, também pode ser vista nas alturas; há muito foi coberta e transformada na Capela da Cruz, onde se encontra uma assombrosa imagem de madeira em que Francisco é retratado já com as chagas, sentado num tronco ao lado do amigo falcão e olhando para o alto num esgar de dor.

Em Alverne temos a impressão de reviver toda a lenda medieval que cerca Francisco. Do outro lado da saliência, na beira de um precipício, uma placa indica o local onde, durante aqueles quarenta dias, Francisco teve um embate tão violento com o diabo que precisou espremer-se contra a parede de rocha e implorar a Deus que o poupasse de ser jogado precipício abaixo. Segundo *I fioretti*, Deus respondeu com o seguinte milagre: "a rocha contra a qual [Francisco] se espremia subitamente amoleceu, formando um nicho no formato exato do seu corpo, como se o recebesse nas próprias entranhas".[24] Como prova do milagre, essa rocha ainda exibe a "impressão" do rosto e das mãos de Francisco — muito embora precisemos de alguma boa vontade para identificá-los.

Ainda seguindo o padre Roy, subimos de volta pela mesma escada e visitamos a primeira igreja erguida ali, a minúscula Capela de Santa Maria degli Angeli, próxima ao pátio central. Por mérito dos franciscanos locais, ela permanece intacta. O único acréscimo é uma velha pedra colocada atrás do altar e protegida por um vidro.

De acordo com o que está escrito num excelente guia em inglês sobre Alverne, Francisco usava essa pedra como mesa durante suas magras refeições até o dia em que Jesus milagrosamente lhe apareceu — "na hora do almoço", diz o padre Roy — e sentou-se nela. Quando Jesus se foi, Francisco chamou Leão e disse: "Lava esta pedra primeiro com água e depois com vinho, azeite, leite e, finalmente, bálsamo (...), pois nela se sentou Jesus Cristo." Naturalmente, a pedra sagrada tem sido venerada desde então; foi incorporada ao altar em 1719.

Alverne conta com um número enorme de lembranças históricas, incluindo as celas de São Boaventura e de Santo Antônio de Pádua. Mas nosso foco permanece em Francisco, e estamos cada vez mais próximos do local onde ele recebeu os estigmas.

Passamos rapidamente pela basílica do século XIV, parando apenas na Capela das Relíquias, do século XVII, onde se encontram verdadeiros tesouros: a toalha, o prato fundo e a caneca que Francisco usava quando visitava o conde Orlando na vizinha Chiusi, além do cinto de Orlando, supostamente abençoado por Francisco quando ele passou a pertencer à Ordem Terceira. Segundo o documento do século XIII que garante a posse desses tesouros pelos franciscanos, esse cinto é feito de couro, quando na verdade é tramado em fios de ouro, mas tanto faz.

Outro tesouro, guardado numa urna de bronze e vidro, é um pequeno retalho de linho manchado de sangue, supostamente usado para cobrir uma ferida no flanco de Francisco. Mas a relíquia que mais entusiasma padre Roy, também guardada numa vitrine, é o surrado hábito que Francisco usava quando recebeu os estigmas.

A história dessa relíquia, tal como conta padre Roy, envolve um homem rico que de algum modo sabia que não restavam a Francisco muitos anos de vida quando se preparava para deixar Alverne, e então propôs a ele trocar o velho hábito por outro novo, costurado às pressas para a ocasião. Trocas como essa não eram incomuns. Muitas pessoas, em busca de relíquias, se dispunham a financiar a confecção de um hábito novo e oferecê-lo a Francisco em troca do velho. Mas depois de se tornar público o episódio dos estigmas, o hábito usado em Alverne foi considerado um tesouro de tal modo valioso que acabou indo para Veneza, onde permaneceria por oitocentos anos. Só em 2000 foi devolvido aos franciscanos em Alverne.

Meu coração começa a bater mais forte à medida que vamos nos aproximando da Capela dos Estigmas, clímax da experiência espiritual de Francisco em Alverne. Imagino-me atravessando o abismo e chegando à cela isolada através de uma versão moderna do tronco usado por Francisco. Planejo chegar à borda do penhasco e olhar para o alto, imaginando a luz brilhante descendo sobre mim, como aconteceu a ele. Minha imaginação, contudo, revelou-se fértil demais.

O caminho até o lugar sagrado ganhou uma coberta em 1582. O Corredor dos Estigmas, como é chamado, foi construído depois que uma nevasca impediu os frades de realizarem a peregrinação que para lá faziam duas vezes ao dia. Diz a lenda que os animais da floresta fizeram a peregrinação por eles, milagre atestado pelas pegadas encontradas na neve na manhã seguinte.

O corredor, ladeado de afrescos franciscanos e vidraças, dá uma idéia do que deve ter sido a Alverne medieval: a meio caminho, do outro lado de uma porta cravejada, há uma precária caverna onde Francisco muitas vezes dormia; no centro dela vemos a pedra horizontal que lhe fazia as vezes de cama, atualmente protegida por uma grade de ferro.

Passamos por mais duas capelas ao longo do corredor, inclusive a Capela da Cruz, que tínhamos visto lá de baixo e que segundo se diz foi a cela escolhida por Francisco em 1224. E de repente chegamos à pequena antesala da Capela dos Estigmas. Na minha imaginação, logo vamos nos deparar com o rochedo selvagem tantas vezes retratado pelos biógrafos medievais e pinturas de todos os tempos. Mas não.

A Capela dos Estigmas é exatamente o que o nome diz: uma capela. Em frente ao altar, sobre o qual fica a maravilhosa e enorme *Crucifixão* de Andrea della Robbia, vemos um buraco de seis lados no chão, emoldurado por mármore vermelho e tampado com vidro. É este, então, o grande tesouro de Alverne. Fico um tanto desapontada, mas, pensando bem, que mais poderiam ter feito os franciscanos diante do assombroso afluxo de peregrinos? O irmão Leão havia marcado o lugar com uma cruz de madeira, que passaria a atrair um número cada vez maior de curiosos e devotos, e assim, em 1263, a minúscula capela foi erguida.

Voltando pelo mesmo corredor, reencontro meu marido e uma amiga do lado de fora, sob o sol da tarde que vai caindo. Padre Roy precisa nos deixar; trocamos endereços eletrônicos, e não me canso de agradecer-lhe por todas as gentilezas dispensadas. Mas ainda me sinto meio frustrada, até que ouço uma cantoria. Surgem duas fileiras de frades, entre as quais um outro que carrega uma cruz de madeira. Um frade mais velho, coberto por um xale verde, canta laudes, às quais os demais respondem enquanto atravessam o corredor. Vou atrás deles e de sua música simples e bela; só depois fico sabendo tratar-se da Procissão dos Estigmas, que se realiza ali diariamente desde 1431.

A procissão, composta de doze frades, algumas freiras e uma delegação de africanos, faz uma pequena pausa na ante-sala da Capela dos Estigmas. O frade mais velho toca o sino e todos entram na capela propriamente dita, tão exígua que comporta apenas duas fileiras de banquinhos individuais nas laterais da nave. Depois de algumas orações, o cortejo deixa a capela e volta pelo corredor, mais uma vez cantando. Só então me dou conta de uma coisa: pouco importa que o local dos estigmas não passe de um buraco no chão; a luz de Francisco ainda brilha forte em Alverne.

Francisco viveria por mais dois anos depois de receber os estigmas, mas as chagas se tornaram uma sobrecarga quase insuportável para seu corpo tão debilitado. Embora não tivesse alcançado a condição de mártir na morte, ele havia se transformado numa espécie de mártir vivo em nome de Cristo.

Difícil imaginar onde Francisco encontrou forças para seguir adiante, mas ele seguiu, ainda que lentamente. Em razão das feridas nos pés, mal conseguia andar, e ao deixar Alverne no fim de setembro precisou usar um cavalo emprestado pelo conde Orlando. Sabia que jamais voltaria a ver o santuário e os frades que deixava para trás e, segundo determinado relato, que pode ou não ser verdadeiro, ele os reuniu para uma despedida na pequena Capela de Santa Maria degli Angeli.

"'Adeus, adeus, irmão Masseo. Adeus, adeus, irmão Angelo'", Masseo cita Francisco em sua descrição da cena. "E da mesma forma ele se despediu dos irmãos Silvestre e Iluminato, acrescentando: 'Que a paz esteja convosco, meus caros filhos. Adeus. Pois agora volto à Porciúncula na companhia deste cordeirinho de Deus [Leão], para nunca mais voltar. Meu corpo se vai, mas deixo a vós meu coração'."[25]

Francisco também se emocionou por ter de deixar a montanha propriamente dita. "'Adeus, Alverne! Adeus, monte dos anjos, adorada montanha!'", cita Masseo. "'Adeus irmão Falcão: mais uma vez obrigado pela gentileza que me dispensou. Adeus, grande rocha! Jamais voltarei a rever-te.'"

"Todos nós nos pusemos a chorar", conclui Masseo. "Ele foi embora, chorando também, levando consigo nossos corações."

Francisco e Leão fizeram a viagem até Assis em pequenas etapas, parando para descansar em diversos eremitérios ao longo do caminho. Em razão da chaga hemorrágica no flanco e das demais dificuldades, a viagem que normalmente se fazia em uma semana dessa vez durou um mês.

22 O penoso retorno a Assis

MONTE CASALE *e* BUON REPOSO, *os eremitérios onde Francisco pára a fim de descansar.* SAN DAMIANO, *onde, muito doente, ele escreve o famoso* Cântico do Irmão Sol

Sansepolcro aninha-se nas montanhas entre a Toscana e a Úmbria. Embora seja mais conhecida como cidade natal do quatrocentista Piero della Francesca, desempenhou um assombroso papel na volta de Francisco a Assis. Multidões de devotos se reuniram para recebê-lo ali, mas, de tão doente, Francisco mal se deu conta da presença deles. Nem sequer sabia, na verdade, que havia chegado a Sansepolcro. Depois de passar pela cidade, supostamente perguntou a Leão: "Quanto falta para chegarmos a Sansepolcro?"

Ao que parece, já estava mais consciente quando alcançou o eremitério de Monte Casale, onde imediatamente curou um frade de epilepsia. Realizaria outro milagre no dia seguinte, ainda que *in absentia*. Certa mulher, em trabalho de parto, estava à beira da morte num dos vilarejos que Francisco havia atravessado a caminho de Monte Casale, mas ele já ia longe quando os aldeões se deram conta de que o santo havia passado por eles. Encheram-se de esperança quando viram a aproximação dos frades que, voltando de Monte Casale, seguiam para a casa do conde Orlando a fim de devolver o cavalo emprestado; mas logo perceberam que

Francisco não estava entre eles. Coube então a um frade mais diligente salvar a vida da parturiente: lembrando-se de que Francisco havia tocado nas rédeas do cavalo, colocou-as sobre o ventre da mulher, que imediatamente deu à luz sem nenhum atropelo.

Num passado de mais alegria e saúde, Francisco havia ensinado a seus frades uma importante lição em Monte Casale. Segundo os biógrafos medievais, um notório bando de ladrões vivia nos bosques vizinhos, aterrorizando os viajantes. Quando apareceram no eremitério pedindo comida, foram imediatamente repelidos pelos frades indignados. Tão logo soube do acontecido, Francisco censurou os companheiros, lembrando-lhes a Regra que havia escrito justamente para tais ocasiões: "E quem nos procurar, seja amigo ou inimigo, bandido ou ladrão, será recebido com igual generosidade."[1]

A título de penitência, e lição de estratégia, ele mandou que os frades levassem pão e vinho à floresta e berrassem: "Vinde, Ladrões, pois somos vossos irmãos!"[2] Foram instruídos não só a estender uma toalha no chão mas também a servir os bandidos. A estratégia de Francisco era converter os pecadores por etapas: depois da primeira refeição, fazer os ladrões prometerem que não "atacariam mais ninguém"; no dia seguinte, depois de uma segunda refeição de ovos e queijo, fazê-los entender que seria melhor servir ao Senhor do que viver às escondidas na floresta, "morrendo de fome" e "fazendo coisas más que [os] levariam a perder a alma". Desnecessário dizer que os ladrões viram a luz, abandonaram o mau caminho e prometeram "viver pelo trabalho das próprias mãos".

A aura da bondade e altruísmo de Francisco ainda está presente na pequena Monte Casale. Não vemos absolutamente ninguém nas casas de pedra ou nos belíssimos jardins da cidade, e portanto tomamos a liberdade de entrar numa pequena capela, também de pedra, onde nos deparamos com um vaso de flores frescas sobre o altar. Um pequeno lance de escada leva sabe-se lá para onde, então subimos com certa aflição, temendo nos deparar com os ocupantes legítimos desse santuário capuchinho.

Em vez disso, chegamos a uma penumbrosa gruta de pedra, onde mais um lance de escada nos leva a uma espécie de sótão. Uma singela cruz de madeira sobre a parede, uma "cama" de pedra e um "travesseiro" de tábua indicam tratar-se da cela de Francisco, assim como as diversas oferendas espalhadas pelo lugar: velas, rosas murchas, a fotografia de um casal idoso, outra de um menino comendo torrada, uma nota de mil liras, um punhado de euros. Sozinhos naquele espaço maravilhoso, facilmente sentimos a presença de Francisco, também evocada pela escuridão que ele tanto havia procurado nos momentos finais da vida em razão dos olhos doentes.

Voltando à claridade, passeamos sem pressa pelo minúsculo claustro de Monte Casale. Um gato nos vigia do telhado. Aqui e ali, vasos de gerânio e a planta do papiro. Sentimos um cheiro de lenha queimando e ouvimos a correnteza de um riacho, mas ainda não vemos vivalma — a não ser uma estranha escultura de Francisco, em tamanho natural, empoleirada sobre o muro de pedra e olhando para o vale. Voltando para o carro, deparamo-nos com uma porção de cabras e galinhas, além de um bando de pombas brancas em revoada sobre o pombal — um perfeito símbolo de Francisco para levarmos na lembrança.

Lentamente, amparado por Leão, o alquebrado Francisco chegou à Città di Castello, no extremo norte da Úmbria. Estava tão doente que precisou permanecer um mês nessa cidade murada do vale do Tibre, ou nas montanhas, no eremitério de Buon Reposo. Já havia passado por ali muitas vezes, a caminho de Alverne, e numa dessas visitas exorcizou o demônio do corpo de uma mulher.

Também fomos agraciados por um milagre na cidade. Queremos visitar Buon Reposo, assim chamado porque ali Francisco teve uma boa noite de sono ao voltar de Alverne, mas não sabemos onde fica. Nossa esperança se apaga quando nas imediações da igreja de São Francisco um frade nos informa que o eremitério está fechado, mas reacende quando, na mesma rua, a porta de uma casa se abre e dela irrompe a milagrosa Francesca.

Ocorre que Francesca é prima de Bruno, o zelador de Buon Reposo. Ela imediatamente tira o celular da bolsa, tem uma animada conversa com o primo e nos informa que poderemos visitar o eremitério na manhã seguinte; e lá se vai nossa esperança outra vez, pois na manhã seguinte já teremos deixado a cidade. Depois de muitos "que-penas" em diversas línguas, seguimos na direção indicada por Francesca, determinados a ver Buon Reposo de qualquer modo, ainda que de longe. "Quem sabe São Francisco não lhes concede um milagre?", brinca o frade antes de partirmos. E concede mesmo.

Bem ou mal, no fim de uma das estradinhas de cascalho que serpenteiam pelas colinas vizinhas à cidade, chegamos a uma casa grande, com uma cruz na entrada. Julgamos ser o eremitério de Buon Reposo, mas, quando batemos à porta, ninguém responde. Mal-humorados, tomamos o caminho de volta e nos deparamos com um carro subindo a colina. É Bruno, retornando de um passeio vespertino com a mulher. *"Ah! Americani"*, ele diz — e nos leva de volta para Buon Reposo.

A magia do lugar talvez se deva à sucessão de milagres que nos trouxe até ali. Ou talvez à luz do entardecer, que acrescenta uma pátina de mistério a tudo que vemos: a capela, cujos afrescos foram cobertos com estuque por frades austeros no século XVII; a grade de ferro no chão de pedra, sob o qual foram encontradas as ossadas de dezenas de frades. Mas a principal atração de Buon Reposo é a cela, bem ao lado do claustro, onde Francisco teve sua bela noite de sono. A cela é conhecida como Gruta do Diabo, referência ao embate que Francisco teve com o dito cujo, o que aparentemente não condiz com um bom descanso.

Fazemos uma contribuição ao fundo de restauração da capela, o que rende a meu marido uma bênção e um beijo na testa por parte de Bruno. Deixamos o eremitério sentindo-nos tão renovados quanto Francisco, guardadas as devidas proporções.

O Francisco que por fim retornou à Porciúncula em novembro de 1224 era um fiapo de homem se comparado ao que antes estivera no Oriente Médio e em Alverne. Apesar disso, logo partiu no lombo de um burro para uma viagem de pregação pela Úmbria, às vezes acompanhado por um irmão Elias cada vez mais preocupado. Leão cuidava dos curativos nas mãos e no flanco e insistia em que ele usasse os chinelos feitos por Clara, mas ainda assim ficava óbvio que Francisco estava muito doente: tinha enxa-

O PENOSO RETORNO A ASSIS

quecas, mal podia comer e sentia tanta dor nos olhos que seus frades haviam confeccionado um capuz maior que o normal de modo que o rosto ficasse sempre protegido pela sombra.

Elias comunicou suas preocupações ao cardeal Ugolino e ao papa, que juntos convocaram Francisco à cidade de Rieti, cerca de sessenta e cinco quilômetros ao norte de Roma, para ser tratado pelos médicos do papa. (Rieti havia se transformado num refúgio temporário para o papa Honório III e a corte pontifícia durante uma insurreição em Roma, em abril de 1225.) Diante das súplicas conjuntas do papa e de Elias, respectivamente o protetor e o superior-geral de sua ordem, o sempre obediente Francisco finalmente concordou em ir para Rieti — mas não antes de se despedir de Clara em San Damiano. Essa despedida se estenderia por três meses, com Francisco já à beira da morte.

A cabana de pau-a-pique que os frades construíram para Francisco no jardim de San Damiano há muito desapareceu, mas sua importância é hoje tão grande quanto fora naquela fria primavera de 1225. Os dias sucediam as noites sem se fazerem notar por Francisco, que passava por uma crise de cegueira completa. Como se isso não bastasse, ele ainda era obrigado a lidar com uma praga de ratos. "Francisco mal podia descansar em razão dos tantos ratos que corriam de lado a outro, passando-lhe ao largo e às vezes por cima", reconta *A lenda de Perugia*. "Tinha dificuldade até para rezar."[3]

Apesar do sofrimento, Francisco ainda encontrou forças para compor na tal cabana seu mais célebre e jubiloso poema: o *Cântico do Irmão Sol*.[4]

> *Altíssimo, onipotente, bom Senhor,*
> *Teus são o louvor, a glória, a honra e toda bênção.*
> *Só a Ti, Altíssimo, são devidos,*
> *E homem algum é digno de mencionar Teu nome.*
> *Louvado sejas, meu Senhor, e todas as Tuas criaturas,*
> *Especialmente o senhor Irmão Sol,*
> *Que é o dia e por Ti nos dá a luz.*
> *E ele é belo e radiante,*

De Ti, Altíssimo, a imagem.
Louvado sejas, meu Senhor, pela Irmã Lua e as estrelas,
Que no céu formaste claras, preciosas e belas.
Louvado sejas, meu Senhor, pelo irmão Vento,
E pelo ar, nublado ou sereno,
Com o qual às Tuas criaturas dás sustento.
Louvado sejas, meu Senhor, pela irmã Água,
Sempre útil, modesta, preciosa e casta.
Louvado sejas, meu Senhor, pelo irmão Fogo,
Com o qual iluminas a noite,
E ele é belo, festivo, vigoroso e forte.
Louvado sejas, meu Senhor, por nossa Irmã Mãe Terra,
Que nos sustenta e governa,
E produz frutos diversos, ervas e flores coloridas.
Louvado sejas, meu Senhor, pelos que perdoam por amor de ti.

Francisco adorava esse cântico de tal modo que pedia aos frades que o cantassem todos os dias, e muitas vezes os acompanhava. "Quando se sentia abatido pela doença, costumava entoá-lo e pedia aos companheiros que o continuassem", diz *A Lenda de Perugia*. "Desse modo, dando glórias ao Senhor, esquecia-se dos sofrimentos e das dores."[5]

O cântico revelou-se um tônico para a saúde de Francisco. Em junho ele se sentiu forte o bastante para acrescentar uma estrofe, na esperança de debelar a guerra civil que ameaçava eclodir em Assis entre os partidários do bispo e os do *podesta*, ou prefeito, em torno de uma polêmica: dar, ou não, asilo aos nobres que fugiam de Perugia. Rapidamente, incumbiu Leão e Angelo de entoar o cântico para o bispo e para o *podesta*, já com a nova estrofe:

Louvado sejas, meu Senhor, pelos que perdoam por amor de Ti.
E suportam enfermidades e tribulações.
Bem-aventurados os que sustentam a paz,
Que por Ti, Altíssimo, serão coroados.

E seu plano deu certo. Levados às lágrimas, claro, o bispo e o *podesta* perdoaram-se mutuamente e deixaram de lado a troca de acusações bombásticas. "Francisco havia evitado uma guerra com uma canção", escreve o biógrafo Julien Green.[6]

Francisco não se esqueceu de Clara, que junto com as irmãs ajudava a cuidar dele na cabana de San Damiano. Depois de compor o famoso *Cântico do Irmão Sol*, compôs um segundo poema, dessa vez destinado a consolar Clara e suas irmãs durante aquele período difícil.

Ouvi, pobrezinhas, eleitas do Senhor,
De muitas partes e províncias congregadas:
Vivei sempre na verdade,
E morrei na obediência.
Não olheis para a vida de fora,
Que a do espírito é melhor.
Rogo-vos, com grande amor,
Que useis sabiamente
Os óbolos que vos dá o Senhor.
As que padecem de enfermidade,
As que dessas doenças no cuidado se cansam,
Todas vós: suportai vosso fardo em paz.
Pois tal fadiga vendereis por bom preço,
E cada uma rainha será coroada,
No céu com a Virgem Maria.[7]

Francisco não se mostrava nem um pouco disposto a deixar San Damiano e partir para Rieti, tal como ordenara o cardeal Ugolino, em busca de tratamento com os médicos do papa. No fundo do coração, não buscava uma cura científica; via o próprio sofrimento como dádiva divina e merecido castigo para seus pecados. Somente anuiu quando recebeu uma revelação. Segundo os *Feitos do bem-aventurado Francisco e de seus companheiros*, Deus lhe fez ver que aquele sofrimento não era exatamente um castigo, mas a promessa do "tesouro da vida eterna".[8] "Tua enfermidade é o penhor desse abençoado tesouro", disse-lhe o Senhor. Exultante com a explicação, Francisco convocou seu fiel companheiro e disse: "Vamos lá, ao senhor Cardeal!"

E assim, no fim de junho de 1225, deu seu derradeiro adeus a Clara e partiu para Rieti. Os dois santos de Assis jamais voltariam a se ver novamente.

23 Agonia no vale de Rieti

RIETI, *onde falham os tratamentos médicos de Francisco.* FONTE
COLOMBO, *eremitério onde tentam curar-lhe os olhos com ferros
quentes.* LA FORESTA, *eremitério onde, em vão, furam-lhe as orelhas*

Francisco foi cercado pela multidão quando em julho
chegou a Rieti, cidade murada no centro da Itália. Muitas
pessoas, incluindo membros da corte papal ali escondida, já o
tinham como santo e se acotovelavam para chegar perto dele,
puxar-lhe o hábito ou beijar-lhe a ponta dos dedos.
Seguramente foram dias difíceis para o doente Francisco.

Como por milagre, nosso hotel, o Quattro Stagioni, fica
a poucos metros da imponente Catedral de Rieti, do século
XIII, e do adjacente Palácio do Bispo, onde se alojara o
séquito do papa e onde Francisco também foi recebido. O
vetusto prédio de pedra acompanhou de perto a agitação dos
tempos: sucessivos papas precisaram buscar refúgio em Rieti
por causa das sublevações em Roma. O papa Bonifácio VIII,
que fugiria para Rieti em 1298, acrescentou o Arco del
Vescovo (Arco do Bispo) ao palácio do século XIII como
medida extra de segurança: essa ponte em forma de arco,
ainda de pé e localmente conhecida como Arco de Bonifácio,
permitia-lhe cruzar a rua de uma parte do palácio a outra, na
hipótese de uma perseguição inimiga.

Durante sua permanência no Palácio do Bispo, Francisco

foi constantemente perseguido, não por inimigos, mas por devotos em busca de alguma graça. Um deles, um clérigo chamado Gideão, suplicou para que o santo lhe curasse as dores nas costas, tão intensas que ele "já não conseguia mais andar ereto".[1] Embora o clérigo fosse um conhecido prevaricador que vivia "conforme os desejos da carne", Francisco apiedou-se dele e propôs um acordo: dispunha-se a abençoá-lo e deixar a cura por conta do Senhor; em troca, Gideão se comprometia a abandonar a vida de pecado. O clérigo concordou, claro, e Francisco fez o sinal-da-cruz sobre a cabeça dele — com resultados instantâneos. "Ali mesmo ele se ergueu e ficou de pé, totalmente curado", conta a *Compilação de Assis*. "Enquanto ele se endireitava, ouviam-se os ossos estalarem feito galhos secos quebrados por suas mãos."

Todavia Gideão não deu importância à advertência de Francisco, que previra um "severo juízo" caso ele retornasse a seu "vômito". Anos mais tarde, o clérigo cedeu outra vez às tentações da carne e pouco depois morreu enquanto pernoitava na casa de um colega de ordem. O telhado da casa inexplicavelmente ruiu no meio da noite, poupando todos os ocupantes "exceto o infeliz, que se viu preso nos escombros e morreu".

Um dos médicos papais que tratavam de Francisco também recorreu a ele em busca de um milagre. O médico de olhos afligia-se com a rachadura que subitamente aparecera numa das paredes de sua casa nova, agora em risco de desabar. Desesperado, segundo São Boaventura, pediu aos companheiros de Francisco que lhe dessem "algo em que o homem de Deus havia tocado",[2] na esperança de evitar o desastre. E esse "algo" foi uma pequena mecha dos cabelos de Francisco, que o médico botou na rachadura antes de se deitar. E *voilà*. "Ao se levantar na manhã seguinte, ele constatou que a rachadura havia se fechado com tamanha firmeza que sequer era possível puxar a mecha cravada na parede, já sem nenhum sinal da rachadura."

O milagre da casa do médico continuaria a render frutos. Hoje o Palazzo Piccadori fica no exato local onde antes ficava a casa do médico, entre a Via dei Crispoliti e a Via Garibaldi. De acordo com Stefano, um jovem arquiteto que ficamos conhecendo no pátio do *palazzo*, ela foi uma das duas únicas estruturas em Rieti que sobreviveram incólumes aos terremotos de 1800 e 1997.

O próprio Francisco foi agraciado com diversos milagres durante o período de tratamento em Rieti. Apesar de todos os cuidados de Leão, a ferida no flanco direito não parava de sangrar e o sangue, saturando os curativos, acabou deixando o hábito de Francisco em tal estado que ele pediu ao companheiro que tentasse obter tecido para a confecção de um novo. Tão logo deixou o Palácio do Bispo na manhã seguinte, Leão foi parado por um homem sentado na escada. "Pelo amor de Deus, irmão, aceita estes cortes de tecido, suficientes para seis hábitos", disse o homem. "Guarda um para ti mesmo e dispõe dos outros como bem quiseres, para o bem da minha alma."[3] Pois foi assim que Francisco e mais alguns outros frades sortudos milagrosamente ganharam hábitos novos.

Curiosamente, nenhum detalhe é fornecido nas biografias medievais quanto ao tratamento ministrado a Francisco em Rieti. Sabe-se que um dos médicos do papa era um árabe chamado Tebaldo Saraceni, em cuja casa Francisco obviamente se hospedou, pelo menos por um tempo, durante sua busca pela cura. Essa casa, hoje uma propriedade particular identificada por uma cruz de pedra na parede externa, fica na Via San Rufo. A fachada sóbria, contudo, não dá nenhum indício do encantador milagre ali realizado.

Francisco adorava a música, mas, segundo a *Compilação de Assis*, censurava duramente os que tocavam instrumentos "em prol da vaidade e do pecado" e não "em louvor a Deus".[4] Durante seu suplício, contudo, decidiu negligenciar a própria norma: esperando "transformar a dor no corpo em alegria e consolo para o espírito", pediu a certo companheiro, ex-músico, que secretamente lhe tocasse um pouquinho de alaúde (ou cítara, segundo alguns). Mas o frade relutou. Se o ouvissem tocar, argumentou, as pessoas de Rieti achariam que ele havia reincidido na vida de prazeres mundanos. Francisco imediatamente abriu mão do pedido. "Pois bem, irmão, deixa estar", disse.

Mas um espírito superior achou por bem satisfazer-lhe a vontade. No dia seguinte, por volta da meia-noite, Francisco ouviu "o som de um alaúde tocando a mais linda melodia que ele já ouvira em toda a vida". A música vinha daqui e dali, de longe e de perto, prolongando-se por mais de uma hora. Na manhã seguinte, "tomado de júbilo", ele concluiu que o instrumento só poderia ter sido tocado por um anjo. Para os frades também havia ocorrido um milagre, pois ninguém teria ousado afrontar o toque de recolher que na cidade vigorava a partir da meia-noite.

Por mais debilitado que se sentisse em Rieti, Francisco continuou igualmente generoso. Ao saber que seu médico tratava de uma mulher pobre sem cobrar honorários, logo pediu que dessem a ela seu próprio manto. Mas como? Ele havia sido proibido — por Elias, o superior-geral da ordem, e pelo frade nomeado seu guardião — de doar roupas sem permissão expressa. Então concebeu um plano engenhoso, registrado na *Compilação de Assis*, para conseguir o que queria.

"Irmão Guardião, precisamos devolver algo que não nos pertence", ele disse. "Do que se trata, irmão?", perguntou o outro. "Daquele manto ali", respondeu Francisco, "a nós emprestado por uma pobre mulher que sofre dos olhos."[5] Nesse caso, o que mais poderia fazer o guardião senão concordar? E por fim o manto foi despachado para a mulher, junto com uma braçada de pães. Espantada com a sorte repentina, e receosa de que lhe tomassem de volta o presente, a mulher deixou Rieti na calada da noite e voltou para casa.

Chove e faz frio nessa nossa última visita a Rieti, em fevereiro de 2004. Assim como fizemos em Ascoli, aproveitamos o mau tempo para comer num bom restaurante. O jantar é especialmente memorável no Palazzo Sinizi. Não há cardápio. A refeição de quatro pratos simplesmente se desenrola aos poucos, começando com um delicioso *antipasto* de salsichas da terra, *prosciutto*, diversos tipos de feijão, tomates assados e berinjela. Segue-se uma opção de massa: com molho branco ou vermelho. Escolhemos o branco, um creme à base de coelho e bagas de zimbro, e partimos para a opção seguinte: filé *mignon*, carne de porco, javali, cordeiro ou lingüiça; as carnes são cortadas ao gosto do freguês e grelhadas bem na nossa frente, num possante fogareiro.

Perplexos, admiramos os *chefs* esfregarem limão nos cortes de carne para em seguida grelhá-los e temperá-los com punhados de sal grosso espargidos do alto. Só de pensarmos em sobremesa vamos ficando moles, mas lá vem ela: a tortinha "Mimosa", leve e cremosa, especialidade da casa.

E tudo isso acompanhado de um delicioso vinho tinto da região, o Colli della Sabina.

Fazemos a digestão percorrendo um pequeno trecho do Caminho de Francisco, uma estrada de 130 quilômetros para andarilhos, ciclistas e cavaleiros, ligando Rieti a todos os eremitérios franciscanos no vale de Rieti: Poggio Bustone, Greccio, Fonte Colombo e La Foresta (sobre o qual falaremos daqui a pouco). O caminho atravessa florestas e sobe por montanhas; num entroncamento, leva ao Templo Votivo Nacional, no monte Terminillo, onde está uma parte dos despojos de Francisco; noutro, leva ao Faia de São Francisco, a faia milagrosa, perto de Poggio Bustone, que baixou os galhos durante uma tempestade para proteger Francisco. (Encontramos essa árvore logo abaixo de uma pastagem banhada de sol, na encosta de uma montanha que parece subir ao céu; é imperdível.)

É possível que Francisco tenha percorrido esse mesmo caminho quando deixou Rieti no fim do verão de 1225 e foi, mais uma vez, para o eremitério de Fonte Colombo. Apesar das boas intenções, os médicos do papa não haviam conseguido curar os olhos dele, nem tampouco aliviar os dolorosos sintomas. Mas não haviam desistido. Francisco, a cavalo, e nós, de carro, voltamos ao santuário vizinho onde ele experimentaria um tratamento novo e absurdo: a cauterização das têmporas com ferro em brasa.

O velho convento de Fonte Colombo fica próximo ao carvalho sob o qual Francisco recebeu a Regra de 1223 e bem em frente da minúscula Capela de Madalena. Embora o dia esteja quente, sinto calafrios quando entro na ante-sala do convento e vejo a lareira, hoje desativada, onde seria realizada a "cirurgia". Devido à riqueza de detalhes fornecida pelos biógrafos medievais, é fácil reproduzi-la na imaginação.

Lá está Francisco, os olhos tão sensíveis à luz que os frades tiveram de costurar uma faixa de linho ao capuz para cobri-los. Em torno dele, alguns dos companheiros, exauridos de tanta preocupação, aguardam a chegada de Elias, que mandará Francisco se submeter à operação. "O santo hesitava em se deixar tratar", diz *A lenda de Perugia*. "Achava repugnante preocupar-se tanto assim consigo mesmo; por isso queria que a decisão viesse do superior."[6]

Mas Elias não aparece. Francisco fica cada vez mais incomodado com o tempo e a atenção que os frades dispensam à sua enfermidade e promete que "o Senhor saberá lhes dar crédito pelos trabalhos que tiveram de negligenciar para cuidar dele". No entanto, vendo o sofrimento do mestre, é pouco provável que eles tenham se sentido reconfortados com isso.

Enquanto espera pela chegada de Elias, Francisco dita várias cartas, provavelmente a Leão. Algumas são para Clara, mas nunca foram localizadas. Outras, que sobreviveram ao tempo, indicam que ele sabia estar chegando ao fim. Uma delas, que menciona sua "doença", é endereçada à "Ordem Inteira" e inclui instruções firmes para que os frades observem fielmente a disciplina da Regra, sob pena de serem desconsiderados "como católicos e como irmãos".[7]

Outra, endereçada aos "Governadores dos Povos", exorta "todos os prefeitos e conselhos, magistrados e governantes do mundo inteiro" a se lembrarem de que "o dia da morte está próximo" e a seguirem os ensinamentos do Senhor.[8] Sugere ainda que as autoridades despachem arautos pelas ruas de suas respectivas cidades com a missão de anunciar às pessoas que "louvor e graças são devidos ao onipotente Senhor Deus", clara referência ao preceito islâmico de se fazer orações cinco vezes ao dia, sobre o qual Francisco havia ouvido falar no Egito.

E nada de Elias chegar a Fonte Colombo. O visitante mais assíduo é o médico árabe, que se transforma no catalisador de mais um milagre registrado em *A lenda de Perugia*. Certo dia, quando Tebaldo já ia saindo, Francisco subitamente pede aos companheiros que o convidem para uma "boa refeição".[9] Envergonhados, os frades argumentam que não há muito para comer, mas Francisco insiste no convite. "Ah, homens de pouca fé", ele diz, "fazei logo o que digo."

Então, o médico rico, que diz ser uma honra dividir a mesa com os irmãos pobres, senta-se com eles para partilhar algumas migalhas de pão com hortaliças. De repente, uma mulher bate à porta e entra com uma cesta repleta de delícias: "pão branco, peixe, torta de lagosta, um pouco de mel e uvas aparentemente recém-colhidas". Para o médico e para os frades, a refeição milagrosamente enviada "pela senhora de um castelo a mais de dez quilômetros de distância" constitui mais uma prova irrefutável da santidade de Francisco.

A visita de outro médico não tem final tão feliz. Elias, claro, jamais aparece, mas o obediente Francisco finalmente cede à insistência do cardeal Ugolino e consente na cauterização. Os frades acendem o fogo. O médico pega seu "cautério" e esquenta o metal até deixá-lo em brasa. Os frades ficam tontos de apreensão, mas Francisco, encarando a realidade do que está prestes a enfrentar, fala diretamente com as chamas.

"Irmão Fogo", ele diz, "foste criado pelo Senhor como algo nobre e útil entre todas as criaturas. Sê gentil comigo nesta hora."[10] Francisco faz o sinal-da-cruz sobre o fogo, e o médico avança com o ferro em brasa. Os frades fogem da sala.

O médico encosta o ferro em brasa na têmpora de Francisco, queimando todo o espaço entre a orelha e a sobrancelha. Em seguida reaquece o ferro e repete o procedimento do outro lado. Francisco não chora nem dá qualquer sinal da dor excruciante que decerto está sentindo. Em vez disso, repreende os companheiros quando eles prudentemente voltam à sala, chamando-os de "covardes" e "homens de pouca fé", uma vez que não acreditavam que ele não sentiria dor nenhuma.

Francisco provavelmente passou os dias de recuperação numa das duas minúsculas celas contíguas à ante-sala, ambas de portas tão baixas que até mesmo eu, com um metro e sessenta de altura, tenho de curvar o tronco para atravessá-las. Preciso de um tempo para me recompor depois de ter imaginado, talvez um tanto intensamente demais, a inútil tortura imposta a Francisco naquela ante-sala fria. Pode ser que ele não tenha sentido dor nenhuma, mas eu senti. E os médicos ainda não haviam dado seu trabalho por terminado.

O pequeno eremitério de La Foresta, na época conhecido como San Fabiano, também fica no vale de Rieti, a uns oito quilômetros de Fonte Colombo. Francisco foi trazido para esse simpático santuário, plantado numa ensolarada clareira entre castanheiras e carvalhos, no outono de 1225. Em algum lugar de La Foresta — no interior do alojamento de pedra, ainda tisnado de fumaça, ou na vizinha Grotta di San Francesco, a gruta onde Francisco buscava refúgio da fumaça —, os médicos tentaram mais um procedimento igualmente vão. Esquentaram outro ferro e... furaram ambas as orelhas dele.

La Foresta é hoje um lugar tão alegre que fica difícil imaginar o sofrimento de Francisco ali. À semelhança de vários outros eremitérios franciscanos que visitamos, as vinhas e os jardins perfeitos de La Foresta são cuidados pela comunidade Mondo X. Ali não entram jornais, televisão ou qualquer outra distração do mundo externo. Um lugar essencialmente franciscano. "Nossa vida gira em torno do trabalho manual e do diálogo, de modo que as vítimas do alcoolismo, da dependência química, da depressão, da Máfia ou das crises existenciais possam desenvolver uma vida interior mais rica", diz Daniele, a líder da comunidade, que conhecemos enquanto ela arrumava um vaso de cravos e margaridas na igreja medieval de San Fabiano.

As vinhas desempenharam um importante papel durante a sofrida permanência de Francisco em La Foresta, de vinte ou cinqüenta dias, dependendo da fonte. La Foresta fica a apenas cinco quilômetros de Rieti, e a chegada de Francisco ao eremitério causou enorme comoção. Os cardeais e clérigos ali refugiados visitavam-no diariamente. O povo de Rieti e dos vilarejos vizinhos também acorria para ver o santo vivo, com conseqüências evidentes. Uma vez que o alojamento tinha apenas uma porta, à qual só se chegava pelo vinhedo, muitas das vinhas do padre do eremitério foram danificadas ou completamente destruídas.

O padre, claro, não gostou nada disso. Segundo *A lenda de Perugia*, gritava ele a quem quisesse ouvir que a safra da qual ele dependia para atender às necessidades do ano já tinha sido totalmente comprometida. Ao ser informado da aflição do padre, Francisco mandou chamá-lo. "Quantas cargas de vinho teu vinhedo é capaz de produzir anualmente?", perguntou. "Treze", respondeu o padre. "Confia no Senhor e nas minhas palavras", aconselhou Francisco. "Se colheres menos do que vinte, prometo cobrir a diferença."[11] Não foi preciso, claro. De suas maltratadas vinhas o padre colheu uma safra recorde de vinte cargas, considerada por todos "um grande milagre devido aos méritos do bem-aventurado Francisco".

Os restos da velha prensa de pedra e a mó original usadas na produção do vinho ainda podem ser vistos no alojamento do padre. O altar de pedra na adorável igreja de San Fabiano ainda é o mesmo usado pelo pobre padre, e o piso original, também de pedra, pode ser visto através de vitrines sob o piso moderno. Não é preciso dar asas à imaginação para vermos Francisco aqui, sob o velho telhado de madeira com cruzes sobre a letra grega tau pintadas em cada porta, nem tampouco na gruta que leva seu nome, pouco maior que uma fenda na rocha.

Alguns historiadores, especialmente os de Rieti, acreditam que Francisco escreveu o famoso *Cântico do Irmão Sol*, ou pelo menos alguns versos dele, nessa gruta de pedra. Tinha tempo de sobra, dizem eles. Cercava-se de todos os elementos da natureza exaltados no poema: Irmão Sol, Irmã Lua, Irmãs Estrelas, Irmãos Vento e Ar, Irmã Mãe Terra. E talvez estejam certos.

Quanto à saúde de Francisco, não há dúvida de que permaneceu tão frágil quanto antes. Debilitado pela tuberculose, pelas crises recorrentes de malária, pelo fígado doente, pela infecção nos olhos e possivelmente pela lepra, ele mal sobreviveu ao inverno de 1225 nos diversos eremitérios do vale de Rieti. Mas os médicos ainda não tinham dado seu trabalho por terminado.

Em abril de 1226, justamente quando o sol começava a dissipar o inverno, o sempre obediente Francisco acatou as ordens do cardeal Ugolino e de frei Elias e concordou em se deixar examinar por mais uma leva de médicos. No lombo de um cavalo, foi levado pelos fiéis companheiros até Sena. Jamais voltaria a ver o adorado vale de Rieti.

24 O canto das cotovias

SENA, *onde Francisco vomita sangue. As* CELLE DI CORTONA, *onde seu corpo incha.* BAGNARA, *onde ele respira ar fresco.* A PORCIÚNCULA, *onde Francisco morre*

O santuário medieval de Alberino, onde Francisco passou dois meses durante seu último e inútil tratamento médico, fica sobre uma colina próxima dos muros da cidade de Sena.

Quando ele foi levado para lá por seus frades e um médico de Rieti, em abril de 1226, Alberino ficava isolado na natureza; hoje resume-se a um pequeno oásis em meio ao subúrbio urbanizado de Ravacciano. O trânsito lento, contudo, nos permite admirar com mais calma a cidade medieval que Francisco conheceu: claramente visível nos muros da cidade fica a Porta Ovile, do século XII, que Francisco atravessou pela primeira vez em 1212 ao vir para Alberino, e que atravessaria de novo quatorze anos mais tarde, sobre o lombo de um cavalo.

A capela de Alberino é como um pequeno diário sobre a passagem de Francisco por Sena, com páginas inscritas em placas de pedra sobre a parede. Uma dessas placas conta a simpática história, também registrada em *I fioretti*, do menino que levava rolinhas para vender no mercado de Sena — até que se deparou com Francisco. De algum modo

Francisco convenceu-o a lhe dar as rolinhas a fim de que elas "não caíssem nas mãos de homens cruéis que decerto as matariam".[1] Francisco então levou as rolas consigo, talvez para Alberino, onde construiu ninhos para que elas "se multiplicassem segundo os mandamentos do Criador". E foi exatamente isso que fizeram, até que Francisco as abençoou e lhes deu permissão para partir.

A capela também abriga objetos de Francisco, bem mais familiares: uma réplica da cruz de San Damiano pendurada sobre o altar; um travesseiro de pedra guardado do outro lado de uma grade de ferro na parede; pinturas de mais uma árvore milagrosa, que aqui cresceu a partir do cajado que ele plantou no chão durante a primeira visita em 1212. (Essa árvore viveria por quatrocentos anos e, mesmo depois de ser cortada no século XVII, brotou novamente e sobreviveu por mais cem anos.) De modo geral as placas de pedra contam histórias recorrentes na vida de Francisco, como a doação de um manto a um homem pobre na estrada entre Rieti e Sena; uma delas, no entanto, fala do misterioso encontro que se deu na mesma estrada durante sua última visita a Sena.

Três mulheres pobres e idênticas surgiram na estrada enquanto Francisco e seu médico vinham a cavalo. Segundo Celano, elas disseram: "Bem-vinda, Senhora Pobreza!", uma saudação estranha, mas que deixou Francisco tomado de "indizível alegria".[2] Ele pediu ao médico que desse a elas alguma coisa, e o médico lhes deu moedas. Mas as mulheres desapareceram subitamente, assim como haviam aparecido, levando Francisco e o médico a concluir que se tratava de encarnações celestiais das três virtudes franciscanas: castidade, pobreza e obediência.

Tivemos um gostinho dessa obediência em Sena. Visitamos a cidade na companhia de padre Paolo, um vigoroso franciscano de sessenta e sete anos que viera para a igreja de São Francisco depois de ocupar postos em Nápoles e nas Filipinas. Uma vez que tínhamos combinado de encontrá-lo nessa cavernosa igreja de tijolos do século XIII, situada na crista nordeste de Sena, reservamos um hotel fora dos muros da cidade, próximo às escadas rolantes instaladas para celebrar o novo milênio, as quais nos deixam quase na porta da igreja. Alberino fica a uma curta caminhada a partir da igreja de São Francisco. Mas é a segunda fase do passeio, já na companhia de padre Paolo, que por pouco não nos derruba.

Aceitamos a generosa oferta do padre para nos mostrar todos os lugares por onde Francisco passou em Sena, documentadamente ou não, e partimos sem mais delongas. Até hoje posso visualizar a figura de padre Paolo em seu hábito cinza e gorro preto, caminhando à nossa frente enquanto contornamos o perímetro norte dos muros de Sena em meio ao tráfego de fim de tarde, até chegarmos ao ponto de entrada de Francisco na cidade: a Porta Camollia. Foi através dessa porta em forma de arco que em 1212 ele fez sua triunfal entrada sobre os ombros de um entusiasmado habitante de Sena. Segundo padre Paolo, Francisco caminhou, ou foi carregado, pela Via Camollia até a inusitada catedral de listras brancas e cinzentas da Piazza del Duomo, onde pregou.

Esse sermão pôs fim a uma antiga rusga entre os habitantes da cidade, conquistando-lhes o coração. Empoleirado na escadaria da catedral e sem largar do guarda-chuva, padre Paolo, normalmente taciturno, interpreta um trecho do sermão personalizado que Francisco proferiu com tanta eficácia. "Tu, ['acrescentem aí um nome cristão qualquer', ele diz], serves ao diabo. Mas tens a chance de te converteres e penitenciar. Diante de ti está a salvação ou a danação." Depois de ouvirem Francisco, os senenses naturalmente optaram pela salvação.

Do outro lado da esplêndida *piazza* medieval (na verdade, tudo em Sena é esplêndido), encontra-se um irresistível atrativo para Francisco: o enorme Ospedale di Santa Maria della Scala, do século XI. Originalmente um ponto de descanso para os viajantes e peregrinos em trânsito pela movimentada Via Francigena, depois de um tempo o *ospedale* passou a oferecer tratamentos médicos também. Apesar da falta de provas, muitos acreditam que Francisco tenha procurado um tratamento para os olhos ali. Em vias de se transformar num museu para abrigar o transbordante acervo artístico de Sena — uma extraordinária exposição de Duccio está em cartaz neste exato momento —, o "hospital" parece um lugar tão natural para o doente Francisco que posso sentir a presença dele pelos corredores de mármore, especialmente os que levam à Clinica.

Mas padre Paolo nos puxa outra vez. Deixamos a *piazza* e o Palácio do Bispo, onde Francisco supostamente costumava se hospedar, e passamos rapidamente diante da casa de Santa Catarina de Sena, onde decerto ele também se hospedava, em razão da proximidade com as fontes minerais terapêuticas. Noutro lugar desta cidade universitária, o "iletrado" Francisco teve um lendário diálogo com um dominicano doutor em teologia. A intelectualizada Ordem de Pregadores e a modesta Ordem dos Frades Menores nutriam uma tremenda rivalidade à época, mas do tal diálogo Francisco saiu claramente o vencedor.

Segundo Celano, o erudito dominicano perguntou aos ouvintes de um sermão qual era o significado da seguinte sentença de Ezequiel: "Se não alertares o devasso para sua devassidão, serás responsável pela alma dele."[3] Ficou ao mesmo tempo aliviado e surpreso quando Francisco ofereceu sua resposta: simplesmente pelo exemplo, a alma pura acaba expondo a devassidão alheia. "Irmãos", disse o professor dominicano, "a teologia deste homem, elevada pela pureza e pela contemplação, é uma águia em pleno vôo, enquanto nosso conhecimento se arrasta pelo chão."

Francisco se lembrara de como o exemplo era importante através de uma revelação em Alberino. Rogara ao Senhor que lhe dissesse quando estava agindo corretamente na condição de "servo" e quando não estava. Então acordou os companheiros para contar-lhes a resposta divina. "'Saberás que és meu servo fiel quando pensares, falares ou fizeres o que é santo'", ele disse. "Por isso peço a vocês, irmãos, que me censurem sempre que me virem negligenciando uma dessas três coisas."[4]

Obedientemente continuamos seguindo padre Paolo sem saber ao certo qual era a importância dos diversos palácios e igrejas pelos quais íamos passando. Por fim, nos damos conta de que simplesmente estávamos percorrendo a longa rota semicircular que Francisco percorreu através de Sena desde a Porta Camollia até a catedral, e dali para a Porta Ovile, de onde

O CANTO DAS COTOVIAS

avistou a minúscula capela sobre a colina, mais tarde transformada no santuário de Alberino. Então voltamos ao ponto de partida, após acompanharmos padre Paolo por umas boas duas horas.

A última passagem de Francisco por Alberino não foi exatamente feliz. O tratamento recebido em Sena, seja ele qual for, não melhorou em nada seu estado de saúde. O estado de espírito, contudo, melhorou significativamente quando Francisco foi presenteado com um faisão por um nobre senense. O "irmão Faisão" afeiçoou-se de tal modo ao novo dono que, ao ser libertado de volta à natureza pelos frades, voltou fielmente à cela de Francisco.[5] O médico resolveu então levá-lo consigo, mas, deprimido, o bicho recusou-se a comer. Receando que ele morresse, o médico levou-o de volta a Francisco, e só então ele "abandonou a tristeza de antes e passou a comer com alegria".

Francisco, por sua vez, não teve a mesma sorte. Quase morreu numa angustiante noite em Alberino. Segundo a *Compilação de Assis*, começou a vomitar "por causa da doença no estômago".[6] Freqüentemente tinha náuseas, mas dessa vez o esforço dos espasmos levou-o a uma situação limítrofe: segundo os biógrafos medievais, "vomitou sangue a noite inteira, até o amanhecer".

Os estudiosos modernos oferecem diversas explicações para o acesso hemorrágico. Segundo um estudo de 1999, *As doenças de Francisco durante os últimos anos de vida*,[7] causou-o uma úlcera gástrica. Mas também há a possibilidade de um câncer no estômago, além dos freqüentes embates com os parasitas da malária. Mas, para os frades em 1226, os vômitos de sangue que "por pouco não mataram Francisco de fraqueza e de dor" eram claros sinais de que o fim estava próximo.

Reunidos em torno do mestre na cela de Alberino, eles imploravam a Francisco que lhes deixasse uma lembrança de modo que mais tarde pudessem dizer: "Em seu leito de morte, nosso pai deixou estas palavras a seus filhos e irmãos."[8] Assim sendo, Francisco convocou um padre às pressas e pediu a ele que escrevesse: "Abençôo todos os meus irmãos, os que abraçaram ou ainda abraçarão a religião até o fim dos tempos."

"Visto que não posso falar muito por causa da fraqueza", continuou Francisco no que hoje conhecemos como o Testamento de Sena, "expresso minha vontade nestas três palavras: que meus irmãos sempre amem uns aos outros, dando provas de que se lembram da minha bênção e do meu testamento; que sempre amem e obedeçam à Santa Senhora Pobreza; e que sejam eternamente fiéis e obedientes aos prelados e clérigos da Santa Madre Igreja."[9]

Mas Francisco não morreu. Na verdade, melhorou um pouco. O irmão Elias, o superior-geral da ordem, rapidamente veio ao encontro dele e decidiu levá-lo, antes do calor do verão, para o eremitério das montanhas vizinhas a Cortona, onde talvez ele pudesse melhorar mais ainda. E de fato melhoraria, ainda que por um breve período.

Talvez em razão do som das correntezas próximas às Celle di Cortona, do ar puro da montanha ou do canto dos pássaros, Francisco conseguiu reunir forças suficientes para ali ditar outro documento, mais longo e provocador do que o primeiro, conhecido como o Último Testamento.

Começou o documento de quarenta e uma frases com a história de sua própria conversão vinte anos antes: "Por obra e graça do Senhor, eu, irmão Francisco, comecei a me penitenciar da seguinte forma: quando vivia em pecado, tinha grande asco dos leprosos; mas colocado entre eles pelo Senhor, soube ser misericordioso. E ao deixá-los, o que antes me parecera amargo transformou-se em doçura da alma e do corpo; depois disso, adiei a resolução por um tempo até que por fim abandonei o mundo."

Em seguida Francisco relembra as primeiras conversões realizadas em Assis, as dúvidas que sobrevieram ("Depois que o Senhor me deu irmãos, ninguém me disse o que fazer") e a singela Regra inspirada nos Evangelhos, posteriormente "confirmada pelo Senhor Papa". Também exalta as virtudes dos primeiros companheiros, "que se contentavam com apenas um hábito remendado por todos os lados, um cinto de corda e um par de calças curtas"; talvez lembrando-se do jeito mais hedonista dos frades posteriores, ele acrescenta: "E não desejávamos nada mais."

Mas depois Francisco passa a falar num tom bem mais severo e incisivo, como se ainda fosse o superior-geral da ordem. Recomenda "com veemência" que seus frades façam com as mãos "trabalho honesto" e que tenham "cuidado" ao receber "igrejas, casebres ou qualquer coisa construída para eles" que não estejam de acordo com a Santa Pobreza. Outras diretrizes começam com expressões do tipo "ordeno que...", "desejo firmemente que..." ou "proíbo terminantemente". Por mais doente que estivesse, não se mostrava disposto a entrar no sono eterno sem deixar um derradeiro recado.

Mas o que torna o Testamento tão controvertido é a aparente contradição que encerra. Por um lado, Francisco solicita claramente a seus irmãos que não o tomem como "uma nova Regra", mas como "um lembrete, uma reprimenda, um testamento, que eu, irmão Francisco, a despeito da minha insignificância, deixo a vós, meus irmãos". Por outro lado, recomenda aos líderes da ordem que leiam "estas palavras" sempre que forem ler a Regra, sem "acrescentar ou subtrair" o que quer que seja a elas, procurando compreendê-las como palavras do Senhor "com simplicidade, sem glosas e observando-as de modo santo até o fim".

Os frades mais antigos e os mais recentes seguiriam à letra, "sem glosas", as recomendações de Francisco contra a posse de propriedades em desacordo com a Santa Pobreza, mas acabou havendo uma profunda cisão na ordem. Duraria por muitos anos a disputa entre os Espirituais, como muitas vezes eram chamados os puristas fanáticos, e os Conventuais, os frades mais progressistas que estudavam ou ensinavam nas universidades e dispensavam os eremitérios remotos para viver em casas comunitárias e realizar sua missão no âmbito das igrejas. Sucessivos papas seriam obrigados a lidar com o abismo que se abrira, a começar pelo guardião da ordem, o cardeal Ugolino, que se tornou papa Gregório IX em 1227. Para a fúria dos fanáticos Espirituais, Gregório decretou em 1230 que o Testamento de Francisco não tinha valor de lei, o que levou um grupo de Espirituais da Toscana a acusá-lo publicamente de heresia.[10]

É tentador pensarmos que Francisco, já perto da morte, tenha sido deliberadamente ambíguo em seu Testamento. Ora, a primeira versão de sua Regra havia sido rejeitada e a segunda, a de Fonte Colombo, havia sido amplamente modificada por Ugolino e pelo papa Honório III. Mas o Testamento é a mais pura essência de Francisco: sem condensações, alterações ou, sobretudo, concessões.

Outro aspecto memorável do Testamento é que Francisco tenha conseguido reunir forças para escrevê-lo. Depois de uma ligeira melhora, ele tivera uma dramática recaída durante a breve estada nas *celle*. "O abdome, as pernas e os pés começaram a inchar", escreve Celano, "e o estômago ficou tão fraco que mal lhe permitia comer o que quer que fosse."[11]

Francisco queria voltar para a Porciúncula, mas Elias hesitava. Ciente de que o caminho mais curto entre as *celle* e Assis passava diretamente por Perugia, Elias receava que os peruginos raptassem o moribundo Francisco e o enterrassem ali mesmo, de modo a transformar a cidade num rendoso destino de peregrinação. Caso Francisco viesse a morrer na estrada, o corpo seria enterrado em qualquer uma das inúmeras cidadezinhas da região. Também havia o risco de que o corpo fosse dividido em valiosas relíquias, posteriormente vendidas a bom preço ou cedidas em troca de favores. Assim sendo, Elias optou por um longo e tortuoso itinerário, através das colinas de Gúbio, para levar Francisco de volta à terra natal.

O cortejo por fim deixou as Celle di Cortona e, em junho de 1226, chegou seguramente à Porciúncula. Por mais satisfeito que estivesse com o retorno, Francisco não permaneceria mais do que duas semanas em Assis. No vale coberto de bosques e florestas, o duro calor do verão dificultava-lhe a respiração. Elias decidiu então transferi-lo mais uma vez, agora para um novo eremitério a trinta quilômetros de distância, nas montanhas no alto de Bagnara.

A paisagem muda radicalmente à medida que nos aproximamos de Bagnara pela velha Via Flaminia. O vale se estreita, as colinas são mais acidentadas e há poucos campos abertos. Como Francisco, fazemos uma rápida escala na cidade medieval de Nocera Umbra. O lugar parece sombrio, e não é à toa. Nocera Umbra foi duramente castigada pelo terremoto de 1997; oitenta por cento das construções antigas foram danificadas, senão destruídas, e o símbolo da cidade, uma torre alta de pedra, tombou ao chão. Então retomamos nosso caminho, depois de um sanduíche de alcachofra num café qualquer, para seguir a rota de Francisco na minúscula comunidade de Bagnara.

O CANTO DAS COTOVIAS

Em seus dias de apogeu na antigüidade romana, Bagnara era um balneá-rio, e ainda é, claro, como o nome indica, muito embora sua população de menos de duas mil pessoas não seja indício de uma pujante economia turís-tica. Mas o ar é definitivamente mais fresco nesta altitude, o que segura-mente teria facilitado a respiração de Francisco. Também é possível que os poderes terapêuticos da água de Bagnara lhe tenham trazido certo alívio, embora a essa altura já não lhe restassem muitas esperanças.

Depois de um constante ir e vir de mensageiros entre Bagnara e Assis, deci-diu-se que Francisco seria levado de volta à sua terra natal em agosto de 1226. Apesar da ausência do bispo Guido, ele seria alojado no palácio episcopal, sob forte vigilância. Para que não o raptassem durante a viagem, cavaleiros seriam despachados com a missão de escoltá-lo. Uma cena comovente. Fraco demais para montar sozinho a cavalo, Francisco precisou ser carregado durante todo o percurso por membros da escolta, amigos de infância muitos deles.

Mas não estava tão fraco que não pudesse dar aos cavaleiros uma última lição de humildade. Chegando às colinas a nordeste de Assis, o cortejo fez uma breve parada no modesto vilarejo de Satriano, hoje inexistente. Esfo-meados, os cavaleiros bateram de porta em porta na esperança de comprar comida e bebida, mas voltaram de mãos vazias.

"Não encontraram nada porque confiam mais nessas moscas [moedas] do que em Deus", São Boaventura cita Francisco.[12] Então ele mandou os homens de volta, dessa vez com a recomendação de "humildemente pedi-rem comida como esmola" depois de oferecerem aos aldeões "o amor de Deus como recompensa". Para espanto dos cavaleiros, segundo Celano, eles "compraram mais com o amor de Deus do que com o dinheiro".

Francisco e sua escolta entraram em Assis através da Porta Perlici, que ainda existe, no lado nordeste da cidade e identificada por uma inscrição de 1199 como o acesso para as Marcas. Os cavaleiros esconderam Francisco no Palácio do Bispo, na Piazza del Vescovado, e montaram guarda do lado de fora. Ele havia voltado ao ponto de partida: à casa vizinha daquela onde passara a infância; também vizinha da igreja de San Giorgio, atual Basílica de Santa Clara, onde recebera sua educação rudimentar; do pátio do palá-cio, onde renunciara, nu, ao próprio pai; e lá voltava às vésperas da morte.

"Irmão, qual é o prognóstico?", ele perguntou a Buongiovanni, amigo e médico de Arezzo que viera visitá-lo no palácio.[13] Buongiovanni respondeu que, com a graça de Deus, tudo ficaria bem, mas Francisco insistiu em saber a verdade. "Não sou um covarde que teme a morte", disse, segundo *A lenda de Perugia*. "Hoje sou tão intimamente ligado ao Senhor, por obra e graça d'Ele, que a mim é indiferente viver ou morrer." Sem rodeios, o médico disse então que a doença era incurável e que Francisco morreria ou no fim de setembro ou até o quarto dia de outubro. Em vez de se desesperar, Francisco exultou com a notícia e exclamou: "Bem-vinda, Irmã Morte!"

Sem mais delongas, convocou o irmão Leão e o irmão Angelo para juntos louvarem a Irmã Morte. Uma vez reunidos, os frades lutando para conter as lágrimas, ele acrescentou esta derradeira estrofe ao *Cântico do Irmão Sol*:

> *Louvado sejas, meu Senhor,*
> *Por nossa Irmã a Morte corporal,*
> *Da qual homem algum pode escapar.*
> *Ai dos que morrerem em pecado mortal!*
> *Felizes os que Ela achar*
> *Conformes à Tua santíssima vontade,*
> *Pois a segunda morte não lhes fará mal!*[14]

Francisco adorou os novos versos e pediu aos companheiros que entoassem o cântico inteiro com ele, a qualquer hora do dia ou da noite, a fim de elevar não só o próprio estado de espírito mas também o moral dos cavaleiros que guardavam a entrada do palácio. Numa clara indicação das diferenças irreconciliáveis entre a nova e a velha guarda da ordem franciscana, frei Elias proibiu a cantoria, alegando que a alegria que vazava pelas janelas do palácio dava ao povo de Assis uma falsa idéia do que se passava lá dentro.

"Como ele pode demonstrar tanto júbilo quando sabe que vai morrer?", perguntou Elias, repetindo que temia a confusão do povo. "Não seria mais adequado refletir sobre a morte?" Mas Francisco sempre tomara o partido da alegria. "Irmão, deixa-me alegrar-me no Senhor em meio aos meus achaques", ele respondeu ao superior-geral.[15] E a cantoria continuou.

O CANTO DAS COTOVIAS

Outros momentos felizes também se deram no Palácio do Bispo. Certo dia, embora tivesse virtualmente parado de se alimentar, Francisco sentiu vontade de comer peixe. E na mesma hora um frade milagrosamente chegou de Rieti com um presente, "um cesto contendo um lúcio bem cozido e boa quantidade de lagostas".[16] Noutra ocasião ele quis comer salsa e, ao ser informado por um angustiado frade de que não havia salsa na horta, pediu-lhe que voltasse à escuridão da noite e trouxesse "o que as mãos dele eventualmente [tocassem]". Segundo Celano, o frade voltou com um molho de ervas colhidas ao acaso, entre as quais se encontrava "um belo ramalhete de salsa", e Francisco pôde matar sua vontade, sentindo-se "bem melhor" depois.[17]

Mas Francisco corria contra o tempo e, no fim de setembro, lembrando-se das previsões do médico para sua morte, pediu que o levassem à Porciúncula. Noutra cena decerto comovente, foi carregado colina abaixo pelos incansáveis companheiros numa liteira. Chegando a uma encruzilhada, existente até hoje, próximo ao *lazzaretto* atualmente identificado como a Casa Gualdi, pediu aos freis que ajeitassem a liteira de modo que ele pudesse "ver" Assis pela última vez. Talvez seus olhos tivessem melhorado por um breve instante, permitindo-lhe admirar Assis de baixo, ainda hoje uma extraordinária paisagem. E então ele abençoou sua cidade de nascimento.

Francisco resistiu por mais ou menos uma semana na enfermaria da Porciúncula. A certa altura, despiu-se do hábito e deitou no chão com o intuito de morrer na mais absoluta pobreza, sem uma roupa sequer para chamar de sua. Agastado com a cena, Elias concebeu um plano ardiloso e brilhante. Invocando o dever de obediência, disse a Francisco que aceitasse o hábito e as roupas de baixo como "empréstimos". "E para que de modo algum penses que essas roupas te pertencem", acrescentou, "proíbo-te de doá-las a quem quer que seja."[18] Só então Francisco consentiu em se vestir novamente.

Foi o desejo de ser enterrado com um hábito confeccionado com tecido cinzento que deu azo a um dos últimos milagres de Francisco ainda em vida. Certo frade estava prestes a partir para Roma com uma carta endereçada à Senhora Jacopa di Settesoli, pedindo a ela que mandasse não só um corte de "tecido monástico cinza"[19] mas também um bolo, o favorito de Francisco, de mel e castanhas, quando alguém subitamente bateu à porta: ninguém menos que o "irmão" Jacopa.

O milagre não se resumiu à chegada dela, mas também ao que ela trouxera consigo: o tecido exato que Francisco queria e os ingredientes para o bolo, além de incenso e velas de cera para serem queimados "em torno do corpo santo depois de sua morte". Ela havia sido chamada à Porciúncula, explicou, por uma "voz" que interrompera suas orações em Roma. "Vai e visita teu pai, o bem-aventurado Francisco", disse a voz, segundo *A lenda de Perugia*. "Mas apressa-te (...), pois se demorares não o encontrarás vivo."[20] Foi também essa voz que lhe disse o que levar.

Com afinco e pressa, os frades confeccionaram a mortalha cinza e, por orientação de Francisco, costuraram sacos de aniagem por cima como "sinal de humílima pobreza". Mas Francisco estava tão doente que só pôde comer um ou dois pedacinhos do bolo de amêndoas preparado por Jacopa.

Com as forças que lhe restavam ditou uma carta destinada a Clara que também estava doente, atualmente conhecida como "A bênção enviada a Santa Clara e suas irmãs".[21] Essa carta foi motivada menos pela agonia do próprio Francisco do que pela fragilidade em que Clara se encontrava à época e pelo receio dela de morrer sem revê-lo. "[Clara] chorava com amargor, inconsolável, porque não seria capaz de antes da morte voltar a ver seu único pai depois de Deus, isto é, o bem-aventurado Francisco", revela a *Compilação de Assis*.[22] Mas a possibilidade de um encontro estava fora de questão, claro, "uma vez que ambos estavam gravemente doentes". Daí a carta.

O texto jamais foi encontrado, mas os biógrafos medievais são unânimes em afirmar que, nele, Francisco abençoou Clara e a absolveu das eventuais faltas cometidas. Por intermédio do mensageiro encarregado de levar a carta a San Damiano, prometeu realizar o que Clara mais desejava: "Diz que, antes de morrer, ela e suas irmãs voltarão a me ver, e receberão de mim grande consolação."[23] Ironicamente, a promessa seria cumprida depois da morte dele.

Francisco e seus frades agora estavam sozinhos na pequena enfermaria da Porciúncula. Visitando a Capela do Trânsito, uma reconstituição da cela original no interior da gigantesca Basílica de Santa Maria degli Angeli, tenho dificuldade para recriar o espírito de intimidade e dor que decerto preenchia este espaço oitocentos anos atrás. Em algum lugar deste oceano de mármore que é a Santa Maria degli Angli, a sétima maior igreja cristã do mundo, os frades sentavam-se no chão de terra batida, chorando em torno do amado Francisco.

Elias estava na cela com Francisco. Além dele, Leão e vários outros dos companheiros de primeira hora: Rufino, Egídio, Angelo e Bernardo de Quintavalle. Dezoito anos haviam decorrido desde que Francisco passara a noite inteira em oração na residência dos Quintavalle e convertera Bernardo, seu primeiro seguidor.

"Escreve isto, assim como estou dizendo", Francisco instruiu Leão. "Irmão Bernardo foi o primeiro irmão que o Senhor me deu, bem como o primeiro a pôr em prática a perfeição das Sagradas Escrituras, doando aos pobres tudo que tinha. Por causa disso, e de muitas outras prerrogativas, cabe-me amá-lo mais que a qualquer irmão da ordem. Assim sendo, tanto quanto me é dado, desejo e ordeno que o superior-geral, seja lá quem for, tenha por ele o mesmo apreço que porventura tenha por mim."[24]

Seguiu-se então a bênção dos demais frades. E o pedido de Francisco por pão, que ele abençoou antes de oferecer um pedaço a cada companheiro. E a leitura de passagens do Evangelho segundo São João. Por fim, tropegamente, Francisco começou a recitar o Salmo 142. "Tirai-me desta prisão, para que eu celebre vosso nome", ele sussurrou. "E os justos virão rodearme, quando me tiverdes feito este benefício."

Francisco morreu pouco depois do pôr-do-sol, em 3 de outubro de 1226, aos quarenta e cinco anos de idade. Acredita-se que os sinos da igreja do século XII de San Stefano (Santo Estevão) em Assis tenham começado a dobrar espontaneamente. Outros frades, por mais distantes que estivessem, também sentiram que ele morria naquele momento. Um viu sua "santa alma em forma de uma radiante estrela alçada aos céus por uma nuvem resplandecente".[25] Outro, a quilômetros de distância, moribundo e incapaz de falar, subitamente exclamou: "Pai, espera por mim! Espera... Vê! Estou indo contigo!" — e foi. Guido, o bispo de Assis, também teve uma visão de Francisco enquanto fazia uma peregrinação ao monte Gargano. "Olha, estou deixando o mundo e subindo aos céus", disse Francisco ao velho amigo. E assim começaram as lendas.

Deixamos a capela onde Francisco morreu e a cavernosa Santa Maria degli Angeli apenas para nos depararmos com a música irritante, ainda que sacra, despejada por inúmeras caixas de som no adro da basílica. Todavia, depois de acompanhar Francisco por centenas de quilômetros Itália afora, aprendi a bloquear qualquer espécie de invasão aos espaços invariavelmente singelos que tive a oportunidade de compartilhar com essa extraordinária figura e sua lenda. Portanto, no lugar da música enlatada, ouço o canto de cotovias.

Francisco tinha especial carinho pelas cotovias. Admirava a cabecinha escura delas, semelhante ao capuz dos franciscanos, bem como "a plumagem de tons terrosos",[26] ótimo exemplo para os religiosos na escolha de trajes discretos. Segundo *A lenda de Perugia*, ele também admirava a "Irmã Cotovia" porque era uma "ave modesta", que comia pouco e "louvava o Senhor" em pleno vôo.

Portanto, não é de espantar que as cotovias tenham marcado o momento de sua morte na Porciúncula. Conta-se que houve uma exaltação das cotovias que, reunidas no telhado da cabana de Francisco, repentina — e inexplicavelmente — bateram em revoada logo depois do pôr-do-sol, desenhando círculos no céu, cantando.

AGRADECIMENTOS

Agradeço a meu editor, Bob Loomis, pela paciência e pelo apoio; a minha agente, Lynn Nesbit, pela idéia; a meus amigos e colegas, Fred Smith, Sarah Meacham, Tony Sifton, Alice Mayhew, Cheryl Merser, Liz Meryman, Missy McHugh, Canio Pavone, Leonard Mayhew, Linda Purrazzella, Jan Moran, Mary Lenore Blair, Ed Kern, Peter Sutro, Jane Nissen e Julian Stein por suas participações; a meu filho, Andrew Mackenzie, pela tranqüilidade da sala emprestada. Agradecimentos especiais são devidos a nossos anfitriões no Egito, o embaixador Abdel Raouf el-Reedy e o dr. Abdel Azim Wazir, governador de Damieta; às amigas e colegas italianas, Angela Seracchioli, Rita Giovannelli, Andrea Mercanti e Anna Licore; a meus contatos franciscanos nos EUA: frei Murray Bodo, O.F.M.; frei John Abela; irmã Daria Mitchell; frei Rex Anthony Norris, S.S.F.; Domenick Morda, O.S.F.; e, na Itália, a todos os frades que generosamente nos acolheram em nossas visitas. Obrigada, sobretudo, a meu marido, Harvey Loomis, motorista, navegador, fotógrafo e companheiro da aventura que tornou este livro uma realidade.

NOTAS DE VIAGEM

Os diversos guias de viagem Rough para Itália e Egito (ver bibliografia) revelaram-se extremamente úteis e informativos. Nossas reservas de hotéis foram feitas em grande parte pela Internet; nossa "vila" próxima a Perugia foi reservada pelo site www.italianvillas.com (tel.: 800-700-9549).

Alugamos carros ótimos e telefones celulares da Auto Europe, através do site mencionado acima. Os celulares, programados em inglês e entregues nos Estados Unidos antes de nossa partida, foram de fundamental importância.

Os seguintes mapas rodoviários também foram muito úteis:

Umbria e Marche, Grande carte stradale (escala 1:200.000), publicado pelo Touring Club Italiano e disponível na Internet; excelente mapa que cobre o coração da terra de São Francisco.

Euro-Travel Atlas, Italy (escala 1:300.000), publicado pela American Map Corporation of Maspeth, Nova York, e disponível pelo mesmo site www.italianvillas.com.

Uma excelente série de mapas municipais e regionais cobrindo toda a Itália (com escalas que vão de 1:5.000 até 1:150.000) é editada pela Litografia Artística de Florença; mapas individuais podem ser adquiridos via Internet no endereço www.initaly.com/ads/maps.htm.

NOTAS BIBLIOGRÁFICAS

Tomás de Celano escreveu quatro obras sobre São Francisco, três das quais foram usadas como fontes neste livro. A primeira, *The Life of St. Francis*, está abreviada nas notas abaixo como 1C; a segunda, *The Remembrance of the Desire of a Soul*, como 2C; a terceira, *The Treatise on the Miracles*, como 3C.

Para Celano, uso três fontes: *Saint Francis of Assisi by Thomas of Celano*, traduzido do latim para o inglês por Placid Hermann, O.F.M., e publicado em 1963 pela Franciscan Herald Press; Marion A. Habig, O.F.M., org., *Saint Francis of Assisi, Writings and Early Biographies: English Omnibus of the Sources for the Life of St. Francis*, também publicado pela Franciscan Herald Press, em 1973; e o volume seguinte, *Francis of Assisi: Early Documents*, uma magnífica antologia de três volumes (2.362 páginas) de documentos franciscanos — vol. 1, *The Saint*; vol. 2, *The Founder*; e vol. 3, *The Prophet* —, publicada pela New City Press entre 1999 e 2001.

Os relatos medievais dos séculos XIII e XIV — *Legend of the Three Companions, Legend of Perugia, Anonimous of Perugia, Assisi Compilation, Kinship of St. Francis* e *A Mirror of Perfection [A lenda dos três companheiros, A lenda de Perugia, Anônimo de Perugia, Compilação de Assis, Imitação da perfeição e Um espelho da perfeição]* — fazem parte do *English Omnibus* e/ou *Early Documents*.

The Little Flowers of St. Francis (I fioretti di San Francesco, ou *As florezinhas de São Francisco)* é citado no livro homônimo de 1958 e nos *Early Documents*, vol. 3, bem como *Deeds of blessed Francis and his companions (Feitos do bem-aventurado Francisco e de seus companheiros).* Da mesma forma, o livro de São Boaventura, *The life of St. Francis,* organizado pelo cardeal Henry Edward Manning, aparece nos *Early Documents*, vol. 2, como "Major and minor legends of St. Francis by Bonaventure of Bagnoregio".

1. MOZART ENTRE GIOTTOS

1. Buckley et al., *Tuscany and Umbria: The Rough guide*, p. 498.
2. Desbonnets, *Assisi*, p. 104.
3. 1C-83, *Saint Francis of Assisi by Thomas of Celano*, p. 74.
4. *The Life of St. Clare Virgin*, p. 18.

5. 1C-83, *St. Francis of Assisi by Thomas of Celano*, p. 74.
6. Desbonnets, *Assisi*, p. 24.
7. *Legend of the Three Companions*, nº 17, p. 907.
8. *Legend of the Three Companions*, nº 2, em *English Omnibus*, p. 891.
9. 1C-2, *Saint Francis of Assissi by Thomas of Celano*, p. 6.
10. "Testament", *Francis and Clare: The Complete Works*, p. 154.
11. 1C-82, *Saint Francis of Assissi by Thomas of Celano*, p. 73.
12. 1C-83, ibid, p. 74.
13. Green: *God's Fool*, p. 46.

2. PERDIDOS EM PERUGIA

1. 2C-37, *Saint Francis of Assisi by Thomas of Celano*, p. 169.
2. Green: *God's Fool*, p. 178.
3. 2C-4, ibid., p. 138.
4. 1C-3, ibid., Perugia, pp. 7,8.
5. 2C-5, ibid., p. 139.
6. 1C-4, ibid., p. 8.
7. 1C-5, ibid., p. 9.

3. A CARTA DESAPARECIDA EM ESPOLETO

1. 2C-6, *Saint Francis of Assissi by Thomas of Celano*, p. 140.
2. *Francis and Clare: The Complete Works*, p. 47.
3. 2C-94, *Saint Francis of Assissi by Thomas of Celano*, p. 215.
4. 2C-7, ibid., p. 141.
5. 1C-7, ibid., Perugia, pp. 11, 12.
6. 1C-6, ibid., p. 10.
7. *Legend of the Three Companions*, nº12, em *English Omnibus*, p. 901.
8. Ibid, p. 902.
9. 1C-6, *Saint Francis of Assissi by Thomas of Celano*, p. 11.
10. *Legend of the Three Companions*, nº 12, *English Omnibus*, p. 902.
11. Ibid., n. 8, p. 897.
12. Ibid.
13. N. 12, p. 902.

NOTAS BIBLIOGRÁFICAS

4. A VELHA ROMA

1. 2C-8, *St. Francis of Assisi by Thomas of Celano*, p. 142.
2. Ibid.
3. Ibid.
4. *Legend of the Three Companions*, nº 10, em *English Omnibus*, p. 899.
5. 2C-8, *St. Francis of Assisi by Thomas of Celano*, p. 142.
6. *Legend of the Three Companions*, nº 11, em *English Omnibus*, p. 901.
7. Ibid., p. 900.
8. 2C-9, *St. Francis of Assisi by Thomas of Celano*, p. 143.
9. Celano, 1C-7, *Early Documents*, vol. 1, p. 195.
10. Ibid.
11. *Legend of Perugia*, n. 102, em *English Omnibus*, p. 1079.
12. *Legend of the Three Companions*, nº 11, em *English Omnibus*, p. 901.
13. 2C-10, *St. Francis of Assisi by Thomas of Celano*, p. 144.
14. Celano, 1C-4, *Early Documents*, vol. 1, p. 188.
15. Ibid., Perugia, pp. 189,190.
16. *Legend of the Three Companions*, nº 16, *English Omnibus*, pp. 906-7.
17. Ibid.
18. Ibid.
19. Ibid.
20. Ibid., nº 18, p. 908.
21. n. 19, p. 908.
22. Ibid.

5. CONFRONTO EM ASSIS

1. *Legend of the Three Companions*, n. 19, em *English Omnibus*, p. 908.
2. Ibid, n. 20, p. 909.
3. Ibid.
4. Ibid, n. 19, p. 909.
5. *Legend of the Three Companions*, nº 20, *Early Documents*, v. 2, p. 80.
6. Celano, 1C-7, *Early Documents*, v. 1, pp. 194-5.
7. "Passion of San Verecondo", *Early Documents*, v. 2, p. 806.
8. Boaventura, "Major legend", n. 8, ibid., pp. 590-1.
9 "Passion of San Verecondo", ibid., p. 806.
10. Celano, 1C-V1, *Early Documents*, v. 1, p. 195.

11. *Little flowers*, cap. 21, pp. 89-91.
12. Celano, 2C-48, *Early Documents*, v. 2, p. 299.
13. Ibid., p. 298, n. b.
14. 1C-24, *St. Francis of Assisi by Thomas of Celano*, p. 60.
15. 2C-IX, ibid., p. 148.
16. 2C-8, ibid., p. 147.
17. 2C-7, ibid., p. 146.
18. Celano, 1C-7, *Early Documents*, v. 2, p. 251.
19. 2C-43, *St. Francis of Assisi by Thomas of Celano*, p. 147.

6. O "CÁRCERE" DE CLARA

1. *Francis and Clare: The Complete Works*, p. 214.
2. 1C-20, *St. Francis of Assisi by Thomas of Celano*, p. 21.
3. Celano, *Life of Saint Clare Virgin by Fra' Tomaso da Celano*, n. 18, p. 40.
4. Ibid., n. 17, p. 18.
5. Ibid., n. 19, p. 42.
6. *Francis and Clare: The Complete Works*, p. 219.
7. Celano, *Life of Saint Clare Virgin*, p. 29.
8. Bargellini, *Little Flowers of Saint Clare*, p. 163.
9. *Francis and Clare: The Complete Works*, p. 225.
10. "Second letter to blessed Agnes of Prague", ibid., p. 196.
11. "Third letter to blessed Agnes of Prague", ibid., p. 202.

7. MARCHA DA PAZ EM SANTA MARIA DEGLI ANGELI

1. 1C-21, *St. Francis of Assisi by Thomas of Celano*, p. 22.
2. Boaventura, "Major legend", n. 8, em *English Omnibus*, p. 645.
3. *Legend of Perugia*, n. 84, em *English Omnibus*, pp. 1059, 1060.

8. FRANCISCO RECEBE SUAS ORDENS APOSTÓLICAS

1. Boaventura, *Life of St. Francis*, n. 111, em *Early Documents*, v. 2, p. 26.
2. Citado em Englebert, *St. Francis of Assisi*, p. 44.
3. 1C-24, *St. Francis of Assisi by Thomas of Celano*, p. 203.
4. *Legend of the Three Companions*, n. 29, *English Omnibus*, p. 917.

NOTAS BIBLIOGRÁFICAS

5. Ibid., p. 918.

6. *Little Flowers*, p. 328.

7. 1C-42, *St. Francis of Assisi by Thomas of Celano*, p. 40.

8. *Legend of the Three Companions*, n. 55, *English Omnibus*, p. 939.

9. Ibid.

10. *Legend of Perugia*, n. 1, *English Omnibus*, p. 977.

11. Ibid., n. 64, p. 1.040.

12. 1C-51, *St. Francis of Assisi by Thomas of Celano*, p. 48.

13. 1C-42, ibid., p. 40.

14. 1C-53, ibid., p. 49.

15. 1C-41, ibid., p. 39.

16. Boaventura, *Life of St. Francis of Assisi*, n. 2, p. 24.

17. Boaventura, ibid., n. 4, p.36.

18. Celano, 1C-43, p. 41.

19. Ibid.

20. *Legend of the Three Companions*, n. 55, *English Omnibus*, p. 939.

9. A PRIMEIRA EXCURSÃO PELAS MARCAS

1. *Little Flowers*, p. 18.

2. "Anonymous of Perugia", n. 3, em *Early Documents*, v. 2, p. 40.

3. *Legend of the Three Companions*, n. 9, *Early Documents*, v. 2, p.88.

4. "Anonymous of Perugia", n. 3, *Early Documents*, v. 2, p. 40.

5. *Legend of the Three Companions*, n. 10-36, *Early Documents*, v. 2, p.90.

6. Ibid.

7. *Early Documents*, v. 1, pp. 68-9.

8. Ibid., p. 69.

9. 1C-26, *St Francis of Assisi by Thomas of Celano*, p. 26.

10. Ibid.

11. 2C-131, ibid., p. 245.

12. 2C-165, ibid., pp. 269-70.

13. Citado em Englebert, *St. Francis of Assisi*, p. 54.

14. 1C-38, *St Francis of Assisi by Thomas of Celano*, p. 37.

15. 1C-39, ibid., p. 37.

16. House, *Francis of Assisi*, p. 87.

10. O PAPA TEM UM SONHO

1. Citado em Englebert, *St. Francis of Assisi*, p. 63.
2. Celano, 1C-33, *Early Documents*, v. 1, p. 212.
3. Englebert, *St. Francis of Assisi*, p. 65.
4. *Legend of the Three Companions*, n. 49, *Early Documents*, v. 2, p. 96.
5. Ibid., n. 51, p. 97.
6. Boaventura, "Major legend", n. 8-7, *Early Documents*, v. 2, p. 591.
7. 1C-81, *St. Francis of Assisi by Thomas of Celano*, p. 73.

11. BUSCA DESESPERADA POR FRANCISCO E OS PÁSSAROS

1. Celano, 1C-58, *Early Documents*, v. 1, p. 234.
2. Ibid.
3. Ibid.
4. Celano, 1C-14, *Early Documents*, v. 1, p. 213.
5. Juliano de Spira, *Life of St. Francis*, v. 1, p. 384.
6. Celano, 1C-14, *Early Documents*, v. 1, p. 214.
7. Celano, 3C-58, *Early Documents*, v. 2, p. 462.
8. 3C-176, ibid., p. 461.
9. Celano, 1C-25, *Early Documents*, v. 1, p. 241.
10. Ibid., p. 242.
11. Boaventura, "Minor legend", *Early Documents*, v. 2, p. 704.
12. Green, *God's Fool*, p. 103.
13. *St. Francis of Assisi by Thomas of Celano*, p. 270.
14. Sabatier, *Road Tolhurst Assis*, p. 58.
15. *Little Flowers*, cap. 12, p. 66.
16. *Little Flowers*, cap. 30, p. 115.

12. CLARA FOGE PARA FRANCISCO

1. Celano, *Life of St. Clare Virgin*, n. 8, p. 22.
2. Ibid., p. 23.
3. Celano, *Life of St. Clare Virgin*, n. 8, p. 23.
4. Englebert, p. 110.
5. Celano, *Life of St. Clare Virgin*, n. 2C-284, p. 24.

NOTAS BIBLIOGRÁFICAS

6. Ibid.
7. Bargellini, *Little Flowers of St. Clare*, pp. 39-41.
8. Boaventura, "Major legend", cap. 4, v. 2, p. 554.
9. 2C-205, *St. Francis of Assisi by Thomas of Celano*, p. 301.
10. 2C-206, ibid., p. 301.
11. Ibid., p. 302.
12. Celano, 2C-112, *Early Documents*, v. 2, p. 321.
13. Regra de 1221, cap. 12, "Impure Glances and Frequent Association with Women", *Francis and Clare: The Complete Works*, p. 120.
14. Celano, 2C-114, *Early Documents*, v. 2, p. 322.
15. 2C-112, ibid., p. 321.
16. Ibid., p. 322.
17. Citado em Erikson, *Saint Francis and his four ladies*, p. 84.
18. Ibid., p. 85.
19. Celano, *Life of St. Clare virgin*, n. 10, p. 26.
20. *Francis and Clare: The complete Works*, p. 44.
21. *Little Flowers*, cap. 15, pp. 72,73.
22. Ibid., p. 73.
23. Ibid.
24. Bodo, *Clare: A Light in the Garden*, p. 47.
25. *Little Flowers*, cap. 16, p. 74.

13. BOA COMIDA, E OS PRIMEIROS EREMITÉRIOS DA TOSCANA

1. *Deeds of blessed Francis and his companions*, 6-3, em *Early Documents*, v. 3, p. 448.
2. 6-6, ibid.
3. 6-9, ibid.
4. 1C-51, *St. Francis of Assisi by Thomas of Celano*, p. 227.
5. *Early documents*, v. 2, p. 140.
6. Ibid., p. 193.
7. Englebert, *St. Francis of Assisi*, p. 188.
8. 2C-117, *St. Francis of Assisi by Thomas of Celano*, p. 234.
9. 1C-28, *St. Francis of Assisi by Thomas of Celano*, p. 243.
10. *Francis and Clare: The Complete Works*, p. 146.

14. Andorinhas escandalosas em Alviano

1. Celano, 3C-4. *Early Documents*, v. 2, p. 412.
2. *Little Flowers*, cap. 16, *English Omnibus*, p. 1335.
3. 1C-37, *St. Francis of Assisi by Thomas of Celano*, p. 36.
4. *Legend of the Three Companions*, n. 60, *English Omnibus*, p. 944.
5. G. G. Messerman, citado em Pazzelli, *St. Francis and the Third Order*, p. 102.
6. *Francis and Clare: The Complete Works*, p. 63.
7. Secular Franciscan Q and A, www.members.cox.net/sfobro/page.
8. *Legend of Perugia*, n° 93, *English omnibus*, p. 1.070.

15. Novamente nas Marcas — o verde dos campos e o azul do Adriático

1. Boaventura, "Major legend", cap. 9, 5, *Early Documents*, v. 2, p. 600.
2. Ibid.
3. Celano, 1C-55, *Early Documents*, v. 1, p. 230.
4. Boaventura, "Major legend", cap. 9, 5, *Early Documents*, v. 2, p. 601.
5. Cap. 9, 6, ibid.
6. Celano, 1C-56, *Early Documents*, v. 1, p. 230.
7. *Little Flowers*, cap. 49, *Early Documents*, v. 3, p. 649.
8. Celano, 1C-77, *Early Documents*, vol. 1, p. 248.
9. 1C-78, ibid., p. 249.
10. Ibid.
11. *Deeds of blessed Francis and his companions*, v. 3, p. 539.
12. Boaventura, "Major legend", cap. 4, 9, *Early Documents*, v. 2, p. 556.
13. "Versified life of St. Francis by Henri d'Avranches," l. 9, vv. 74-81, *Early Documents*, v. 1, p. 493.
14. Celano, 1C-62, *Early Documents*, v. 1, p. 236.
15. "Pt. 2, Considerations on the Holy Stigmata, First Consideration," *Little Flowers*, p. 172.
16. Ibid.
17. Ibid.
18. Ibid., p. 173.
19. Ibid.
20. *Early Documents*, v. 3, pp. 801-3.

NOTAS BIBLIOGRÁFICAS

16. À PROCURA DE FRANCISCO ATRAVÉS DO NILO

1. Hoeberichts, *Francis and Islam*, p. 10.
2. Ibid., p. 12.
3. Ibid.
4. Green, *God's Fool*, p. 200.
5. Runciman, *History of the Crusades*, vol. 3, p. 156.
6. House, *Francis of Assisi*, p. 207.
7. 2C-30, *St. Francis of Assisi by Thomas of Celano*, p. 163.
8. Ibid.
9. Ibid., p. 164.
10. House, *Francis of Assisi*, p. 209.
11. Boaventura, "Major legend", cap. 9, 7, *Early Documents*, v. 2, p. 602.
12. Ibid.
13. 8. ibid.
14. Ibid, p. 603.
15. Hoeberichts, *Francis and Islam*, p. 196.
16. Boaventura, "Major legend", cap. 9, *Early Documents*, v. 2, p. 603.
17. Jacques de Vitry, History of the Orient, *English Omnibus*, p. 1.612.
18. Maalouf, *Crusades through Arab eyes*, p. 226.
19. House, *Francis of Assisi*, p. 218.
20. Jacques de Vitry, "Letter 1", *English Omnibus*, p. 1.688.

17. ATRAVESSANDO A LAGOA DE VENEZA

1. *Kinship of St. Francis*, cap. 1, 4a, em *Early Documents*, v. 3, p. 681.
2. Spoto, *Reluctant Saint*, p. 166.
3. Boaventura, "Major legend", cap. 8, 9, *Early Documents*, v. 2, p. 592.
4. Citado em Green, *God's Fool*, p. 210.
5. Celano, 2C-58, *Early Documents*, v. 2, p. 286.
6. *Little flowers*, cap. 5, *Early Documents*, v. 3, p. 575.
7. *Mirror of the Perfection*, v. 3, cap. 4, ibid., p. 258.
8. *Kinship of St. Francis*, v. 3 11:21, ibid., p. 706.
9. Thomas of Spalato, citado em Sabatier, *Road to Assisi*, p. 108.
10. Green, *God's Fool*, p. 211.
11. Ibid., p. 212.

18. Pobre Francisco

1. Green, *God's Fool*, p. 215.
2. *Francis and Clare: The Complete Works*, p. 110.
3. Ibid., p. 111.
4. Ibid.
5. 1C-39, *St. Francis of Assisi by Thomas of Celano*, p. 37.
6. *Francis and Clare: The Complete Works*, p. 120.
7. Ibid., p. 115.
8. Green, *God's Fool*, p. 215.

19. Seguindo Francisco pela bota da Itália

1. Celano, 2C-68, *Early Documents*, vol. 2, p. 292.
2. Boaventura, "Major legend", 12:6, ibid., p. 625.
3. Celano, 2C-156, ibid., p. 348.
4. 3C-59, ibid., p. 429.

20. O belo vale de Rieti

1. *Mirror of perfection*, em *Early documents*, v. 3, p. 254.
2. Regra de 1223, *English Omnibus*, pp. 57-64.
3. *Legend of Perugia*, n. 34, *English Omnibus*, p. 1.011.
4. *Early Documents*, v. 2, p. 176.
5. Celano, 3C-18, *Early Documents*, v. 2, p. 411.
6. Ibid., p. 227.
7. 1C-84, *St. Francis of Assisi by Thomas of Celano*, p. 76.
8. 1C-85, ibid.
9. *Early Documents*, v. 3, p. 363.

21. Tocado por um anjo em Alverne

1. Dante Alighieri, "Paraíso", *A divina comédia*, canto II.
2. *Early Documents*, v. 2, p. 192.
3. Ibid., p. 227.
4. Ibid., p. 192.

NOTAS BIBLIOGRÁFICAS

5. *Francis and Clare: The Complete works*, p. 47.
6. 2C-46, *St, Francis of Assisi by Thomas of Celano*, p. 178.
7. "Deeds of blessed Francis and his companions," cap. 9:23, *Early Documents*, v. 3, p. 454.
8. Ibid.
9. Ibid., nota a.
10. Ibid., 454.
11. Ibid.
12. Ibid., p. 455.
13. Boaventura, "Major legend", cap. 8:10, *Early Documents*, v. 2, p. 594.
14. "Deeds of blessed Francis and his companions," cap. 9:37, *Early Documents*, v. 3, p. 455.
15. 9:43. ibid., p. 456.
16. 9:52, ibid., p. 457.
17. 1C-94, *St. Francis of Assisi by Thomas of Celano*, p. 85.
18. 1C-95, ibid., p.85.
19. Boaventura, "Major legend", cap. 13, *Early Documents*, v. 2, p. 633.
20. House, *Francis of Assisi*, pp. 261-5.
21. Celano, 2C-95, *Early documents*, v. 1, p. 265.
22. Bonaventure, "Major legend", cap. 13, *Early Documents*, v. 2, p. 633.
23. Celano, 2C, *Early Documents*, v. 1, p. 264.
24. *Little Flowers*, p. 184.
25. Citado em Englebert, *St. Francis of Assisi*, p. 246.

22. O PENOSO RETORNO A ASSIS

1. *Francis and Clare: The Complete Works*, p. 115.
2. *Early Documents*, v. 2, pp. 221-2.
3. *Legend of Perugia*, n. 43, *English Omnibus*, p. 1.020.
4. *Francis and Clare: The Complete Works*, pp. 38-9.
5. *Legend of Perugia*, n. 43, *English Omnibus*, p. 1.022.
6. Green, *God's Fool*, p. 259.
7. *Francis and Clare: The Complete Works*, pp. 40-1.
8. *Early documents*, v. 3, p. 479.

23. AGONIA NO VALE DE RIETI

1. *Early Documents*, v. 2, pp. 197-8.
2. Boaventura, "Major legend", ibid., p. 584.
3. Celano, 3C-35, ibid., p. 416.
4. Ibid., p. 169.
5. Ibid., p. 193.
6. *Legend of Perugia*, n. 46, *English Omnibus*, p. 1.026.
7. *Francis and Clare: The Complete Works*, pp. 55-61.
8. Ibid., pp. 77-8.
9. *Legend of Perugia*, n. 26, *English Omnibus*, p. 1.004.
10. N. 48, ibid., p. 1.026.
11. N. 25, ibid., p. 1.003.

24. O CANTO DAS COTOVIAS

1. *Little Flowers*, cap. 22, p. 92.
2. Celano, 2C-93, *Early Documents*, v. 2, p. 307.
3. 2C-103, ibid., p. 315.
4. 2C-159, ibid., p. 350.
5. 2C-170, ibid., p. 356.
6. Ibid., p. 161.
7. Octavian Schmucki, "The illnesses of Francis during the last years of his life", *Gray Friar* 13 (1999): 42-46; nota, ibid., p. 161.
8. *Early Documents*, v. 2, p. 162.
9. *Francis and Clare: the Complete Works*, pp. 154-6.
10. "Ubertino of Casale", *Catholic encyclopedia*, www.newadvent.org.
11. Celano, 2C-105, *Early Documents*, v. 1, p. 274.
12. Boaventura, "Major legend", cap. 7, 10, *Early documents*, v. 2., p. 583.
13. *Legend of Perugia*, n. 65, *English Omnibus*, p. 1.042.
14. N. 100, ibid., pp. 1.076-7.
15. N. 64, ibid., p. 1.041.
16. *Legend of Perugia*, n. 101, *English Omnibus*, p. 1077.
17. Celano, 2C-31, *Early Documents*, v. 2, p. 281.
18. 2C-215, ibid., p. 386.
19. *Legend of Perugia*, n. 101, *English Omnibus*, p. 1.077.

NOTAS BIBLIOGRÁFICAS

20. Ibid., pp. 1077-78.
21. *Francis and Clare: The Complete Works*, p. 160.
22. *Early Documents*, v. 2, p. 128.
23. *Legend of Perugia*, n. 109, *English Omnibus*, p. 1.085.
24. *Francis and Clare: The Complete Works*, p. 159.
25. Boaventura, "Major legend", cap. 14-6, *Early Documents*, v. 2, p. 644.
26. *Legend of Perugia*, n. 110, *English Omnibus*, p. 1.087.

BIBLIOGRAFIA

Armstrong, Regis J., OFM, Cap. e Ignatius C. Brady, OFM., trad. *Francis and Clare: The Complete Works*. Ramsey, N.J.: Paulist Press, 1982.

Armstrong, Regis J., OFM, Cap.; J.A. Wayne Hellman, OFM. Conv.: e William J. Short, OFM, eds. *Francis of Assisi: Early documents*, vol. 1, *The Saint*; vol. 2, *The Founder*; vol. 3, *The Prophet*. Nova York, Londres e Manilha: New City Press, 1999-2001.

Bargelini, Piero. *I fioretti di Santa Clara*, Assis: Edizioni Porziuncula. Trad. para o inglês; *The Little Flowers of Saint Clare*, Edmund O'Gorman, OFM. Conv. Padua: Messaggero Editions, 2002.

Belford, Ros, Martin Dunford e Celia Woolfrey. *The Rough Guide to Italy*, 6ª ed., Londres: Rough Guides, 2003.

Bodo, Murray. *Clare: A Light in the Garden*. Cincinnati, Ohio: St. Anthony Messenger Press, 1992.

——. *Francis: The Journey and the Dream*. Cincinnati, Ohio: St. Anthony Messenger Press, 1988.

Brown, Raphael, trad. *The Little Flowers of St. Francis (I fioretti di San Francesco)*. Nova York: Image Books, 1958.

Buckley, Jonathan, Mark Ellingham e Tim Jepson. *Tuscany and Umbria: The Rough Guide*. Londres: Rough Guides, 2000.

Cure, Karen, org. *Rome*, Fodor's Pocket, 5ª ed., 2002.

Dante Alighieri. *The Divine Comedy*, trad. Lawrence Grant White. Nova York: Pantheon Books, 1948.

Desbonnets, P. Theophile. *Assisi: In the footsteps of Saint Francis*. Assis: Edizioni Porziuncola, 2000.

Dozzini, Bruno. *Giotto: The "Legend of St. Francis" in the Assisi basílica*. Assis: Editrice Minerva, 1994.

Duncan, Fiona, e Peter Greene. *Central Italy Trip Planner and Guide*. Lincolnwood, Ill.: Passport books, 1999.

Englebert Omer. *St. Francis of Assisi, a biography*, trad. Eve Marie Cooper; 2ª edição em inglês revisada e aumentada por Ignatius Brady, OFM, e Raphael Brown. Chicago: Franciscan Herald Press, 1965.

Erikson, Joan Mowt. *Saint Francis and his four ladies.* Nova York: W. W. Norton, 1970.

Green, Julien. *God's fool: the life and times of Francis of Assisi.* Nova York: Harper & Row, 1985.

Habig, Marion A., OFM, org. *St. Francis of Assisi, Writings and Early Biographies: English omnibus of the Sources for the Life of St. Francis,* 3ª ed. Chicago: Franciscan Herald Press, 1973.

Hermann, Placid, OFM, trad. *Saint Francis of Assisi by Thomas of Celano.* Chicago: Franciscan Herald Press, 1963.

Hoeberichts, J. *Francis and Islam.* Quincy, Ill.: Franciscan Press, 1997.

House, Adrian. *Francis of Assisi: A Revolutionary Life.* Mahwah, N. J.: HiddenSpring (selo da Paulist Press), 2001.

Maalouf, Amin. *The crusades through Arab eyes,* trad. John Rothschild. Londres: Al Saqui Books, 1984.

Magrini, Catherine Bolton, trad. *The life of Saint Clare Virgin by Fra' Tomaso da Celano.* Assis: Editrice Minerva, 2000.

Manning, Cardinal Henry Edward, org. *The Life of St. Francis of Assisi by St. Bonaventure.* Londres: Burns, Oates Washbourne, 1925; Rockford, Ill.: Tan Books, 1988.

Martin, Valerie. *Salvation: Scenes from the Life of St. Francis.* Nova York: Vintage Books, 2002.

Pagnani, Giacinto. *I viaggi di S. Francesco nelle Marche.* Milão: Dott. A. Giuffre Editore, 1962.

Pazzelli, Raffaele, TOR, *St. Francis and the Third Order.* Chicago: Franciscan Herald Press, 1989.

Richardson, Dan, Daniel Jacobs e Jessica Jacobs, *The Rough Guide to Egypt,* 5th ed. Londres: Rough Guides, 2003.

Runciman, Steven. *A History of the Crusades,* vol. 3, *The Kingdom of Acre and the Latter Crusades.* Cambridge e Nova York: Cambridge University Press, 1951.

Sabatier, Paul. *The Road to Assisi: The Essential Biography of St. Francis,* org. Jon M. Sweeney. Publicado originalmente em 1894 como *La vie de Saint François D'Assise.* Brewster, Mass.: Paraclete Press, 2003.

Seracchioli, Angela Maria. *Di qui passo Francesco.* Milão: Terre di Mezo, 2004.

Spoto, Donald. *Reluctant Saint: the Life of Francis of Assisi.* Nova York: Viking Compass, 2002.

Uribe, Fernando. *Itinerari Francescani: Visita al luoghi dove visse San Francesco.* Pádua: Messaggero di S. Antonio Editrice, 1997.

Williams, Roger, org. *Southern Italy.* Londres. Insight Guides, 2003.

ÍNDICE

Abdel Masih, 207

Acre (Palestina), 203, 214, 215

Al Zalaky, Mahmoud, 207

Alberino, 275, 277, 278, 279

Alessandria, 71, 72

Alkamil, Malik (sultão do Egito), 199, 204, 205-207, 208-212, 214

Alverne, 167, 176, 187, 193, 195, 244-256, 260

Alviano (oásis), 171

Alviano, 170, 171-172, 175

Ancona, 179, 180, 181, 182, 202

Andorinhas, capela das (Alviano), 175

Angelo (frei), 17, 98, 115-116, 237, 246, 256, 262, 287

Angelo (irmão de Francisco), 21, 74

Anônimo de Perugia, 106

Antonino (frei), 219-220

Antonio (frei), 77-78, 79, 83, 84

Antônio (Santo), 219

Antônio de Pádua, 253

Apeninos (montes), 105, 188

Apúlia, 229-232

Arco del Vescovo (Rieti), 265

Árvores antigas, 42, 137, 138, 195, 220, 238, 269-1

Ascoli Piceno, 188-191, 268

Assis
  como arqui-rival de Perugia, 15, 24, 26-27
  como destino de peregrinação, 14-21, 190
  descrição de, 14, 26
  festival de maio em, 44
  Francisco como pedinte em, 96, 139-140

inquietações políticas em, 20, 23-24, 80
  mediação de Francisco em, 262
  nos dias de hoje, 41, 61
  retorno de Francisco, vindo de Alverne, 255, 257, 259
  retorno final de Francisco a, 282-283

Avignon (França), deslocamento do papa para, 123

Azir, Abdel, 207

Aziz, Tariq, 16

Bagnara, 282, 283

Bargellini, Piero, 79, 82

Bari, 230, 232

Bartolomeo (trabalhador ressuscitado), 233

Basílica de Santa Clara (Assis), 13, 14, 15, 17, 22, 25, 78, 79

Basílica de São Francisco (Assis), 13, 14-17, 18, 55, 64, 78, 92, 101, 165, 243, 247, 250

Bastiola, 145

Beneditinos (ordem dos)
  como protetores de Santa Clara, 145-148
  e a Porciúncula, 88
  e o chamado de Francisco, 95
  em Gúbio, 70
  em Roma, 123, 125
  em San Verecondo, 65, 66, 67, 73
  em Sant'Urbano, 134
  Regra, 82, 215

Benedito (São)

Bentivoglia (frei), 186

Bernardino de Sena (São), 91, 109, 113, 132, 135, 219

Bernardo di Quintavalle (frei), 97-98, 220-221, 287

Bernardone, Pietro di
  e a conversão de Francisco, 21, 46, 57-59
  e o nome do filho, 22
  rompimento com Francisco, 14, 62-64, 75, 144
  vida próspera de, 19-20, 24, 35, 43

Bernini, Giovanni Lorenzo, 49, 51, 126

Bevagna, 129, 139

Bianco, Mauro, 231

Boaventura (São)
  capela construída por, 91
  cela em Alverne de, 253
  sobre a conversão de Pacifico, 187
  sobre a missão de Francisco na Síria, 180, 182
  sobre a Porciúncula, 88
  sobre a visão da Choupana Sagrada, 101
  sobre as missões evangélicas de Francisco, 96-97, 101, 102, 232
  sobre Francisco e os pássaros, 219, 248
  sobre o cordeiro de Jacopa, 126
  sobre o milagre do vinho, 136
  sobre o milagre na casa do médico, 266
  sobre os cavaleiros mendigos, 283
  sobre os cruzados no Egito, 207, 209, 211
  sobre os estigmas, 249, 251
  sobre Santa Clara, 148

Bodo, Murray, 79

Bolonha, 220-224, 228, 239

Bonifácio VIII, 265

Bonizzo (frei), 237, 239

Bosque Sagrado (Monteluco), 42

Brindisi, 230-231, 232

Buon Reposo (eremitério), 259-260

Buongiovanni (médico), 284

Burano, 218, 221

Cagliostro (conde), 194

Cairo (Egito), 214-215

Camiano, 175

Caminho de Francisco (Vale de Rieti), 269

"Campo de São Francisco", 108

Cantalupo, 129

Capela do Trânsito, 90, 286

Capella degli Uccelli (Alverne), 247

Capella, Giovanni di, 98

Caprignone, 67

Capuchinhos (frades), 186-187, 258

Carceri (eremitério), 44-46, 154

carta exposta em, 39-40, 246

Casa Gualdi, 54, 285

Castanheiro de São Francisco, 137

Catânia, Pedro de, 97, 225, 227

Catarina de Sena (Santa), 278

Cátaros, 117

Cavaleiros
  advertências de Francisco aos, 32
  comportamento dissoluto dos, 203
  escoltam Francisco, 283-284
  generosidade de Francisco com os, 34
  trajes dos, 35

Celano, Tomás de (frei)
  como biógrafo, 250
  sobre a autonegação de Francisco, 100, 114, 160
  sobre a censura aos padres barbados, 233
  sobre a derrota dos cruzados no Egito, 205-206
  sobre a irmandade franciscana, 116
  sobre a juventude desregrada de Francisco, 22, 23, 43
  sobre a Porciúncula, 87, 88
  sobre a sanção papal, 120
  sobre a teologia franciscana, 278
  sobre as experiências de Francisco com a conversão, 33-38, 44-45, 51, 53, 55, 57, 65, 67, 74
  sobre as preces de perdão de Francisco, 112-114

ÍNDICE

sobre as pregações de Francisco, 31, 96, 130, 189

sobre as virtudes franciscanas, 276

sobre Francisco e as andorinhas, 171-172

sobre o amor de Francisco pela natureza, 115

sobre o aspecto de Francisco, 17, 18

sobre o cordeiro e as cabras, 185

sobre o cortejo de Natal, 243

sobre os convertidos franciscanos, 172

sobre os eremitérios franciscanos, 40, 169

sobre os estigmas, 249, 250

sobre os franciscanos em Orte, 131

sobre os males do dinheiro, 230, 283

sobre os milagres de São Francisco, 75, 72, 132, 182

sobre os receios de Francisco com as mulheres, 148, 151

sobre os trajes dos frades, 228

sobre os últimos dias de Francisco, 279, 285

sobre Rivo Torto, 98, 101, 102

sobre Santa Clara, 17, 79-80, 143, 144, 147

Celle di Cortona (eremitério), 161-165, 280, 282

Cetona, 161, 166-167

Chiusi, 193, 253

Choupana Sagrada (Rivo Torto), 98-100, 101, 102

Cimabue, 14, 162

Cisterna dell'Acqua, 135-136

Città di Castello, 259

Clara (Santa)

batismo de, 22

canonização de, 14, 79, 187

cântico para, 262-263

cartas de Francisco para, 220, 270, 286

como fugitiva na Porciúncula, 88, 143, 144, 146, 147

e o jejum, 17, 79, 84, 99

família de, 24, 62, 78, 144-145

influência de Francisco sobre, 17, 21, 79, 82, 140, 144, 145, 153

milagres de, 80-81, 148

no convento de San Damiano, 77-85, 86, 148-149, 151, 152-154

padroeira da televisão, 81

relação com Francisco, 148-155, 167, 263, 264

relíquias de, 15, 16-18, 125, 144

Ver também Basílica de Santa Clara (Assis); ordem das Pobres Damas

Clara: uma luz no jardim (Bodo), 79

Clemente V (papa)

Colonna dell'Angelo, 137

Compilação de Assis, 241, 242, 246, 266, 267, 268, 279, 286

Concílio de Latrão, 202

Constantino (imperador), 50, 119, 122, 124

Constantinopla, tomada de, 181, 201, 217

Conventuais (freis progressistas), 281

Cortona, 161, 162-165, 280, 282

Crivelli, Carlo, 189

Cruzada das crianças, 181

Cruzadas, 180-181, 199-214, 231, 232

Damieta (Egito), 199, 200, 203-204, 207-208, 212-214

Dante Alighieri, 245

Della Robbia, Andrea, 251, 255

Domingos (São), 202

Dominicanos, ordem dos Pregadores, 202, 278

Eco, Umberto,

Egídio (frei), 98, 105, 106, 107, 109, 287

Egidio, monte, 161

Egito, *Ver* Damieta (Egito)

Elias de Cortona (frei)

como superior-geral da ordem franciscana, 227, 168, 268, 285

e a Regra de 1223, 238

e os últimos dias de Francisco, 260, 269, 270, 273, 279, 281, 284, 285, 286

papel controverso de, 164-165, 186, 203

Eligio (frei), 166
El-Reedy, Abdel Raouf, 200, 207
Englebert, Omer, 119, 121, 145, 164
Eremitérios, 103, 115, 161, 169, 177
    Bagnara, 282-283
    Buon Reposo, 259-260
    Carceri, 44-46
    Cetona, 166-167
    Cortona, 161-165, 280
    Fonte Colombo, 235-238, 269, 270-271
    Greccio, 240-244, 269
    Isola Maggiore, 157-160, 162
    La Foresta, 269, 271-272
    Alverne, 244-256
    Monte Casale, 257-259
    Monteluco, 40-41
    Poggio Bustone, 111-114, 269
    trilha do vale de Rieti, 269
    Regra para os, 169
    Santa Maria di Valdisasso, 108-109
    Sant'Igne, 196
    Sant'Illuminata, 176
    Sant'Urbano, 134-137, 162
    Sarteano, 167-169
    Soffiano, 196
Eremo. *Ver* Eremitérios
Espirituais (frades puristas), 281
Espoleto, 37, 42

Fabio (frei), 186-187
Fabriano, 107-108
Faia de São Francisco, 269
Fariskur (Egito), 205-206, 208-209
Feitos do bem-aventurado Francisco e de seus companheiros, 158, 160, 186, 263
Ferdinando II (imperador), 234
Filipe II (rei da França), 180
Filipe, o Alto (frei), 98, 145
Fioretti di San Francesco, I, 69, 70, 106, 140, 151, 154, 172, 184, 192-193, 221, 247-248, 252, 275

Fioretti di Santa Chiara, I (Bargellini), 79, 82
Foligno, 55-57
Fonte Colombo (eremitério), 235, 237-238, 269-271, 281
Franciscanos
    como biógrafos de São Francisco, 250
    como cientistas, 45
    conduta de trabalho dos, 110, 280
    missões internacionais dos, 154, 208
    os primeiros, 287
    primeiras viagens missionárias dos, 106-107, 197
Francisco de Assis (São)
    abdicação do posto de líder, 225
    amor à natureza, 115, 127, 138
    animais e, 42, 66, 69-70, 91, 103, 184-186, 242-243
    antiintelectualismo de, 222, 223
    aspecto físico de, 14, 18, 223
    autonegação e, 100, 114, 133, 149-150, 163, 167, 169, 220-221, 228, 246, 285
    batismo de, 22
    canonização de, 15, 219, 243, 250
    cânticos de, 262-263, 273, 284
    carisma de, 116, 152, 223, 265
    cativeiro em Perugia, 27, 30, 32-34
    cauterização de, 269-271
    Celebração do Natal e, 242, 243
    cidade natal de, 13, 14
    como pedreiro, 25, 75
    como penitente, 44, 90, 100, 112-114, 150
    como pregador, 14, 21, 96-117, 126-131, 132-133, 139-141, 145, 153, 154, 172-173, 176, 185, 188-189, 192, 222, 224, 230, 232, 244, 277
    conversão de, 43-45, 46, 51-54, 57-59, 62, 73-74, 85, 101, 280
    diabo e, 14, 44, 133,167, 230, 241, 246, 252, 259, 260
    e a sanção papal, 120-122, 134
    enterro de, 15, 116

estigmas e, 14, 15, 101, 115, 176, 187, 189, 218, 245, 249-251, 252, 253-256

família de, 19-20, 22, 74

juventude desregrada de, 22-25, 26-27, 33-35, 43, 57, 73, 150

ladrões e, 65, 67, 258

lepra e, 53-54, 73, 96, 98, 101, 111, 115, 273, 280

milagres de, 31, 66, 69-73, 108, 115, 131, 132-133, 135-137, 166, 182, 183, 186, 220, 222, 232, 233, 241, 247, 252, 257, 259, 266, 270, 272, 285

morte de, 15, 90,

relíquias de, 15-17, 38, 39-40, 125, 163, 189, 194, 195, 212, 246, 253, 269, 270, 282

renúncia do pai por, 14, 57-59, 62-64, 74, 144, 283

santidade e, 265

saúde precária de, 34, 38, 53, 73, 103, 136, 160, 205, 218, 221, 242, 255, 257, 260-264, 269-270, 273, 278, 279-280

suvenires de, 19, 92, 163

testamentos de, 22, 54, 97, 280-282

últimos dias de, 279-288

Ver tb. Clara (Santa); *nomes de lugares* Ordem Terceira Regular (TOR), 174

Ver tb. Ordem Terceira Franciscana

visão de Joaquim, 217-218

voz de, 23, 75

Francis of Assisi: A revolutionary life (House), 250

Francisco e o Islam (Hoeberichts), 211

Frederico Barba-Roxa (imperador), 24, 180

Frederico II (imperador), 34, 80, 82, 187, 234

Gaeta, 232-235

Gentile da Fabriano, 107

Gideão (clérigo), 266

Giotto

como membro da Ordem Terceira, 174

pinturas de, 14, 18, 34, 55, 64, 78, 121, 123, 130, 210, 247

Giovanni Velita, 240, 242

God's Fool (Green), 203, 224, 228

Gorrieri, Ugo, 195

Gozzoli, Benozzo, 130, 174

Greccio (eremitério), 240-244, 245, 269

Green, Julien, 26, 203, 224, 228, 263

Gregório IX (papa), 173, 188, 250, 281

Ver tb. Ugolino (bispo de Ostia)

Grotta del Turco (Gaeta), 235

Grotta di San Francisco (vale de Rieti), 272

Gruta das Revelações em Poggio Bustone (eremetério), 112-114

Guardiã, 176

Gúbio

caridade para com Francisco em, 68-69, 72

descrição de, 67, 282

lobo de, 69-70

viagem de Francisco para, 64-68, 72

Guia Rough. *Ver Tuscany and Úmbria: The Rough Guide* (Buckley)

Guido (bispo de Assis), 59, 62, 63, 117, 120, 143, 283, 287

Guido (frei), 163

Guzmão, Domingo de (São Domingos), 202

Hamdoun, Anwar, 200

Hamdoun, Susu, 200

Helena (Santa), 124

Henrique de Abranches, 188

Hoeberichts, J., 211

Honório III (papa)

e a Indulgência na Porciúncula, 33

e a quinta cruzada, 202

e a Regra de 1223, 225 , 227, 238, 239, 281

e Ordem Terceira Franciscana, 173, 224

em Rieti, 261

Hotéis

Abazzia di Vallingegno, 65, 66

em Assis, 61

em Cetona, 166-167

em Lecce, 231
em Narni, 133
em Ras el-Bahr, 200-201
em Rieti, 265
em São Leão, 191
House, Adrian, 206, 214, 250

Il Pioppi, 67
Iluminato (frei), 205, 207, 208-209, 210, 211, 212, 256
Inês (Santa), 78, 147-148
Inês de Praga, 82, 84, 99
Ingino, monte, 68
Inocêncio III (papa)
    Assis e, 26
    e a Ordem dos Frades Menores, 120-122, 134, 139, 190, 224
    e a quinta cruzada, 201-203,
    e o Sacro Império Romano, 26, 34, 102
    morte de, 32-33
    Quarto Concílio de Latrão e, 126
Inocêncio IV (papa), 80, 82
"Irmão Mosca", 100
"Irmão Coelho", 241
"Irmão Grilo", 91
"Irmão" Jacopa, 17, 126, 150, 174, 202, 242, 286
Irmãos e Irmãs da Penitência, 172-174
Islam. Ver Muçulmanos; Sarracenos
Isola del Deserto (Veneza), 218, 243
Isola Maggiore (Lago Trasimeno), 157-160

Jacopa di Settesoli ("Irmão" Jacopa), 16, 126, 150, 174, 202, 242, 285-286
Jennings, Peter, 81
Jerusalém, 180, 201, 212, 214, 245
João (rei de Jerusalém), 205, 212, 214
João de Fermo (frei), 184
João de São Paulo (cardeal), 120, 121
John Lee (frei), 135

José de Cupertino (São)
Juliano de Spira, 131
Junípero (frei), 98

Kinship of St. Francis, 217, 222
Kolbe, Maximilian, 190-191

La Breccia, 247
La Foresta (eremitério), 269, 271-272
Leão (frei)
    cartas de Francisco para, 16, 38, 39-40, 246, 270
    como guardião de Francisco, 256, 257, 260, 267
    como testemunha do êxtase de Francisco, 248-250, 252, 255, 256
    como um dos primeiros franciscanos, 45, 98, 116, 151, 191, 221, 287
    e a Regra de 1223, 238, 240
    e o Cântico do Irmão Sol, 263, 284
    inscrição, 17
    túmulo de, 17
Lecce, 231-232
Lenda de Perugia, A, 54, 91, 100, 177, 240, 261, 262, 269, 270, 284, 286, 288
Lenda dos três companheiros, A, 21, 22, 44, 46 53, 54, 57, 58, 59, 62, 63, 64, 97, 99, 103, 106, 116, 121, 173
Leonardo da Vinci, 107
Lepra, 53-54, 73, 77, 96, 98, 110, 111, 115, 121, 239, 273
Lippi, Lippo, 37
Loomis, Harvey, 14, 77
Lorenzetti, Pietro, 14
Loreto, santuário de, 183
Los Angeles (Calif.), origem do nome de, 89
Luís IX (rei da França), 207

Marrocos, 207
Martini, Simone, 14, 19

ÍNDICE

Masseo (frei), 17, 45, 98, 140, 154, 167, 186, 246, 256

Messerman, G. G., 173

Missão de Cristo a seus discípulos, 95, 109, 117, 120, 228, 239

Mondo X (comunidades), 166, 272

Monte Casale (eremitério), 257-259

Monte Orlando, 235

Montefalco, 130, 174

Montefeltro, castelo de, 191

Monteluco (eremitério), 40-41

Muçulmanos
  demonização dos, 202
  e Assis, 19
  nova visada de Francisco sobre os, 211, 214
  Santa Clara e os, 84
  tolerância religiosa entre os, 210
  Ver tb. Cruzadas; Sarracenos
  vontade de Francisco de converter os, 16, 177, 180, 197

Narni, 131-134, 162

Natividade, primeira encenação da, 242

Nicolau de Bari (São), 230

Nicolau IV (papa), 173, 189

Nocera Umbra, 282

Offreduccio, Catarina (Santa Inês), 78, 146-148

Offreduccio, família, 24, 140, 146

Offreduccio, Favorone, 144

Offreduccio, Monaldo, 146-148

Offreduccio, Ortolana, 78, 145

Oratorio di San Francesco, 137

Oratorio di San Francesco Piccolino (Assis), 20

Ordem agostiniana, 117

Ordem dos Frades Menores
  cisão na, 281
  e tentativas de conversão dos muçulmanos, 213
  fundação da, 14

mudanças de Elias na, 164-65

primeira Regra da, 97, 110, 117, 120, 139, 150, 201, 215, 223, 229, 280, 281

proteção oficial da, 224

Regra de 1223 para a, 16, 238-240, 244, 269, 270, 281

rejeição da Regra revisada da, 225-228, 235, 239, 281

rivalidade com os dominicanos, 278

sanção papal da, 117-122, 127, 281

Ver tb. Franciscanos

votos da, 116, 144, 149, 276

Ordem Franciscana Secular (OFS), 174
  Ver tb. Terceira Ordem Franciscana

Ordem Terceira Franciscana, 171-175, 215, 224, 253

Ordem Terceira Regular (TOR), 174

Orlando (conde), 192-194, 195, 245, 246, 253, 256

Orte, 131

Orvieto, 224

Ósimo, 184, 185-186

Ospedale di Santa Maria della Scala (Sena), 277

Oto IV (imperador), 102

Pacifica (prima de Clara), 143, 146

Pacífico (frei), 187

Palácio de Laterano (Roma), 119, 121, 123, 124

Palazzo Nardini (São Leão), 192, 195

Palazzo Picadori (Rieti), 266

Paulo (frei), 134

Paolo Veneziano, 187

Pássaros
  em Alberino, 276
  em Alverne, 247, 248, 252, 256
  em Alviano, 171-172, 175
  em Sena, 276, 279
  em Veneza, 219
  na Porciúncula, 288
  sermão para os, 14, 129-130, 189

Passignano, 158
Paulo (frei), 185
Paulo VI (papa), 190
Pedro (frei), 97
Pedro (São), 49, 50
Pedro Hernano (frei), 16
Pelágio (cardeal), 205-206, 212, 213, 214
Perugia
  cativeiro de Francisco em, 27, 30, 33-34
  como arqui-rival de Assis, 15, 24, 26-27, 262, 282
  como destino turístico, 29-30, 31, 190
  reputação atual de, 132
  selvageria medieval de, 31-32, 202
  visitas de Francisco a, 31-32
Pian d'Arca, santuário de, 129-131
Piazza Aringo (Ascoli Piceno), 188
Piazza dei Priori (Narni), 132
Piazza del Vescovado (Assis), 21, 61, 64
Pica (mãe de Francisco), 19, 21, 22, 46, 58, 150
Piediluco, lago, 115
Piero della Francesca, 257
Pieve San Nicolo, 67
Pinturicchio, 39, 187
Pio IX (papa), 234
Pio, XII (papa), 81
Pobres Claras, 79, 82-83, 84, 185, 186
  Ver tb. Clara (Santa); Ordem das Pobres Damas
Poggio Bustone, 111-112, 114-115, 117, 269
"Porciúncula das Marcas" Ver Valdisasso (mosteiro)
Porciúncula
  capela da, 87, 89, 93, 167, 246
  chamado de Francisco na, 95-96
  jardim da, 90-91
  negligência da Regra na, 215
  primeiros adeptos na, 98, 103, 110, 140, 150
  Regra revista rejeitada na, 228
  reunião dos frades na, 196

Santa Clara na, 143-144, 146, 152
  últimos dias de Francisco na, 281, 285-288
  Ver tb. Santa Maria degli Angeli, basílica de
Porta del morto, 20, 143
Primeira vida de São Francisco (Celano), 64, 250
Procissão dos estigmas, 255

Quintavalle, Bernardo di (frei), 97-98, 221, 287

Ranzini, Antonio (frei), 223
Ras el-Bahr (Egito), 199, 200, 204, 204
Ravacciano, 275
Restaurantes
  em Alverne, 250
  em Cetona, 166-167
  em Gúbio, 68
  em Isola Maggiore, 159
  em Rieti, 268
  em Roma, 125
  in Ascoli Piceno, 189,191,168
Ricardo (Coração de Leão, rei da Inglaterra), 180
Rieti, 261, 263, 265-269, 272, 285
Rivo Torto, 98-102, 139
Robbio, Fernando, 233
Robinson, George F. S. (lorde Ripon),
Rocca Maggiore (Assis), 24
Roma, 47, 49-51, 80, 119-126, 265
Roy (frei), 250-252, 253, 255
Rufino (frei), 17, 45, 98, 140-141, 145, 237, 248, 287

Sabatier, Paul, 139, 222
Saladino, 180
Salvatore (frei), 230, 231
San Cristóforo (Terni), 52
San Damiano (Assis)
  Como convento das Pobres Damas, 75, 77-84, 148, 149, 151, 152, 153, 154, 286
  Cruz de, 17, 19, 54, 84, 85, 95, 101, 276

estilo de, 246

preservação de, 85-86, 239

São Francisco e, 54, 57, 64, 73-75, 77, 84, 95, 98, 261, 263

turismo e, 77, 86

San Fabiano (vale de Rieti), 271, 273

San Fabiano, *Ver* La Foresta (eremitério)

São Francisco (Gaeta), 232, 233-235

São Francisco (Lecce), 232

San Francesco a Ripa (Roma), 125

San Francesco al Prato (Perugia), 30

San Francesco del Deserto (Veneza), 219

San Francesco della Pace (Gúbio), 68, 69, 70

San Francesco Piccolino, Oratorio di (Assis), 20

San Giorgio (Assis), 15, 22, 25, 96, 139, 283

San Leopardo (Osimo), 185

San Michele Arcangelo (Isola Maggiore), 159

San Nicolo (Assis), 97

San Pietro della Spina (capela), 101

San Rocco (Vecciano), 174-175

San Rufino (Assis), 21-22, 62, 140-141, 143

San Salvatore della Parte. *Ver* Casa Gualdi

San Severino, 185-188

San Silvestro (capela), 135

San Stefano (Assis), 287

San Verecondo (mosteiro beneditino), 65-66, 67, 73

Sansepolcro, 257

Sant'Angelo Panzo (mosteiro), 147

Sant'Emidio (Ascoli Piceno), 188

Sant'Eufemia (Espoleto), 39

Sant'Igne (convento), 195, 196

Sant'Illuminata (eremitério), 176

Sant'Urbano (eremitério), 134-137, 162

Santa Maria Assunta (abadia), 67

Santa Maria Assunta (Espoleto), 38

Santa Maria Assunta (São Leão), 194

Santa Maria degli Angeli (cidade), 88, 89, 167

Santa Maria degli Angeli, basílica de, 86, 87-93, 98, 150, 152, 286, 288

Ver tb. Capela do Trânsito; Porciúncula

Santa Maria del Casale (Brindisi), 231

Santa Maria di Rivo Torto (igreja), 98

Santa Maria di Valdisasso (eremitério), 108

Santa Maria dos Anjos (Bari), 230

Santa Maria dos Anjos, capela de (Alverne), 245-246, 253, 256

Santa Maria Maggiore (Assis), 21, 61

Santuário de Cima, Poggio Bustone (eremitério), 111-114

São Francisco (Ascoli Piceno), 189-192

São Francisco, basílica de (Bolonha), 223-224

San Gregório Magno (Ascoli Piceno), 189

São João de Latrão, catedral de (Roma), 119, 122-124, 126

São Leão, 191-196, 245

São Marcos, basílica de (Veneza), 217

São Nicolau, basílica papal de (Bari), 230

São Pedro, basílica de (Roma), 49-51, 122, 123

Saraceni, Tebaldo, 267, 270

Sarracenos, 16, 80, 180, 182, 197, 202, 203, 213

Sarteano, 161, 167-169

Satriano, 283

Scala Santa (Roma), 124

Segunda Ordem Franciscana. *Ver* Ordem das Pobres Damas

Sena, 273, 275, 276-279

"Senhora Pobreza", 44, 150, 276, 281

Sentiero Francescano della Pace, 67

Sergio (padre), 192, 195

Seriuaccholi, Angela, 219

Settesoli, Jacopa di ("Irmão" Jacopa), 17, 126, 150, 174, 202, 242, 285-286

Silvestre (frei), 45, 98, 155, 256

Síria, fracasso da missão de Francisco na, 180-183

Sirolo, 183-184

Soffiano (eremitério), 196

sonho de Francisco em, 38, 44, 46

Spadalonga, família, 68-69, 73

St. Francis of Assisi — English omnibus of sources, 229

St. Francis of Assisi (Englebert), 119, 145

Subásio, monte, 13, 44, 67, 86, 87, 147, 167

   Ver tb. Carceri (eremitério)

Tancredi, Angelo. *Ver* Angelo (frei)

Templo de Minerva (Assis), 18

Terminillo, monte, 269

Terni, 52, 138

Terra Santa

   e a quinta cruzada, 214

   missão de Francisco na, 16, 177, 180, 181, 197, 199-215, 221

Ticiano (Tiziano Vecellio), 189

Tonino (frei), 71-72

Trasimeno, lago, 157-161

Trovadores, 23, 26, 132

Ugolino (bispo de Ostia)

   e os últimos dias de Francisco, 261,273

   como protetor da Ordem dos Frades, 224-225, 227

e a Regra de 1223, 239,281

   Ver tb. Gregório IX (papa)

UNESCO, 231

Urbino, 191

Valdisasso (mosteiro), 108-109

Vale de Espoleto, 13, 25, 41, 152

Vale de Rieti, 110-115, 138, 235, 240-241, 265-273

Vallingegno, Abazzia di (antigo mosteiro), 65-67, 69

Vaticano, 123-124

   Ver também. Capuchinhos (frades); Conventuais, Ordem dos Frades; Ordem das Pobres Senhoras; Espirituais; Ordem Terceira Franciscana

   Ver também. Ordem Terceira Franciscana

   Ver tb. Basílica de Santa Clara; Basílica de São Francisco; Piazza Del Vescovado; San Damiano

Vida de Santa Clara virgem, A (Celano), 79

Este livro foi composto na tipologia Agaramond,
em corpo 12/16, e impresso em papel off-set 75g/m^2
no Sistema Cameron da Divisão Gráfica
da Distribuidora Record.

Seja um Leitor Preferencial Record
e receba informações sobre nossos lançamentos.
Escreva para
RP Record
Caixa Postal 23.052
Rio de Janeiro, RJ – CEP 20922-970
dando seu nome e endereço
e tenha acesso a nossas ofertas especiais.

Válido somente no Brasil.

Ou visite a nossa *home page*:
http://www.record.com.br